HH

Bibliografische Information der Deutschen Bibliothek
Die Deutsche Bibliothek verzeichnet diese Publikation
in der Deutschen Nationalbibliografie; detaillierte
bibliografische Daten sind im Internet über
http://dnb.ddb.de abrufbar.

Dietrich Leder / Hans-Ulrich Wagner (Hrsg.)
Sport und Medien.
Eine deutsch-deutsche Geschichte
Jahrbuch Medien und Geschichte, 2011
Köln: Halem, 2011

Das *Jahrbuch Medien und Geschichte* wird herausgegeben vom
Studienkreis Rundfunk und Geschichte e.V.

© 2011 by Herbert von Halem Verlag, Köln

ISBN 978-3-86962-041-1
ISSN 1617-3007

Den Herbert von Halem Verlag erreichen Sie auch im
Internet unter http://www.halem-verlag.de
E-Mail: info@halem-verlag.de

SATZ: Herbert von Halem Verlag
DRUCK: docupoint GmbH, Magdeburg
GESTALTUNG: Claudia Ott Grafischer Entwurf, Düsseldorf
Copyright Lexicon ©1992 by The Enschedé Font Foundry.
Lexicon® is a Registered Trademark of The Enschedé Font Foundry.

Dietrich Leder / Hans-Ulrich Wagner (Hrsg.)

Sport und Medien

Eine deutsch-deutsche Geschichte

Herbert von Halem Verlag

INHALT

Vorwort

Die Jahrestagung 2010 des Studienkreises Rundfunk und Geschichte e. V. widmete sich dem Wechselverhältnis von modernem Sport, seinen massenmedialen Präsentationen und einer wachsenden öffentlichen Aufmerksamkeit. Fragestellungen zur geschichtlichen Entwicklung der engen Symbiose von Sport und Medien wurden auf der Veranstaltung ebenso aufgegriffen wie Ausblicke auf Entwicklungen im Zeichen der neuen Social-Web-Medien unternommen. Die Diskussion von aktuellen kommunikations- und medienwissenschaftlichen Forschungsfragen sowie die Darstellung von Dokumentationsprojekten wurden ergänzt von Einblicken in die Arbeits- und Berufswelt von Sportjournalisten. Anlässlich des 20. Jahrestages der Wiedervereinigung der beiden deutschen Staaten bildeten die Themen, die der Rolle der Medien beim deutsch-deutschen Wettstreit der Systeme nachspüren, einen Schwerpunkt. Kooperationspartner des Studienkreises Rundfunk und Geschichte e. V. waren bei dieser Konferenz die Kunsthochschule für Medien in Köln und das Deutsche Sport & Olympia Museum in Köln. Die Tagung wurde von der Landesanstalt für Medien Nordrhein-Westfalen (LfM) unterstützt.

Der vorliegende Band dokumentiert die Mehrzahl der auf der Tagung gehaltenen Vorträge. Sie wurden für die Buchpublikation ausge- bzw. überarbeitet. Die Dokumentation wird darüber hinaus ergänzt von eigens für diesen Band entstandenen Beiträgen. Die Herausgeber danken allen Autorinnen und Autoren für ihre Mitarbeit.

Mit *Sport und Medien. Eine deutsch-deutsche Geschichte* legt der Studienkreis Rundfunk und Geschichte den ersten Band seiner Schriftenreihe *Medien und Geschichte* im Herbert von Halem Verlag vor. Weitere Bände sind in Planung.

Köln und Hamburg, Juni 2011
Dietrich Leder, Kunsthochschule für Medien
Hans-Ulrich Wagner, Studienkreis Rundfunk und Geschichte e.V.

CHRISTOPHER YOUNG

Sport und Medien.
Deutschland und die Möglichkeiten
europäischer Perspektiven

1.   Einleitung

Ob zu Hause, im Café, in der Kneipe oder im Stadion – seit den 1950er-
Jahren ist Sport-Schauen zunehmend zu einem zentralen und allgegenwärtigen Bestandteil europäischer Kultur geworden. Nachdem sich das
Beobachten und Miterleben von Sportereignissen schon in den Zwischen-
kriegsjahren einer großen Beliebtheit erfreut hatte (KOLLER/BRÄNDLE
2010), wurde es durch das Fernsehen vollends zu einem Massenphänomen,
das Millionen Menschen – deren aktive Zeit als Sportler inzwischen der
Vergangenheit angehörte oder die Sport nie aktiv ausgeübt hatten – aus
gemütlichen Fernsehsesseln verfolgen konnten. Fußball ist das offensicht-
lichste Beispiel. Das Fernsehen kam in den 1950er-Jahren auf, im gleichen
historischen Moment also wie die Gründung der *Union des Association Eu-
ropéenes de Football* (UEFA) im Jahre 1954 oder die Unterzeichnung der Rö-
mischen Verträge im Jahre 1957. Unter der Ägide der UEFA wurde das Jahr
1954 zur Geburtsstunde des *Messestädte-Pokals*, welcher später in UEFA-*Pokal*
umbenannt wurde und heutzutage als UEFA *Europa League* bekannt ist. Im
folgenden Jahr rief die UEFA den *Europapokal der Landesmeister* ins Leben,
den die breite Masse schlicht als *Europapokal* kennenlernte. Infolge wurde
die europäische Öffentlichkeit, trotz der Isolation Spaniens unter Franco,
auf ein Real Madrid aufmerksam, einem Verein, bei dem große Spieler wie
Puska, Di Stefano oder Gento unter Vertrag standen und wo legendäre Stars

aus Südamerika und der grandiosen ungarischen Nationalmannschaft der 1950er-Jahre mit selbst ausgebildeten Talenten vereinte. Mit dem fünfmal in Folge errungenen Europapokal und dem 7:3-Sieg gegen Eintracht Frankfurt im Jahre 1960 in Glasgow brannte sich dieses Team in das Gedächtnis und die Vorstellung des Kontinents ein. Die Begegnung gegen Frankfurt galt vielen Kommentatoren damals als das beste Spiel, das bis dahin im europäischen Klubfußball ausgetragen worden war.

Was einst als reines Vergnügen, als gelegentliche, in der Mitte der Woche stattfindende und oftmals gekürzte Schwarzweiß-Übertragung begann, ist heute zu einer festen Einrichtung geworden, die fast das ganze Jahr über jede Woche in brillanten Farben, durch Wiederholungsspiele und Analysen ergänzt, mithilfe von Satelliten nicht nur in Europa, sondern in der ganzen Welt verfolgt werden kann. Und so wie die Fernsehzuschauer keine Einschränkungen mehr durch nationale Grenzen erfahren, können nun auch hartgesottene Fans dank günstiger Flüge ihr Team über Landesgrenzen hinweg begleiten. Für Spieler und Manager aus den höchsten Spielklassen jedoch spielen Billig-Fluggesellschaften freilich kaum eine Rolle: Um Ziele in Europa oder zunehmend auch in Afrika bzw. Südamerika – wo es Länderspiele zu bestreiten oder familiären Verpflichtungen nachzukommen gilt – zu erreichen, können sie auf Privatjets zurückgreifen. Die heutzutage durch Fernseheinnahmen ermöglichte geografische und soziale Mobilität ist beispiellos.

In den letzten 20 Jahren, die durch die Beendigung des Kalten Krieges und der Balkankriege, durch EU-Erweiterungen und wachsenden Anti-Amerikanismus in allen Teilen der europäischen Gesellschaft geprägt waren (MARKOVITS 2004), haben Historiker langsam aber stetig ihre Aufmerksamkeit Europa zugewendet. In der Zukunft jedoch werden sie sich mehr sputen müssen, wenn sie ihr Untersuchungsobjekt erhalten wollen. Auf der einen Seite hat das Aufkommen der Weltgeschichte als Disziplin und Philosophie in der Tendenz entweder zu einer Infragestellung und Verdrängung der Bedeutung Europas geführt oder dessen Erforschung als beschränkt, sogar als provinziell abgetan (MANNING 2003; CHAKRABARTY 2007). Auf der anderen Seite hat der neu aufgekommene Trend, nationale Geschichten in ihren internationalen Kontexten zu sehen – d. h., beispielsweise deutsche Geschichte als internationale Geschichte zu begreifen –, zwar eine erweiterte Sicht ermöglicht, aber auch die Rolle des Nationalstaats wieder stärker ins Spiel gebracht. Nichtsdestotrotz bezieht die Untersuchung von Staaten und Regionen in größeren Kontexten, im Rahmen von Vergleichen und Interaktionen, einen starken Impetus aus den Kumulationseffekten der vergleichenden europäischen, globalen und nationalen Geschichtswissenschaften zu einer internationalen Geschichte. Vor diesem Hintergrund stellen der Sport und seine mediale Darstellung ein besonders vielversprechendes Untersuchungsobjekt dar.

In der Geschichtsschreibung nach 1945 sind die beiden deutschen Staaten vornehmlich unabhängig voneinander betrachtet worden, obgleich, seit dem Ende des Kalten Krieges, eine zunehmende Tendenz beobachtbar ist, sie wieder als Einheit zu untersuchen. Ausgehend von der Verbindung von Sport und Medien, soll dieser kurze Beitrag die Geschichte des Sports im europäischen Medienraum skizzieren. Schließen wird er mit dem Argument, dass die Geschichtswissenschaften erheblich davon profitieren könnten, wenn sie einen Schritt weitergehen und die sozialen Aspekte des lange Zeit zweigeteilten Deutschlands im europäischen Kontext untersuchen würden.

Wo die bestehende Forschung auch sportkulturelle Aspekte im europäischen Kontext untersucht hat, versäumte sie es, sich explizit und analytisch mit der Verbindung von Staaten, Märkten und Medien auseinanderzusetzen.[1] Der Sammelband von Stephen Wagg and David L. Andrews (2007) vereint hilfreiche Fallstudien zu speziellen Sportarten und -ereignissen. Neil Blains, Raymond Boyles und Hugh O'Donnells Band *Sport and National Identity in the European Media* (1993) trägt Aufsätze zu sportbezogenen Mediendiskursen innerhalb europäischer Länder zusammen. Diese wertvollen Beiträge bleiben jedoch relativ singulär und fokussieren zudem nationale Unterschiede. J. A. Mangan, Richard Holt und Pierre Lanfranchi wiederum befassen sich in *European Heroes. Myth, Identity, Sport* (1996) mit ausgewählten Sportpersönlichkeiten aus verschiedenen europäischen Ländern, während Anthony King (2003) den europäischen Fußball als Ritual analysiert hat. In einem weiteren Sinne lässt sich sagen, dass die Wissenschaft kulturelle Prozesse im Zeichen hierarchischer, von oben nach unten verlaufender Strategien der europäischen Eliten identifiziert hat, ob dies nun die spezifisch ökonomischen Charakteristika europäischer Sportinstitutionen und

---

1 Einen neueren Versuch, dieses Defizit auszugleichen, stellt das dritte internationale Symposium zum Sport im modernen Europa dar, AHRC-Netzwerk, Januar 2010 (siehe http://www.sport-in-europe.group.cam.ac.uk) sowie auch der Band von Tomlinson/Young/Holt (2011, im Druck).

Sportwettbewerbe betrifft (NIEMANN/GARCIA/GRANT 2001) oder die weitreichende Dynamik des europäischen Projekts (SHORE 2000; PARRISH 2003). Entsprechenden Bemühungen in jüngerer Zeit zum Trotz, ist die Sport-Historiografie nicht gut beraten, sich auf der Suche nach nachahmenswerten, vergleichenden Modellen an der allgemeinen Geschichtswissenschaft zu orientieren. Die europäische Nachkriegsgeschichte fußt in hohem Maße auf den Perspektiven und Prioritäten der nationalstaatlichen Betrachtung. Dies trifft insbesondere auch auf den Publikumssport zu, welcher ein ausgesprochen leistungsfähiges Vehikel für die Formung einer bürgerlichen und nationalen Identität darstellt (TOMLINSON/YOUNG 2006). Infolgedessen existiert bis dato auch keine allgemeine Geschichtsschreibung zum europäischen Sport, wie es sie etwa zur europäischen Wirtschaft, der europäischen Union oder zum Kalten Krieg gibt. Europa ist »ein Flickenteppich aus Erinnerungslandschaften, welche teilweise isoliert voneinander sind und teilweise in Berührung miteinander stehen«, sodass »genuin transnationale Untersuchungen der europäischen Sozial- und Kulturgeschichte, welche über die Erfassung internationaler Beziehungen und Kriege hinausgehen, noch immer rar sind« (JARAUSCH/LINDENBERGER 2007: 5f.). Sogar die in diesem Zusammenhang verwendete Periodisierung und Terminologie stellen ein Problem dar. Für einige französische Wissenschaftler beginnt die *histoire contemporaine* noch immer im Jahre 1789, während in Deutschland oder Italien ›Zeitgeschichte‹ mit dem Fall Hitlers bzw. Mussolinis ihren Anfang nimmt. In Osteuropa wird entweder das Einsetzen der sowjetischen Herrschaft nach dem Ende des Zweiten Weltkriegs oder zunehmend auch deren Zerfall im Jahre 1989 als Trennlinie gesehen. Die meisten Beiträge zur jüngeren europäischen Geschichte gehen jedoch von 1945 als dem ›Jahr Null‹ aus: Tony Judts maßgebende Darstellung dieser geschichtlichen Periode trägt den simplen Titel *Postwar* (2005). Gleich zu Beginn seines Buches schwelgt Judt in Erinnerungen an eine kalte Wiener Winternacht, in welcher ihn die Nachricht vom Mauerfall erreichte und liefert dabei eine Begründung, warum die Geschichte Nachkriegseuropas neu geschrieben werden müsse: »Eine Ära war vorüber und ein neues Europa wurde geboren. [...] Die Konfrontationen des Kalten Kriegs; das Schisma, das den Osten vom Westen trennte; der Kampf zwischen ›Kommunismus‹ und ›Kapitalismus‹; die einzelnen, unverbundenen Geschichten von einem prosperierenden Westeuropa und den östlich von diesem liegenden Satellitenstaaten des Sowjetblocks: all diese Dinge konnten nicht länger als Produkt einer ideologischen Notwendigkeit oder der eisernen Logik der Politik verstanden werden. Sie waren zufällige Resultate der Geschichte – und Geschichte schob sie beiseite. Europas Zukunft würde ganz anders aussehen – und so würde auch seine Vergangenheit ganz anders aussehen.« Judt war im November 1989 klar, dass die Jahre 1945-1989 in der Retrospektive nicht als Schwelle zu einer neuen Epoche betrachtet werden würden, sondern vielmehr als Übergangszeit: als »eine Nachkriegs-Parenthese, das unvollendete Beilegen eines Konflikts, der im Jahr 1945 geendet hatte, aber dessen Epilog ein weiteres halbes Jahrhundert umspannte« (JUDT 2005: 1-5).

Rosemary Wakeman (2003) jedoch propagiert eine andere Sicht auf dieselben Ereignisse und deren historische Einordnung. Einerseits stimmt sie Judt zu, indem sie den Kalten Krieg und die Entkolonialisierung, die weit in die Nachkriegsjahre hineinreichten, als deutliche Belege für die Kontinuität der europäischen Geschichte über die ›Stunde Null‹ hinaus anführt. Andererseits folgt sie der Linie Hobsbawms (HOBSBAWM 1995), betrachtet sie doch 1945 als Geburtsstunde einer neuen Ära, indem sie argumentiert, dass die außergewöhnlichen Veränderungen der zweiten Hälfte des 20. Jahrhunderts – und nicht die Verwüstungen der ersten Hälfte – den Löwenanteil der historiografischen Aufmerksamkeit auf sich ziehen werden. Im Licht der rasanten Wandlung Europas zu einer urbanen und voll industrialisierten Konsumgesellschaft in den 20 Jahren zwischen 1953 und 1973 regt Wakeman in provokanter Form gar an, dass von all den Umwälzungen des 20. Jahrhunderts dieses ›Goldene Zeitalter‹ im Nachhinein das entscheidende Ereignis gewesen sein mag, weil es eine gänzlich neue materielle Welt mit sich brachte und damit eine neue Gesellschaft und Kultur, die das Leben der Europäer komplett veränderte. Der Harvard-Historiker Charles Maier wiederum hebt hervor, was er als eine Art Malaise des späten 20. Jahrhunderts betrachtet. In seinen Schriften, die freilich vor dem westlichen Militäreinsatz in Nahost und der jüngsten Weltwirtschaftskrise entstanden sind, stellte Maier fest: »Irgendwann zwischen der Mitte der 1960er-Jahre und dem Ende der 1980er-Jahre durchlebten wir, von Zweifel und Unsicherheit ob der Lebensfähigkeit von Demokratie und Kapitalismus bedrängt, unser eigenes *fin de siècle*« (MAIER 2000: 825).

Befragt man drei bedeutende Historiker, so wird man mit drei unterschiedlichen Meinungen zu Form und Bedeutung der Nachkriegsära konfrontiert: dem langen Epilog, dem Beginn von etwas gänzlich Neuem oder einem eigenständigen *fin de siècle*. Je nach eigenen Vorlieben könnte man Sport in jeder einzelnen dieser Definitionen unterbringen. Dies ist

nicht zuletzt deshalb der Fall, weil das Phänomen ›Sport‹ eine ganze Pa-
lette von Aktivitäten, Praktiken und Institutionen (auf lokaler, nationaler
und internationale Ebene) umfasst. So haben beispielsweise die Medien
in den späten 1950er- und in den 1960er-Jahren zu einem gewissen Grade
den Niedergang des Zuschauersports, aber auch die Abnahme der Kino-
besucherzahlen herbeigeführt. Andererseits haben wirtschaftliche Fragen
und das Ringen um die Aufmerksamkeit der Zuschauer im Zuge der Einführung von Kabel- und Satellitensendern seit den 1980er-Jahren zu einer
tiefgreifenden Veränderung bestimmter Sportarten geführt (d. h. Sport als
der Beginn von etwas Neuem – als eine Weiterführung der goldenen Jahre
der Konsumgesellschaft?). Die Fußballkrawalle wiederum, die sich in ganz
Europa, Ost wie West, als Kennzeichen für Maiers Nachkriegseuropa aus-
breiteten, könnten schließlich als Charakteristika des *fin de siècle* betrachtet
werden. Die Möglichkeiten sind vielfältig – so wäre es doch noch denkbar,
längere Zeitabläufe in diese Reflexionen mit einzubeziehen, wie etwa das
Ideal des Amateursports im 19. Jahrhundert, das erst im olympischen Sport
der frühen 1980er-Jahre sein Ende fand und so den Sport zurückführte in
seine eindeutig kommerzielle Phase der vorviktorianischen Zeit.

2. Sport und Fernsehen in Europa

Periodisierungen sind verführerisch, trügerisch, kontingent und werden
dennoch irgendwie als gegeben betrachtet. Im Blick auf Sport und Medien
(und das folgende Argument gilt in aller erster Linie für diesen Themenkomplex) kann jedoch tatsächlich eine klare strukturelle Periodisierung
ausgemacht werden. Ausgehend von der zunehmenden Präsenz und Popularität von Sportspektakeln in der zeitgenössischen europäischen Mas-
senkultur, lassen sich zwei eigenständige Phasen differenzieren. Zuerst
kam der lange Nachkriegsboom im dritten Quartal des 20. Jahrhunderts,
der eine Verbreitung des Fernsehens nicht nur in den kapitalistischen Demokratien, sondern auch in den kommunistischen Ostblockstaaten nach
sich zog. Der Kalte Krieg und die Übertragung von Sportveranstaltungen
durch die öffentlich-rechtlichen Anstalten im Westen sowie durch die
staatlich kontrollierten Fernsehsender im Osten gingen bis in die späten
1980er-Jahre Hand in Hand. Daraufhin folgten ein deutlicher Bruch um
1990 herum und der Beginn der zweiten Phase. Diese nahm ihren Lauf mit
dem Ende der Sowjetunion mitsamt ihren Satellitenstaaten und der Entste-

hung von neuen Demokratien in ganz Osteuropa. Dieser einschneidende ideologische Wandel fiel – in selbstverständlich unabhängiger Weise – mit einem bemerkenswerten technologischen Durchbruch in der Satellitenrundfunkübertragung zusammen. Plötzlich entstand ein transnationaler, globaler Markt für europäischen Sport, insbesondere für Fußball. Die Satellitentechnik als eine Art neuer ›elektronischer Kartenschalter‹ bot einen nie dagewesen Medienzugang zum Spitzensport und generierte immense transnationale finanzielle Einnahmequellen.

Eine Berechtigung für die Erforschung des europäischen Sports und der Medien findet sich in der Beobachtung, dass sich das europäische Medienmodell über weite Strecken der Nachkriegszeit deutlich vom amerikanischen abgehoben hat. Das US-Modell basierte auf konkurrierenden kommerziellen Sendern – NBS, CBS, ABC –, die ihr Programm über die Netzwerke angebundener, lokaler Sender übertrugen, deren Sendefrequenzen und -rechte durch Bundesbehörden reguliert waren. Im Gegensatz dazu herrschte in Europa eine stärkere staatliche Regulierung sowie ein größerer Widerstand gegen die Kommerzialisierung. Verwaltungsorgane für den Sport, wie etwa die *Football Association* und die *Football League* in England lehnten die Liveübertragung von Sport dezidiert ab, aus Angst vor schwindenden Zuschauerzahlen in den Stadien. In den Vereinigten Staaten plagten die für die amerikanische Variante des Fußballs verantwortliche *National Football League* (NFL), die lediglich eine kleine Anzahl an Klubs auf einem großen Kontinent vertrat, keine vergleichbaren Sorgen. Die NFL begab sich in den 1950er-Jahren auf den Weg der Selbstvermarktung durch das Fernsehen. Die Besitzer der einzelnen Teams schlossen sich zusammen, um ein ›gutes Produkt‹ zu schaffen, worunter sie ein Produkt verstanden, das sich weder durch sichere Ergebnisse noch, wie in Europa üblich, durch die längerfristige Dominanz einer einzigen Mannschaft oder einer Gruppe von Mannschaften auszeichnen würde.

In Hinblick auf die Rundfunkübertragungen von Sport in Europa verhielt es sich ganz anders. Nationale Rundfunkanstalten waren weitaus weniger wettbewerbsorientiert, was seinen Ausdruck in der Formung eines Kartells (der Europäischen Rundfunkunion) fand, das sich die Verhinderung des gegenseitigen Wettbewerbs um Übertragungsrechte zum Ziel setzte. Zudem war das europäische Fernsehen bis in die 1960er-Jahre gegenüber der Popularität bzw. dem Potenzial von Sportübertragungen im Fernsehen relativ gleichgültig. Der Stillstand in den Beziehungen zwischen jenen, die den professionellen Fußball verwalteten, und den vielen nationalen Rundfunkstationen überdauerte die Jahrzehnte bis in die 1980er-Jahre hinein. Erst der technologische Durchbruch in der Satellitenübertragung, die sich von da an nationalen Regulierungen und Kontrollen entzog, im Verbund mit einer neuen Richtlinie der Europäischen Kommission, welche die Gründung neuer, europäisch-transnationaler Medienunternehmen legitimierte, brachte das alte System nationaler Beschränkungen und Regularien zum Sturz und hatte somit einen direkten und einschneidenden Effekt. Obgleich die englische *Premier League* die Route vorgab (die 60 übertragenen Spiele der ersten Saison 1992-1993 stiegen auf 138 im Jahr 2006 an; der erste Fünfjahresvertrag mit SKY im Jahr 1992 über 304 Millionen £ ist inzwischen zu einer Gesamtsumme von 2,7 Billionen £ angestiegen, die SKY und Setanta gemeinsam für die Jahre 2007-2010 bezahlt haben) – der Rest von Europa sollte nicht übersehen werden. 1995 gab es drei Pay-TV-Sportkanäle in Europa; im Jahr 2000 waren es schon 60. Sport, wie Rupert Murdoch 1996 in Erinnerung rief, war zu einem wirksamen ›Rammbock‹ geworden, um in die Wohnzimmer der Fernsehzuschauer einzufallen (MILLIKEN 1996).

Damit soll allerdings nicht behauptet werden, dass das Fernsehen vor der technologischen Revolution und dem Ende des Kalten Kriegs überhaupt keine Wirkungen hatte. Nahmen sich diese Wirkungen auf die wöchentlichen oder rund um das Jahr stattfindenden Sportveranstaltungen in den ersten Jahrzehnten der Nachkriegszeit im Vergleich zum Paradigmenwechsel der späten 1980er- und frühen 1990er-Jahre auch bescheiden aus, so führten die schon früher steigenden Zuschauerzahlen in bestimmten Schlüsselbereichen doch zu deutlichen Veränderungen. Die größten Sportwettkämpfe überhaupt, die FIFA-Weltmeisterschaft und die Olympischen Spiele, wandelten sich von relativ kleinen Veranstaltungen, über die nur einige wenige Fachjournalisten berichteten, zu den größten Medienereignissen der Weltgeschichte. In den 1950er-Jahren konnte eine kleine Stadt wie Helsinki die Olympischen Sommerspiele ausrichten (1952) und Weltmeisterschaftsfinalrunden fanden, mit gerade einmal 16 Nationalmannschaften, in kleinen europäischen Ländern statt (Schweiz 1954, Schweden 1958). Vergleichbares wurde innerhalb von nur zwei Jahrzehnten, in denen der Wert von Sportgroßveranstaltungen zunahm und sich die Medientechnologie immens verbesserte, unvorstellbar. Mit der Ausrichtung etwa der Hälfte aller Olympischen Sommerspiele zwischen London 1948 und London 2012 fällt Europa der Löwenanteil zu. Schwerer aber noch wiegt, dass eine zunehmende Medienwirksamkeit die Bedeutung einer ›Repräsentationspolitik‹, die zu einem unverzichtbaren Teil der Olympischen Spiele geworden war, ins Unermessliche steigerte. Seit der Ablösung des professionellen (und semiprofessionellen) Fußballs von den Olympischen Spielen im Jahre 1930 überstrahlte der zeremonielle Aspekt des ›olympischen Amateursports‹ den der Weltmeisterschaft deutlich. Fußball fehlte schlicht die symbolische Qualität der Olympischen Spiele: So konnte es sich die Sowjetunion etwa leisten, auf ihre Teilnahme bei der Weltmeisterschaftsendrunde 1974 in Westdeutschland aufgrund eines politischen Disputs mit Chile zu verzichten. Einen vergleichbaren Verlust von Repräsentationsmöglichkeit auf der internationalen Bühne hätte die Sowjetunion mit Blick auf die Olympischen Spiele – wie der Boykott der Spiele 1984 in Los Angeles gezeigt hat – nicht in Erwägung gezogen, ohne zumindest ihre Satellitenstaaten mitzunehmen und damit den Wert der gesamten Rest-Veranstaltung deutlich zu mindern. So konnten es sich auch die westlichen Nationen leisten, relativ wenig in die Fußball-Europameisterschaften zu investieren, um ihre Kräfte für die prestigeträchtigere Weltmeisterschaft zu schonen. Hierdurch haben sie dem Ostblock bis in die Mitte der 1980er-Jahre eine Dominanz ermöglicht (SCHULZE-MARMELING/DAHLKAMP 2008). Der untrennbare Zusammenhang von Sport, Fernsehen, Werbe-Einahmen, internationaler Selbstdarstellung und Politik fand seinen prägnanten Ausdruck bei den Olympischen Spielen und bildete das umfangreichste Kapitel des Sports in der Zeit des Kalten Krieges.

Spielte der Wettkampfsport in der frühen Phase der Sowjetunion eine untergeordnete Rolle, so gewann er mit dem Aufstieg Stalins und dem ›sozialistischen Modernismus‹ zunehmend an Bedeutung (BUDY/KATZER/KÖHRING/ZELLER 2010). Sport wurde Teil der großen patriotischen Aufgabe, eine leistungsfähigere und dynamischere Sowjetunion aufzubauen. Im Gegenzug ebnete er dieser den Weg in den internationalen Sportwettbewerb. Ein zögerlicher Anfang in dieser Hinsicht war Dynamo Moskaus Großbritannien-Reise im Jahr 1945 – ein Ereignis, das einen immensen Mediensturm auslöste, wodurch sich George Orwell inspiriert fühlte, seine berühmte und oft zitierte Maxime zu Papier zu bringen, dass Sport ›Krieg ohne Schießerei‹ sei (ORWELL 1945). Die zunehmend feindliche Rhetorik und die Entstehung zweier sich antagonistisch gegenüberstehender Lager mit grundlegend unterschiedlichen Vorstellungen über die Zukunft Deutschlands führten dazu, dass die Wiederaufnahme des Sports nach dem Zweiten Weltkrieg in einem neuen ideologischen und strategischen Rahmen des Kalten Kriegs erfolgte. Während eine gewaltige

Luftbrücke aufgebaut wurde, um die Versorgung der Bürger West-Berlins, die hinter dem ›Eisernen Vorhang‹ gefangen waren, zu gewährleisten, wurden die Olympischen Spiele des Jahres 1948 in London ausgetragen (HAMPTON 2008). Es war wenig überraschend, dass die Sowjets an diesen nicht teilnahmen: Anstatt ihre internationale Reputation bei einer Veranstaltung zu riskieren, die sie als bourgeoisen Sport-Nationalismus gebrandmarkt hatten, warteten sie darauf, die Überlegenheit des Kommunismus bei den nächsten Spielen in Helsinki durch ihre sportliche Leistung unter Beweis stellen zu können.

Konsequenterweise setzten die Sowjets ihre Teilnahme hier theatralisch in Szene: Obwohl die sowjetischen Olympioniken im Medaillenspiegel nur den zweiten Platz hinter den USA belegten, »verkündete die Prawda, das offizielle Organ der Kommunistischen Partei, nach Beendigung der Olympischen Spiele in Helsinki einen Sieg. Sie erwähnte dabei nicht den Punktestand, sondern berichtete stattdessen einfach, dass die Athleten der Sowjetunion den ersten Platz gewonnen haben« (PARKS 2007: 39). Eine solche Rhetorik und Rivalität setzte sich, abhängig von der jeweiligen internationalen Situation, bis zu den ersten Spielen in der Zeit nach dem Kalten Krieg, 1992 in Barcelona, mit mehr oder weniger scharfen Tönen fort. Dem Fernsehen kam in diesem Zusammenhang eine entscheidende Funktion zu. Die ersten im Fernsehen übertragenen Olympischen Spiele in Rom 1960 wurden überschattet durch den Moskauer Prozess gegen den amerikanischen Spion und Piloten Gary Powers, die wütenden Konfrontationen Chruschtschows mit den USA und die drohende Kubakrise. China hatte gerade erst die Olympische Bewegung wegen Unstimmigkeiten im Hinblick auf Taiwan verlassen, der Kalte Krieg gab den Ton für den Kontakt zwischen amerikanischen und sowjetischen Athleten an und die Rhetorik des Kalten Kriegs bestimmte auch die weltweiten medialen Vorberichterstattungen zu den Spielen. Während die Highlights in 18 europäischen Ländern live gesendet wurden, wurden sie in den USA und Japan zeitversetzt ausgestrahlt, nachdem die Videobänder der Aufzeichnungen mit dem Flugzeug über den Atlantik und den Pazifik transportiert worden waren. Die Weltaufmerksamkeit richtete sich auf die berauschende Mischung aus Spitzensport und den Spannungen des Kalten Kriegs. Der Titel von David Maraniss' auflagestarkem Buch *Rome 1960. The Olympics that Changed the World* (2008) mag etwas übertrieben klingen. Allerdings: Wie der Terroranschlag bei den Olympischen Spielen von 1972 für die Bedrohung durch den Terrorismus ›stand‹ und auf dramatische Weise die Fähigkeit von Terroristen zur Manipulation der Medien offenlegte, so ›standen‹ die Spiele 1960 für die Macht von Fernsehen, Sport und Politik – eine Kombination, die nicht nur Zuschauer und Produzenten anzog, sondern auch politische Entscheidungsträger auf der ganzen Welt.

Wie die neueste Forschung zeigt, war sich beispielsweise die französische Regierung der politischen Symbolik des Sports deutlich bewusst (KRASNOFF 2011). Der Erfolg sowohl von rivalisierenden als auch von kleineren Nationen bei den Olympischen Spielen schärfte in Frankreich ein Bewusstsein für das eigene Versagen. De Gaulles Machtübernahme im Jahre 1958 und die Entstehung einer mächtigen und präsidialen Fünften Republik befeuerten das Streben nach nationaler Wettbewerbsfähigkeit und führten in Regierungskreisen zu einem Aufschrei der Entrüstung angesichts des schlechten Abschneidens Frankreichs bei den Olympischen Spielen von 1960. Durch das Fernsehen wurde die nationale Erniedrigung in all ihren Dimensionen für die Zuschauer in Frankreich und der ganzen Welt sichtbar. Dies führte von den 1960er- bis in die 1970er-Jahre hinein zur Manifestation einer seit langem schwelenden Debatte über den Niedergang Frankreichs. Vielfältige Initiativen, die gegen die sportliche Bedeutungslosigkeit gerichtet waren, fanden ihren Höhepunkt schließlich in der Erlassung eines Gesetzes durch die Gaullisten im Jahre 1975, durch welches öffentliche Gelder für die Sichtung und das Training von Spitzensportlern zur Verfügung gestellt wurden. Während dieser Zeit waren französische Funktionäre sehr darum bemüht, ein Gefühl für die nationale Sportkultur zu schaffen und dieses der Bevölkerung durch ein Wechselspiel aus Sport und Medien einzuimpfen. Die Botschaft war deutlich: Erfolg im Sport war zunehmend ein Indikator für internationales Prestige. Kleineren Nationen wurde durch den Sport ein Mittel an die Hand gegeben, um im Schatten der Supermächte größere eigene Stärke zu suggerieren und ihre *soft power* (d. h. kulturelle Stärke) auf der globalen Bühne auszuspielen.

3.   Deutsch-deutscher Sport und die Medien

Eine der Nationen, die sich Frankreich zum Vorbild nahm, war Deutschland, insbesondere die DDR. Deren beeindruckende Erfolge waren ab den späten 1960er-Jahren einzigartig und dienten der erschütterten Fünften Republik als Quelle der Inspiration sowie als Maßstab für Erfolg. Zur gleichen Zeit verfolgten sowohl die DDR als auch die Bundesrepublik die sportlichen Erfolge des jeweils anderen Staates sowie auch die der Supermächte (deren Medaillenzahl die Bundesrepublik und die DDR gemeinsam zeitweilig überbieten konnten) und anderer, gerade entstehender Staaten, nicht zuletzt der frisch entkolonialisierten Länder Afrikas. Das Augenmerk Ost- und Westdeutschlands galt jedoch hauptsächlich dem jeweils anderen. Sportübertragungen im Fernsehen waren fundamentaler Bestandteil der deutschen Erfahrungen während des Kalten Kriegs: Ab den frühen 1950er-Jahren bot das universelle Ethos des internationalen Sports eine symbolische Bühne, auf der die deutsche Frage intensiv diskutiert und erörtert werden konnte (GEYER 1996; KREBS 1999; BLASIUS 2001; KILIAN 2001: 251ff.; YOUNG 2007). Gleichzeitig bemühten sich beide Staaten in hohem Maße, den Medienraum des jeweils anderen zu erobern und zu durchdringen, um ihre politische Ordnung zu legitimieren und ihre ideologisch aufgeladene Vorstellung von einem geeinten Deutschland zu propagieren (LINDENBERGER 2006). Was für den Sport galt, traf auch auf das Fernsehen zu: Auf jeder Seite der Grenze waren die beiden Bereiche ein »politisches Kampfmittel und Hersteller sozialer und kultureller Wirklichkeit in einem« (LINDENBERGER 2006: 11).

Auf den ersten Blick funktionierte Sport in Ost- und Westdeutschland nach gänzlich unterschiedlichen Mechanismen. In den 1950er- und 1960er-Jahren hatte sich die westdeutsche Regierung mit sportlichen Erfolgen generell sehr schwer getan – ein besonders gutes Beispiel in dieser Hinsicht liefert der Kontrast zwischen der euphorischen Reaktion der Öffentlichkeit auf den überraschenden Sieg der Fußball-Weltmeisterschaft 1954 und den zurückhaltenden Wortmeldungen von offizieller Seite (COOKE/YOUNG 2006). In allgemeiner Perspektive folgte die Bundesrepublik dem westlichen Muster im Umgang mit dem Sportbetrieb, welcher sich durch folgende Eigenschaften auszeichnete: individuelle Freiheit, politische und bürokratische Dezentralisierung, die Begrenzung demokratischer Strukturen, unzureichende medizinische und wissenschaftliche Unterstützung, Probleme bei der Sichtung junger Talente sowie schließlich die große Rolle, die dem Zufall eingeräumt wurde. Sport in der DDR lässt sich in hohem Maße als ein fotografisches Negativ dieses Bildes verstehen (PEIFFER/FINK 2003). Im Einklang mit dem »hohen Maß an gegenseitiger Durchdringung von Staat und Gesellschaft« (FULBROOK 1995: 19) war der ostdeutsche Sport »vollständig integriert in die soziale und politische Struktur des Landes, das sich durch Merkmale wie akribische Planung durch den Staat, strategische Nutzung von Ressourcen und ein ausgeklügeltes strukturelles Netzwerk der Sichtung, Identifikation und Entwicklung/Förderung von neuen Talenten auszeichnete« (NAUL/HARDMAN 2002: 68). In ideologischer und organisatorischer Hinsicht war der Sport hierarchisch strukturiert und umfasste die gesamte Gesellschaft. Als wichtiger Beitrag zur intellektuellen und physischen Entwicklung der ›sozialistischen Persönlichkeit‹ wurde Sport in die ursprüngliche Verfassung und das begleitende Jugendgesetz sowie auch in spätere Überarbeitungen (1950, 1968, 1974) aufgenommen (GIESELER 1983: 117). Sport in der DDR war vermutlich der am meisten durch eine Regierung regulierte in der Welt: Allein in den Jahren 1951-1952 verabschiedeten das Politbüro und das Sekretariat des ZK der SED mehr als 200 Beschlüsse zum Thema Sport (TEICHLER 2002, 2004).

Trotz der offensichtlichen Unterschiede waren die beiden deutschen Systeme in zweierlei Hinsicht eng miteinander verbunden. Zum einen spielte der sportliche Erfolg eine Rolle. So hebt etwa Uta Balbier in ihrer Monografie die Verbindung zwischen Ost- und Westdeutschland in den 1960er-Jahren mit Blick auf die Sportpolitik hervor (BALBIER 2007). Obschon beide Staaten unterschiedliche ideologische Perspektiven auf die Sache hatten, haben Veränderungen in einem Teil stets zu Aufholbemühungen im anderen Teil geführt. Entgegen der allgemeinen Entwicklung der sozialen Bedingungen war es letztlich der Osten, der die Initiative bei der Förderung von Hochleistungssport ergriff. Wenn auch der Westen immer ein wenig hinterher hinkte, so wurde er doch mit nach oben gezogen wie ein Kletterer, der, mit einem Seil verbunden, an seinem Vormann hängt. Die Leistung *beider* deutscher Staaten bei Olympischen Spielen bis zum Ende des Kalten Krieges kommt einer Art Wunder gleich (YOUNG 2010). Zum anderen war die Diplomatie von Bedeutung. So pochte Westdeutschland von den 1950er-Jahren bis zum Beginn der Ostpolitik auf sein Alleinvertretungsrecht der deutschen Nation auf der internationalen Bühne und bemühte sich, die Anerkennung der DDR durch andere Staaten zu verhindern. Langwierige, ermüdende Auseinandersetzungen über das Hissen von Nationalflaggen, das Singen von Hymnen und das Tragen von Abzeichen auf Trainingsanzügen, Trikots und Westen folgten, in denen die westliche Gemeinschaft – der Streitigkeiten müde – ihre ursprüngliche Unterstützung für die Bundesrepublik langsam einschlafen ließ, um unter dem Eindruck des globalen politischen Tauwetters der 1960er-Jahre letztlich ganz einzuknicken.

Bezeichnenderweise war das Fernsehen hinsichtlich beider Aspekte – Sportbetrieb sowie diplomatische Beziehungen und Protokoll – von entscheidender Bedeutung. Im Blick auf den Sport war es der in die ganze Welt ausgestrahlte, in westdeutschen Wohnzimmern verfolgte und von der westdeutschen Presse zerpflückte Schock angesichts der stark verbesserten Leistung ostdeutscher Sportler bei den Olympischen Spielen in Mexiko 1968, der eine Verbesserung des westdeutschen Systems für die kommenden Spiele in München nach sich zog. Auch in diplomatischer Hinsicht spielte das Fernsehen eine bedeutende Rolle. Während Bonn Regierungen in der ganzen Welt Predigten über die Präsenz von ostdeutschen Hoheitszeichen und Utensilien in Handelsvertretungen und bei Messen hielt, waren sich die Mitarbeiter des Auswärtiges Amts voll bewusst, dass der Anblick einer DDR-Flagge, die bei der Siegerehrung einer internationalen und global übertragenen Sportveranstaltung zum Klang der Becher-Hymne an einem Fahnenmast hochgezogen würde, einen noch wesentlich stärker negativen Effekt haben dürfte. Sport, so folgerten die Bonner Entscheidungsträger, war weltweit der kleinste gemeinsame Nenner zwischen den beiden deutschen Staaten (SCHILLER/YOUNG 2010: 158ff.).

Bei der Betrachtung von Kaltem Krieg in Deutschland, Sport und Medien hat die Wissenschaft ihr Augenmerk vielfach auf die DDR und die in diesem System ausgeübte, überbordende politische Kontrolle über die Medien bzw. die Einflussnahme auf dieselben gerichtet. Mikos und Stiehler zeigen, dass Sportjournalisten in der DDR eine Reihe klar definierter Aufgaben zu erfüllen hatten. Diese lassen sich wie folgt beschreiben: der Öffentlichkeit politische und ideologische Botschaften vermitteln; das Nationalgefühl stärken; im Gegensatz zu ihren Kollegen im kritischen, kapitalistischen Westen selbst bei schwachen oder unbefriedigenden Leistungen positiv über sozialistische Athleten berichten; die sportlichen und politischen Banden mit anderen sozialistischen Staaten, insbesondere mit der Sowjetunion lobend anerkennen; sozialistische Sportler als Vorbilder und Identifikationsfiguren präsentieren – und ihre Zuschauer anregen, selber aktiv Sport zu betreiben (MIKOS/STIEHLER 2003: 24ff.). Dies wurde nirgendwo deutlicher als in München 1972, wo die DDR zum ersten Mal bei Olympischen Spielen als eigenständiges Team, mit eigener Flagge, Insignien und Hymne antrat, während die Bundesrepublik die Möglichkeit genoss, einem weltweiten Publikum ihren Wohlstand und ihre neue Identität vorzuführen. Aus diesem Anlass unternahm die DDR große Anstrengungen – und dies mit Erfolg –, ihren Zuschauern eine attraktivere Berichterstattung zu bieten als jene, die sie alternativ über westliche Sender empfangen konnten. Die Sowjets waren ganz verblüfft angesichts des

Medientrosses, den Ostberlin in die bayerische Hauptstadt entsandt hatte.[2] Die Geschichte dieser großen Rivalität von ostdeutscher Seite ist inzwischen gut erforscht und wird oft hervorgehoben. Jedoch sollte sie nicht von der Tatsache ablenken, dass die Presse in den liberalen Demokratien des Westens – freilich innerhalb eines anderen politischen und sozialen Rahmenwerks agierend – sich in gleichem Maße der Propagierung von klaren politischen und ideologischen Inhalten verschrieben hatte. Ein Paradebeispiel in dieser Hinsicht war der pro-israelische und anti-sozialistische Ton der Springer-Presse – nicht zuletzt im (bis jetzt seltsam wenig erforschten) Bereich des Sports. Eine einseitige Fokussierung auf den Osten verstellt den Blick auf die zwar nicht so rigoros durchorganisierte, aber in einigen Medien dezidiert anvisierte ideologische Vereinnahmung des Sports für politische Zwecke im Westen. Hier zeichnet sich eine Analogie zum Doping ab. Nur weil im Westen nicht, wie es im Osten der Fall war, flächendeckend gedopt wurde, bedeutet dies längst nicht – wie die neueste Forschung zeigt –, dass im Westen überhaupt nicht gedopt wurde.

Des Weiteren ermutigt uns die jüngste Forschung zur Rolle der Medien während des Kalten Kriegs, differenzierter zu denken (VOWINCKEL 2010). Verallgemeinernd kann man hier drei konvergierende Schlussfolgerungen festhalten: erstens, dass die jeweiligen Mediensysteme den Charakter der Gesellschaften und politischen Institutionen in entscheidendem Maße prägten, wobei die Freiheit der liberalen Demokratien im Kontrast zu den Einschränkungen und Kontrollen der Diktaturen stand. Zweitens – wie jüngere Arbeiten zunehmend betonen –, dass es allerdings auch gewisse Parallelen gab zwischen der Medienentwicklung in liberalen Staaten und in Diktaturen, vor allem im Bereich der populären Medien. Schließlich drittens, dass Medien nicht nur Subsysteme verschiedener Herrschaftsformen sind, sondern dass der Prozess der Medialisierung aller Lebensbereiche das Potenzial entfaltet, Diktaturen von innen zu zersetzen. In Anbetracht dieser breiter angelegten Forschungserkenntnisse sollten wir achtsam sein, die osteuropäischen Sportmedien nicht zu einseitig zu betrachten – weder einseitig im Blick auf ihre politische Dimension, noch

---

2   SAMPO, DY 30/vorl. SED/18314: Entwurf: Die publizistische Arbeit vor den Olympischen Spielen in München (ohne Datum); SAPMO 02/Ivb2/20.28/18: Niederschrift über die Gespräche zwischen den Sportleitungen der DDR und der UdSSR am 26.7 1972 in Moskau, 27. Juli 1972.

einseitig im Sinne einer Ignoranz gegenüber dem weiteren deutschen und europäischen Kontext.

Wie die Forschung mittlerweile gezeigt hat, wurden für die Mehrzahl von DDR-Bürgern »Sporterfolge [...] nicht im politischen Sinne als Siege der sozialistischen DDR bejubelt« (FETZER 2004: 299). Dieses Muster war schon 1972 – dem Jahr des olympischen Durchbruchs der DDR – sichtbar geworden und es hielt bis zur Mitte der 1980er-Jahre an. Zu dieser Zeit setzte im Blick auf den Leistungssport eine generelle Ernüchterung ein, die jegliche Spuren einer politischen Ambiguität verschwinden ließ. Sport funktioniert auf der Basis eines existenziellen Paradoxons: Sport gilt als nicht politisch, ist in Wirklichkeit aber höchst politisch. Der Austausch von Argumenten zwischen Funktionären während des Kalten Krieges fand auf Basis dieses Paradoxons statt. Als der Osten insistierte, dass Sport unpolitisch sei, erwiderte der Westen, dass dieser alles andere als unpolitisch sei; und als der Osten wiederum die politische Natur des Sports propagierte, setzte der Westen dem Beschwörungen von der Autonomie des Sports entgegen (SCHILLER/YOUNG 2010: 167ff.). Die ›Auge um Auge, Zahn um Zahn‹-Boykotte der Olympischen Spiele in Moskau und Los Angeles 1980 und 1984 lieferten den ultimativen Ausdruck dieser Aporie. Jedoch belegen wissenschaftliche Studien, dass dieses Paradoxon auf der Ebene der Rezeption aufgelöst wurde: Die Sportzuschauer wussten, dass der Sport für politische Zwecke missbraucht wurde, genossen ihn aber nichtsdestoweniger als einfache Unterhaltung. Das bedeutet natürlich nicht, dass der unpolitische Genuss von Sport keine eigenständige politische Haltung darstellen kann (dies mag, muss aber nicht zwangsläufig der Fall sein) oder dass sportliche Parteinahme – insbesondere im Fußball – nicht auch manchmal von politischen Motiven angetrieben oder zumindest begleitet wurde (WILLMANN 2004; TEICHLER 2006; LESKE 2007). Es bedeutet lediglich, dass Sportbegeisterte in der DDR Sport genossen haben und reichlich damit versorgt wurden. In einem deutsch-deutschen oder sogar europäischen Kontext betrachtet, war das Erleben von Sport in der DDR – trotz der unterschiedlichen Rahmenbedingungen für dessen Entstehung – nicht anders als im Rest des Kontinents.

Tatsächlich war es vielleicht sogar besser, nicht zuletzt deswegen, weil das DDR-Fernsehen – ebenso wie die ostdeutschen Athleten im Stadion – permanent von dem Wunsch getrieben wurde, mit dem Westen gleichzuziehen und diesen zu übertrumpfen. Die Anziehungskraft, die von ebenfalls deutschsprachigen, von einer Reihe aufstrebender BRD-Sender ausgestrahlten und in die DDR durchsickernden Programmen auf die DDR-Bürger ausging, zwang das ostdeutsche Fernsehen dazu, sich permanent zu verbessern: In den späten 1960er-Jahren führte die DDR als gerade einmal achtes europäisches Land das Farbfernsehen ein und importierte eine zunehmende Anzahl von Shows und Sendeformaten aus dem Westen (HEIMANN 2006: 247). Für den Großteil der DDR-Bürger war Sport eine ausgesprochen populäre Aktivität – ein Umstand, der sich aus den intakten Traditionen und Strukturen aus der Zeit vor der deutschen Teilung speiste – und sorgte definitiv für ein attraktives Fernsehprogramm (STIEHLER/GRIESSER 2003). In den 1970er-Jahren schauten 85 Prozent der Zuschauer relativ regelmäßig Sport und 55 Prozent bekannten sich dazu, begeisterte Fans zu sein. In den Jahren, in denen große Sportereignisse ausgerichtet wurden, konnte die Sport-Berichterstattung durchaus 20 Prozent des gesamten nationalen Programms abdecken (MIKOS/STIEHLER 2003: 33). Journalisten in der BRD beklagten sich, dass ihre Kollegen im Osten eine deutlich bessere Ausbildung erhielten als sie (EGGERS 2007).

Obgleich der ostdeutsche Sportverband (DTSB) keine Weisungsbefugnis über die Hauptabteilung Sport beim DDR-Fernsehen (DFF) hatte, unterhielten beide Institutionen eine problemlose, symbiotische Beziehung miteinander. Wenn diese Beziehung auch in allererster Linie politischen und kulturpolitischen Zwecken diente, profitierten die Sportzuschauer doch davon: So passte der DTSB beispielsweise den Sportkalender so an, dass während des gesamten Jahres permanent Sportübertragungen stattfanden. Die Auswahl der Ereignisse, die im Fernsehen übertragen wurden, schien eine Vorankündigung und Rechtfertigung der grundlegenden und im Beschluss zum Leistungssport vom Mai 1969 festgelegten Entscheidung des DTSB zu sein, den Sport in vollfinanzierte (Sport I) und nicht finanzierte Disziplinen (Sport II) einzuteilen (ebd.: 238; STIEHLER/GRIESSER 2002: 222).

In den allgemeinen Geschichtswissenschaften ist man heutzutage – in der Zeit nach dem Kalten Krieg – zu der Erkenntnis gelangt, dass die Geschichten der beiden Hälften Europas nicht einzeln erzählt werden dürfen. In seinem Maßstäbe setzenden Buch *Postwar* mahnt uns Tony Judt, die Interaktionen sowie auch die Parallelen zwischen Ost- und Westeuropa zu betrachten. In provozierender Form weist Judt uns sogar an, die sozialen Reformen im Westen (›post-national, Wohlfahrtsstaat, friedliches Europa‹) und das kommunistische Projekt im Osten als »letztlich [...] dasselbe Projekt« – nämlich als das »Installieren einer Mauer gegen den politischen Rückfall« – zu begreifen (JUDT 2005: 6). Folgt man Judts Argumentation, so wird die Erforschung der Gemeinsamkeiten zwischen Ost- und Westeuropa ebenso bedeutend wie die Anerkennung der politischen Differenzen, die diese unterschiedlichen Gemeinwesen definierten. Die Beziehung zwischen einem Erlebnis bzw. einer Erfahrung und seiner bzw. ihrer politischen, sozialen und institutionellen Umgebung sowie den dazugehörigen Determinanten nimmt in jeder Kulturform eine andere Gestalt an – sei dies in den Bereichen Film, Jugendszene, Punk, Rock oder Sport. Die Herausforderung besteht darin, ihre Parameter genauestens nachzuzeichnen.

Im Blick auf das Verhältnis von Sport und Medien kann dieser Aufsatz nur eine Anregung liefern, die eine beachtliche Menge an weiterer empirischer Arbeit erfordern würde, um zu einer definitiven These zu werden. Hinsichtlich der Kommerzialisierung und medialen Vermarktung von Sport lag Europa immer hinter den Vereinigten Staaten, bis mit dem Ende des Kalten Krieges, der Öffnung der europäischen Märkte und dem Aufkommen von Kabelnetzen und Satellitentechnik eine gewisse Parität erreicht werden konnte. Vor diesem Hintergrund erscheint es als sinnvoll, Sport und Medien im Zeitraum von 1945 bis 1989 weniger in einer globalen als in einer europäischen Dimension zu betrachten – eine Prämisse, die sich heute im Zeitalter einer erneuerten Globalisierung vermutlich verändert hat (zuletzt: MARKOVITS/RENSMANN 2010). In Zeiten europäischer Ausdehnung nach dem Ende des Kalten Kriegs ermutigen uns die Historiker, Europas jüngere Geschichte ganzheitlich zu betrachten. Deutschland ist hier ein offensichtlicher Testfall. Im Bereich des Sports verlief die Beeinflussung in beide Richtungen. Im olympischen Sport stachelte der Erfolg des Ostens den Westen an, sich ins Zeug zu legen. In der Fernsehberichterstattung wiederum stachelte die offensichtliche Attraktivität der westlichen Sender den Osten an, Anstrengungen zu unternehmen. Damit waren die ostdeutschen Zuschauer gut bedient: Nicht nur hatten sie die Wahl zwischen zwei verschiedenen Listen von Sportsendungen, sondern sie profitierten auch von einem besseren Sportangebot infolge des deutsch-deutschen Wettbewerbs.

Weitreichende Vergleiche mit dem Rest Europas wären erforderlich, um diese Hypothese zu verifizieren. Aber es gibt guten Grund zu der Annahme, dass die deutsche Sportberichterstattung zu Zeiten des Kalten Krieges qualitativ mindestens am oberen Ende des europäischen Spektrums angesiedelt war. Verglichen mit anderen Staaten des Ostblocks hatten die Bürger Ostdeutschlands sicherlich wenig Anlass zu klagen. Bob Edelman hat uns mit Blick auf die Sowjetunion gezeigt, dass die Sportberichterstattung im Land der östlichen Supermacht zum großen Teil von Profanem und von

Banalität gekennzeichnet war (EDELMAN 2011). Dies war mit Sicherheit weder im Osten noch im Westen Deutschlands der Fall.

Literatur

BALBIER, U. A.: *Kalter Krieg auf der Aschenbahn. Der deutsch-deutsche Sport 1950-1972. Eine politische Geschichte.* Paderborn 2007

BLAIN, N.; R. BOYLE; H. O'DONNELL (Hrsg.): *Sport and National Identity in the European Media.* London 1995

BLASIUS, T.: *Olympische Bewegung, Kalter Krieg und Deutschlandpolitik 1949-1972.* Frankfurt/M. 2001

BUDY, S.; N. KATZER; A. KÖHRING; M. ZELLER (Hrsg.): *Euphoria and Exhaustion. Modern Sport in Soviet Culture and Society.* Frankfurt/M. 2010

CHAKRABATY, D.: *Provincializing Europe. Postcolonial Thought and Historical Difference.* Princeton 2007

COOKE, P.; C. YOUNG: Selling Sex or Dealing with History? German Football in Literature and Film and the Quest to Normalize the Nation. In: TOMLINSON, A.; C. YOUNG (Hrsg.): *German Football. History, Culture, Society.* London, New York 2006, S. 181-203

EDELMAN, R.: Sport in Soviet Television. In: TOMLINSON, A.; C. YOUNG; R. HOLT (Hrsg.): *Sport and the Transformation of Modern Europe. States, Media and Markets 1950-2010.* London 2011, im Druck

EGGERS, E.: Die Geschichte der Sportpublizistik in Deutschland von 1945 bis 1989. In: SCHIERL, T. (Hrsg.): *Handbuch Medien, Kommunikation und Sport.* Schorndorf 2007, S. 25-41

FETZER, T.: Die gesellschaftliche Akzeptanz des Leistungssportsystems. In: TEICHLER, H. J. (Hrsg.): *Sport in der DDR. Eigensinn, Konflikte, Trends.* Köln 2003, S. 273-357

FULBROOK, M.: *Anatomy of a Dictatorship. Inside the GDR 1949-1989.* Oxford 1995

GEYER, M. H.: Der Kampf um nationale Repräsentation. Deutsch-deutsche Sportbeziehungen und die Hallstein-Doktrin. In: *Vierteljahreshefte für Zeitgeschichte*, 44, 1996, S. 55-86

GIESELER, K.: Das Sport- und Leistungs-System der Körperkultur in der DDR. In: *Sportwissenschaft*, 13, 1983, S. 113-133

HAMPTON, J.: *The Austerity Olympics. When the Games Came to London.* London 2008

HEIMANN, T.: Fernsehen im Systemkonflikt. In: LINDENBERGER, T. (Hrsg.): *Massenmedien im Kalten Krieg. Akteure, Bilder, Resonanzen*. Köln, Weimar, Wien 2006, S. 235 - 261

HOBSBAWM. E.: *The Age of Extremes, 1914 - 1991*. London 1995

JARAUSCH, K. H.; T. LINDENBERGER (Hrsg.): *Conflicted Memories. Europeanizing Contemporary Histories*. New York, Oxford 2007

JUDT, T.: *Postwar. A History of Europe since 1945*. London 2005

KILIAN, W.: *Die Hallstein-Doktrin. Der diplomatische Krieg zwischen der BRD und der DDR 1955 - 1973. Aus den Akten der beiden deutschen Außenministerien*. Berlin 2001

KING, A.: *The European Ritual*. Aldershot 2003

KÖLLER, C.; F. BRÄNDLE: *Fußball zwischen den Kriegen. Europa 1918 - 1939*. Münster 2010

KRASNOFF, L.: Resurrecting the Nation. The Evolution of French Sports Policy from de Gaulle to Mitterrand. In: TOMLINSON, A.; C. YOUNG; R. HOLT (Hrsg.): *Sport and the Transformation of Modern Europe. States, Media and Markets 1950 - 2010*. London 2011, im Druck

KREBS, H.-D.: Die »doppelten Deutschen« (1965 bis 1988). In: LÄMMER, M. (Hrsg.): *Deutschland in der Olympischen Bewegung. Eine Zwischenbilanz*. Frankfurt/M. 1999, S. 267 - 299

LESKE, H.: *Enzyklopädia des DDR-Fußballs*. Göttingen 2007

LINDENBERGER, T. (Hrsg.): *Massenmedien im Kalten Krieg: Akteure, Bilder, Resonanzen*. Köln, Weimar, Wien 2006

MAIER, C.: Consigning the Twentieth Century to History. Alternative Narratives for the Modern Era. In: *The American Historical Review*, 105, 2000, S. 807 - 831

MANGAN, J. A.; R. HOLT; P. LANFRANCHI (Hrsg.): *European Heroes. Myth, Identity, Sport*. London 1996

MANNING, P.: *Navigating World History. Historians Create a Global Past*. New York 2003

MARANISS, D.: *Rome 1960. The Olympics that changed the world*. New York 2008

MARKOVITS, A. S.: *Amerika, dich haßt sich's besser. Antiamerikanismus und Antisemitismus in Europa*. Hamburg 2004

MARKOVITS, A. S.; L. RENSMANN: *Gaming the World. How Sports are Reshaping Global Politics and Culture*. Princeton, Oxford 2010

MIKOS, L.; H.-J. STIEHLER: Sport, Politik, Fernsehen. Rahmenüberlegungen zur Programmgeschichte des DDR-Sportfernsehens. In: FRIED-

RICH, J. A.; L. MIKOS; H.-J. STIEHLER (Hrsg.): *Anpfiff. Erste Analysen zum DDR-Sportfernsehen.* Leipzig 2003, S. 13-38

MILLIKEN, R.: Sport is Murdoch's ›battering ram‹ for pay TV. In: *The Independent,* 16.10.1996

NAUL, R.; K. HARDMAN: Sport and Physical Education in the Two Germanies, 1945-90. In: NAUL, R.; K. HARDMAN (Hrsg.): *Sport and Physical Education in Germany.* London 2002, S. 29-76

NIEMANN, A.; B. GARCIA; W. GRANT (Hrsg.): *The Transformation of European Football. A Process of Europeanisation?* Manchester 2011

ORWELL, G.: *The Sporting Spirit* [ursprünglich veröffentlicht 1945 in der englischen Zeitschrift *Tribune*]. Online unter: http://orwell.ru/library/articles/spirit/english/e_spirit [29.5.2011]

PARKS, J.: Verbal Gymnastics. Sports, Bureaucracy, and the Soviet Union's Entrance into the Olympic Games. In: WAGG, S.; D. ANDREWS (Hrsg.): *East Plays West. Sport and the Cold War.* London 2007, S. 11-26

PARRISH, R.: *Sports Law and Policy in the European Union.* Manchester 2003

PEIFFER, L.; M. FINK: *Zum Forschungsstand der Geschichte von Körperkultur und Sport in der DDR. Eine kommentierte Bibliographie.* Köln 2003

SCHILLER, K.; C. YOUNG: *The 1972 Munich Olympics and the Making of Modern Germany.* Berkeley 2010

SCHULZE-MARMELING, D.; H. DAHLKAMP: *Die Geschiche der Fußball-Europameisterschaft.* Göttingen 2008

SHORE, C.: *Building Europe. The Cultural Politics of European Integration.* London 2000

STIEHLER, H.-J.; A. GRIESSER: Auf dem Weg nach Sapporo und München 1972. Das Sportfernsehen der DDR und der Leistungssportbeschluß von 1969. In: DITTMAR, C.; S. VOLLBERG (Hrsg.): *Die Überwindung der Langeweile? Zur Programmentwicklung des DDR-Fernsehens 1968 bis 1974.* Leipzig 2002, S. 221-248

STIEHLER, H.-J.; A. GRIESSER: Sportfernsehen im Übergang zu den 70er Jahren. In: FRIEDRICH, J. A.; L. MIKOS; H.-J. STIEHLER (Hrsg.): *Anpfiff. Erste Analysen zum DDR-Sportfernsehen.* Leipzig 2003, S. 133-164

SZYMANKSI, S.: Jeux avec Frontières: Television Markets and European Sport. In: TOMLINSON, A.; C. YOUNG; R. HOLT (Hrsg.): *Sport and the Transformation of Modern Europe. States, Media and Markets 1950-2010.* London 2011, im Druck

TEICHLER, H. J.: *Die Sportbeschlüsse des Politbüros. Eine Studie zum Verhältnis von SED und Sport mit einem Gesamtverzeichnis und einer Dokumentation ausgewählter Beschlüsse.* Köln 2002

TEICHLER, H. J.: Sport in der DDR. Systemmerkmale, Folgen und offene Forschungsfragen. In: *Deutschland Archiv. Zeitschrift für das vereinigte Deutschland*, 37.3, 2004, S. 414-421

TEICHLER, H. J.: Fußball in der DDR. In: *Aus Politik und Zeitgeschichte*, 19, 2006, S. 26-33

TOMLINSON, A.; C. YOUNG (Hrsg.): *National Identity and Global Sports Events. Culture, Politics, and Spectacle in the Olympics and the Football World Cup.* Albany 2006

TOMLINSON, A.; CHRISTOPHER YOUNG; RICHARD HOLT (Hrsg.): *Sport and the Transformation of Modern Europe: States, Media and Markets 1950-2010.* London [Routledge] 2011, im Druck

VOWINCKEL, A.: Mediengeschichte, Version: 1.0. In: DOCUPEDIA-ZEITGESCHICHTE, 11.2.2010, URL: http://docupedia.de/zg/Mediengeschichte?oldid-75527 [27.12.2010]

WAGG, S.; D. ANDREWS (Hrsg.): *East Plays West. Sport and the Cold War.* London 2007

WAKEMAN, R.: The Golden Age of Prosperity, 1953-73. In: WAKEMAN, R. (Hrsg.): *Themes in Modern European History since 1945.* London 2003, S. 59-85

WILLMANN, F. (Hrsg.): *Fußball-Land DDR. Anstoß, Abpfiff, Aus.* Berlin 2004

YOUNG, C.: »Nicht mehr die herrlichste Nebensache der Welt.« Sport, West Berlin and the Four Powers Agreement 1971. In: *German Politics and Society*, 25.1, 2007, S. 28-45

YOUNG, C.: East versus West. Olympic Sport as a Cold War Phenomenon. In: HOCHSCHERF, T.; C. LAUCHT; A. PLOWMAN (Hrsg.): *Divided, but not Disconnected. German Experiences of the Cold War.* New York 2010, S. 148-162

THOMAS SCHIERL

Die Entdeckung des Rezipienten. Entwicklungen und Perspektiven im Forschungsfeld Sport und Medien

Der vorliegende Beitrag widmet sich dem immer noch recht jungen Forschungsfeld Sport und Medien. Er beginnt mit einer kurzen und überblicksartigen Beschreibung der Entwicklung der Institutionalisierung und damit zusammenhängend mit der Forschung im Bereich Sport und Medien vor allem in Deutschland. Dabei wird auch ein Seitenblick auf die Entwicklungen in den USA geworfen. Im Anschluss daran folgt ein Erklärungsversuch, warum sich in der Forschung zu Sport und Medien nur einige wenige Forschungsschwerpunkte ergaben, während andere Perspektiven hingegen längere Zeit ausgespart blieben. Der Beitrag schließt mit einer Skizzierung wichtiger Fragestellungen in diesem Forschungsbereich und gibt einen Ausblick, in welche Richtung sich die Sport-Medien-Forschung – aus der Perspektive des Autors – entwickeln sollte.

1. Institutionalisierung der Sport-Medien-Forschung

Sport als Medieninhalt wurde in der sich nach dem Zweiten Weltkrieg erst langsam wieder neu etablierenden Kommunikationswissenschaft in Deutschland bis in die 1970er-Jahre kaum thematisiert. Dies hängt maßgeblich damit zusammen, dass sich die Kommunikationswissenschaft in erster Linie mit redaktionellen Inhalten (SAXER 1987), speziell dem Informations- und Nachrichtenjournalismus, beschäftigte. Im Gegensatz zu der US-amerikanischen Kommunikationswissenschaft wurden quantitativ wie qualitativ relevante

Bereiche der Massenkommunikation – wie beispielsweise Unterhaltung – in Deutschland kaum erforscht. Auch Befunde der amerikanischen Forschung zu Sport und Unterhaltung fanden kaum Beachtung (ZILLMANN 1994: 43).

Eine eingehendere Beschäftigung mit diesem Thema in Lehre und Forschung nahm ihren Ausgangspunkt an der Deutschen Sporthochschule Köln (DSHS), die 1947 gegründet wurde. Dem fachlichen Fokus dieser Sportuniversität geschuldet, wurden hier schon ab Anfang der 1980er-Jahre regelmäßig Lehrveranstaltungen zum Themenbereich Sport und Medien angeboten, die sich einer großen und weiter zunehmenden Nachfrage erfreuten. Bereits im Jahre 1988 wurde konsequenterweise eine eigene Professur für Sportpublizistik mit Mitteln der Alfried Krupp von Bohlen und Halbach-Stiftung eingerichtet. Der Stifter erkannte eine hohe gesellschaftliche und wissenschaftliche Relevanz in der Erforschung der – vor allem mit der sich in den 1980er-Jahren verstärkenden Kommerzialisierung der beiden gesellschaftliche Subsysteme – zunehmenden Verstrickungen und Interdependenzen von Medien, Sport und deren Folgen.

Nach dem Weggang des ersten Stelleninhabers wurde die Professur aufgrund der unterstellten Bedeutung Anfang der 1990er-Jahre in einen Lehrstuhl umgewandelt. Leider haben sich aber in der Folgezeit national wie international nur sehr wenige Professuren mit ähnlicher Denomination etablieren können. Auch einige Studiengänge zu diesem Thema haben sich auf universitärer Basis nicht halten können, die Ausbildung im Bereich der Sportpublizistik wurde zunehmend – vor allem privaten – Fachhochschulen überlassen,[1] die sich dem Thema gegenwärtig sehr stark annehmen, was auf eine deutliche Nachfrage, zumindest bei den Studierenden, schließen lässt.

Man kann zusammenfassend sagen, dass eine Institutionalisierung und damit eine kontinuierliche und systematische Forschung in diesem Bereich erst vor gut 20 Jahren begonnen hat und auch wenn sich die Sport-

---

1 An der TU-München wurde zwar rund ein Jahrzehnt später unter großen Erwartungen eine zweite Universitätsprofessur für Sport und Medien in Deutschland eingerichtet. Diese Professur wird aber leider nach der Emeritierung des jetzigen Stelleninhabers Josef Hackforth nicht wieder neu besetzt, das ganze Institut befindet sich schon in der Abwicklung – eine unverständliche und bedauerliche Entscheidung. Auch der Diplom-Studiengang Medien/ Journalismus am Sportwissenschaftlichen Institut der Universität Hamburg wurde eingestellt (vgl.: DER JOURNALIST, 10, 2010). In den USA stellt sich der Forschungs- und vor allem der Ausbildungsbereich auch nicht sehr viel besser dar: So betreiben Wayne Wanta und Mitarbeiter an der Oklahoma State University nach eigenen Aussagen den einzigen Studiengang in den USA, der einen Abschluss (Master Degree) in Sports Media anbietet.

Medien-Forschung in diesen beiden Dekaden deutlich entwickelt hat, so ist sie auf sehr niedrigem Niveau gewachsen und nach wie vor eher eine Marginalie in der Kommunikationswissenschaft, was die bis heute große Zahl an Forschungsdesiderata zumindest mit erklärt.

2. Die Entwicklung der Sport-Medien-Forschung

Die Entwicklung der Sport-Medien-Forschung kann grob folgendermaßen beschrieben werden: Ab den 1970er-Jahren entstehen mehr und mehr vereinzelte Arbeiten zum Thema Sportpublizistik. In dieser Anfangszeit – vor allem im deutschsprachigen Bereich – dominieren ganz eindeutig Kommunikator- und Inhaltsforschung. Erst in den 1990er-Jahren entdeckt man auch den Rezipienten und mögliche Effekte der Sportkommunikation als Forschungsfelder. Wirklich größere Bedeutung erlangten diese aber erst in den letzten zehn Jahren. Im Folgenden wird ein Blick auf die Entwicklung dieser Forschungsschwerpunkte geworfen.

2.1 *Konzentration auf Kommunikator und Inhalt – die früher Sport-Medien-Forschung*

In den 1970er- und 1980er-Jahren entstehen erste zuverlässige Studien im Bereich von Sport und Medien. Sie lassen sich der Kommunikatorforschung zuordnen. Wie groß indes der Anteil dieser Kommunikatorstudien an der gesamten Sport-Medien-Forschung ist, lässt sich nur schwer quantifizieren, aber er dürfte relativ gesehen höher sein als in der allgemeinen Kommunikationswissenschaft. Der inhaltliche Fokus dieser früheren Studien liegt vor allem auf den Vermittlungsfunktionen und dem Selbstverständnis der Sportjournalisten. Bei dem absolut größeren Teil der relevanten Arbeiten der 1970er-/1980er-Jahre handelt es sich um akademische Qualifikationsarbeiten. Als besonders einschlägig sind in den 1970er-Jahren die in Tabelle 1 aufgeführten Arbeiten zu erwähnen.[2]

---

2 Die Aufzählung der hier und in der Folge angegebenen Studien ist in keiner Weise vollständig, sondern kann sich in diesem kurzen Beitrag lediglich auf die einschlägigsten Arbeiten beschränken, die eine höhere Resonanz hatten und für die weitere Sportpublizistikforschung/ -lehre von besonderer Bedeutung und anschlussfähig waren.

TABELLE 1

Relevante Arbeiten zur Sportkommunikatorforschung in den 1970er-Jahren

Autor	Titel	Jahr	Art d. Arbeit	Methode
Mertes, Harald	*Der Sportjournalist. Ein Beitrag zur Kommunikatorforschung*	1974	Magisterarbeit	standardisierte schriftliche Befragung (n=185)
Egger, Peter	*Der Sportjournalist in der deutschsprachigen Schweiz*	1979	Lizenziatsarbeit	Schriftliche Befragung von 611 Journalisten im VSSJ (Vollerhebung) u. Interviews mit Rezipienten
Weischenberg, Siegfried	*Die Außenseiter der Redaktion*	1976	Dissertation	Analytische empirische Fallstudie, Stichprobe von 47 systematisch ausgewählten Sportjournalisten

Den Hintergrund dieser Arbeiten bildete die grundlegende Annahme, dass Sportjournalisten sich von Journalisten anderer Ressorts in Bezug auf Selbst- und Fremdbild unterscheiden. Der zentrale Befund dieser ersten Kommunikatorstudien bestätigt eine solche Annahme und lässt sich dahingehend zusammenfassen, dass Sportjournalisten sich selbst als die Exoten und Außenseiter in den Redaktionen bzw. Medienhäusern wahrgenommen haben. Dabei beeinflusste vor allem Weischenbergs Dissertation die weitere Sport-Medien-Forschung im Bereich der Kommunikatorforschung sehr stark und löste eine Reihe von Nachfolgeuntersuchungen aus, welche die ›Außenseiterthese‹ von Weischenberg aufnahmen und angesichts eines gestiegenen Stellenwerts des Sports und gewandelter Strukturen in der Sportberichterstattung jeweils die Aktualität des damaligen Befundes überprüfen wollten. Diese Nachfolgeuntersuchungen ab Anfang der 1990er-Jahren bis heute, inzwischen wurde die Sportkommunikatorforschung nicht mehr nur im Rahmen von Qualifikationsarbeiten thematisiert, konnten eine veränderte Befundlage aufzeigen. Einhergehend mit einer starken Bedeutungszunahme des Sports im Dualen Rundfunksystem zeichneten sich ein deutlicher ›Aufstieg der Außenseiter‹ und ein verändertes Selbstverständnis der Sportjournalisten ab.

Wie dieser kleine Überblick verdeutlicht, kann das Forschungsfeld Kommunikatorforschung somit also nicht nur auf eine frühe, sondern auf eine über die Jahre kontinuierliche und stetig wachsende Thematisierung in der Sportpublizistik zurückblicken.

TABELLE 2

Relevante Arbeiten zur Sportkommunikatorforschung in den 1980er-Jahren bis heute

Autor	Titel	Jahr	Art d. Arbeit	Methode
Nause, Martina	Das Selbstverständnis von Sportjournalisten unter besonderer Berücksichtigung sich wandelnder Strukturen	1987	Magisterarbeit	Mündliche standardisierte Intensiv-Interviews, Stichprobe von 30 Journalisten aus einer nicht bestimmten Grundgesamtheit
Lerch, Gerhard	Der Sportjournalismus aus der Sicht von Sportjournalisten	1989	Magisterarbeit	Stichprobe von 313 Sportjournalisten durch systematische Wahrscheinlichkeitsauswahl
Knief, Martina	Sportjournalismus als Beruf – eine Befragung	1991		Stichprobe von 102 Sportjournalisten
Weischenberg, Siegfried	Annäherung an die Außenseiter	1995		Stichprobe von 104 Sportjournalisten
Mertens, Frank	Zur Sachkompetenz und zum Selbstverständnis der Sportjournalisten an ausgewählten deutschen Tageszeitungen			Schriftliche Befragung von 73 Sportjournalisten bei 12 Berliner Tageszeitungen
Görner, Felix	Vom Außenseiter zum Aufsteiger – Ergebnisse der ersten repräsentativen Befragung von Sportjournalisten in Deutschland	1995	Dissertation	Stichprobe 4087 Sportjournalisten (Vollerhebung)
Kauer, Oliver; Bös, Klaus	Behindertensport in den Medien	1998		Stichprobe von 50 Sportjournalisten per einfacher Zufallsstichprobe
Frütel, Sybille	Toy Department for Men – Eine empirische Studie zum internationalen Sportjournalismus	2005	Dissertation	
Weiß, Volker	Der Kommunikator als Rezipient – Wie nutzen und bewerten Sportjournalisten die Medien? Eine qualitative Bestandsaufnahme	2007		16 leitfadenorientierte Experteninterviews mit Sportredakteuren

Auch wenn die Kommunikatorforschung für die Etablierung und das Selbstverständnis einer akademischen Auseinandersetzung mit dem Themenkomplex Sport und Medien äußerst wichtig war, so hatte die Inhaltsforschung, zumindest quantitativ, eine größere Bedeutung. Die Darstellung des Sports in den Massenmedien dürfte nämlich im Bereich der Sportpublizistik mit ziemlicher Sicherheit das bei Weitem am häufigsten bearbeitete Themenfeld sein. Den gemeinsamen Hintergrund dieser inhaltsanalytischen Studien bildet zumeist die generelle Annahme, dass sich die Sportberichterstattung a) von der Berichterstattung anderer Ressorts und/oder b) inter- wie intramedial von sich selbst unterscheidet.

Die ersten intensiveren Untersuchungen zur sogenannten ›Mediensportrealität‹ erfolgten in den 1970er-Jahren – hier sei vor allem auf die Arbeit von Binnewies (1975) und die Dissertation von Hackforth (1978) verwiesen. In den 1980er-Jahren kommt es dann zu einer schnell und kontinuierlich wachsenden Anzahl von inhaltsanalytischen Studien. Wir selbst können am Institut für Kommunikations- und Medienforschung (IKM) an der DSHS eine kaum überschaubare Anzahl an Diplomarbeiten zur Inhaltsforschung aus den 1980er- und 1990er-Jahren vorweisen.

Eine aufgrund der Ähnlichkeit der Befunde in diesen Studien stets wiederkehrende Kritik zielt auf die zu vordergründige Berichterstattung des Sports in den Massenmedien ab. Fast unisono wird von den Autoren bemängelt, dass die Sportberichterstattung zu einseitig auf das sportliche Ereignis selbst fixiert sei und zu stark auf Aktualität fokussieren würde, wodurch Hintergründen und investigativen Fragen kaum oder nicht in relevantem Maße Raum gegeben würde. Der medial präsentierte Sport stellt in dieser Lesart aufgrund der vorgefundenen Berichterstattungsmuster, die nach der interpretierten Befundlage das sportliche Spektakel bevorzugen, die sogenannte ›Sportwirklichkeit‹ nicht adäquat dar (vgl. für andere BINNEWIES 1975; HACKFORTH 1975; TEWES 1991; SCHOLZ 1993; GLEICH 2000; WERNECKEN 2000). Im Zuge dieser Kritik hat sich in der engeren sportpublizistischen Forschung das Schlagwort *1:0-Berichterstattung* (vgl. für andere BINNEWIES 1975; TEWES 1991; SCHOLZ 1993) durchgesetzt. Unter dieser plakativen Begrifflichkeit wird ein Sportjournalismus verstanden, der sich stark an Ergebnissen und Wettkämpfen orientiert (vgl. LOOSEN 2004). Eine solche Berichterstattung ist in den durchgeführten Untersuchungen kritisch bewertet worden, weil eine ›Verzerrung der Realität durch die Medien‹ stattfinde (vgl. LOOSEN 1998). Die Mehrzahl der Studien, die sich mit der medialen Realität des Sports beschäftigen, kritisiert diese

Verzerrung der medialen Realität in Bezug auf eine objektive Sportrealität in der Gesellschaft. Etwas zugespitzt formuliert aber argumentieren alle diese Autoren aus der Perspektive eines naiven Realismus und nehmen vorwiegend einen normativen Standpunkt ein. Es wird in nahezu allen Studien eine starke und zunehmende Unterhaltungsorientierung moniert.

Neben der Entwicklung einer sportpublizistischen Forschung an sich sind die möglichen Gründe für eine oben dargestellte Konzentration auf Kommunikator- und Inhaltsforschung interessant. Sie dürften sich in den Motiven dieser Forschung finden lassen. Diese lagen in erster Linie in einer Deskription und theoretischen Reflexion des Sportjournalismus als Basis für eine entsprechende akademische Sportjournalismus-Ausbildung. Sport wurde als ein sehr stark nachgefragter Medieninhalt identifiziert, der sich aber nur schwerlich in die klassischen Schubladen der Journalistik einordnen ließ. Weder reiner Informations- noch reiner Unterhaltungsjournalismus schienen dem Berichterstattungsobjekt Sport angemessen zu sein, vielmehr erkannte man, dass der Sportjournalismus Eigengesetzlichkeiten aufwies. Ein sicherlich wichtiger Grund für die Dominanz der Kommunikator- und Inhaltsforschung im Bereich Sport und Medien war deshalb auch die Entwicklung und Reflexion eines Selbstverständnisses des in dieser Zeit an Bedeutung stark zunehmenden Sportjournalismus. Dabei ist es sehr interessant und eben sicherlich kein Zufall, dass sich die Kommunikatorforschung hauptsächlich auf Arbeiten gründete, die im weiteren Sinne aus dem Sport selbst kamen. Sehr viele Autoren der einschlägigen Arbeiten waren Sportler, Sportwissenschaftler und Sportjournalisten (ich weiß nicht, ob es als bekannt vorausgesetzt werden kann, dass Siegfried Weischenberg auch selbst Sportjournalist war), die sich und ihre Rolle – anfangs oftmals als belächelte Außenseiter der Redaktion – reflektierten. Es gibt deutlich weniger genuin kommunikationswissenschaftliche Arbeiten von ›Nicht-Sportlern‹ zu diesem Thema in dieser Zeit.

Auch die Inhaltsforschung war ein wichtiger Baustein für die Untersuchung und Fundierung eines journalistischen Selbstverständnisses. Die inhaltsanalytischen Arbeiten haben dabei sehr häufig einen kommunikationswissenschaftlichen Hintergrund. Liest man diese Arbeiten der 1970er- und 1980er-Jahre und besonders deren kritische Zusammenfassungen und das jeweilige Fazit, dann wird der stark normative Standpunkt deutlich, den die Autoren einnahmen. Sie gingen (und manche Autoren gehen immer noch) davon aus, dass an den Sportjournalismus die gleichen Anforderungen zu stellen seien wie an den klassischen Informations- und

Nachrichtenjournalismus. Kriterien wie Aktualität, Relevanz, Objektivität respektive Überparteilichkeit, Vollständigkeit und Richtigkeit müssten hier wie dort gleichermaßen gelten. Klare, unverfälschte Informationen, Aufschluss über deren Hintergrund, die Ausblendung von Emotionen, vor allen Dingen von persönlichen Gefühlen wurden als unerlässlich für den Sportjournalismus erachtet. Auf diese Basis hinzuweisen und mögliche, als solche empfundene Missstände aufzudecken, dürfte ein häufiges Motiv dieser inhaltsanalytischen Arbeiten der 1970er- bis 1990er-Jahre sein.

Allerdings lässt sich kritisch anmerken, dass die meisten dieser inhaltsanalytischen Arbeiten auf einem undifferenzierten Sportbegriff fußen und – damit zusammenhängend – ein methodisches Problem aufweisen, was ich an anderer Stelle schon einmal ausführlicher dargestellt habe (SCHIERL 2006). Ich möchte dies hier aber noch einmal kurz ansprechen. Die meisten Arbeiten unterscheiden nicht zwischen dem institutionalisierten Sport als gesellschaftlichen Teilbereich und dem Sport als Ereignis. Während das gesellschaftliche Teilsystem Sport, auch aufgrund seiner unterschiedlichen strukturellen Kopplungen mit anderen gesellschaftlichen Teilsystemen durchaus als Thema des Informations- und Nachrichtenjournalismus den gleichen normativen Ansprüchen unterliegen muss wie die Teilbereiche Politik, Wirtschaft usw., ist das Ereignis Sport im Gegensatz dazu etwas Eigenes und Losgelöstes. Es ist gerade eben eine eigenständige Welt, in der eigene Regeln und Gesetzmäßigkeiten gelten. Sport ist durch Interessenlosigkeit im Kant'schen Sinne gekennzeichnet. Sport als Ereignis hat sehr viel mit Unterhaltung zu tun und ist seit Anfang bzw. Mitte des 19. Jahrhunderts mit der Entstehung des modernen Sports in England auch zumeist so verstanden, betrieben und rezipiert worden. Gerade dadurch unterscheidet sich der Sport – oder wie die Engländer sagen *Sports* – von seinen Vorläufern, bei den Inkas und Azteken, den Olympischen Spielen des Altertums oder auch aktueller den deutschen Turn- und Leibesübungen. Insofern scheinen, kurz gesagt, die Forderungen nach einem klassischen Nachrichtenjournalismus in Bezug auf Sportereignisse (also z. B. Sportübertragungen) wenig sinnvoll zu sein, in Bezug auf das gesellschaftliche Teilsystem Sport als Berichterstattungsgegenstand wiederum fast überflüssig, da absolut selbstverständlich und unerlässlich. Das methodische Problem dieser Arbeiten liegt nun darin, dass sie jeweils nur den Sportteil der Medien untersucht haben und nicht das jeweils gesamte Medium. Wir konnten mit verschiedenen eigenen Studien, die das gesamte Medium analysierten, zeigen, dass rund ein Viertel der Artikel über den Sport außerhalb des Sportteils erschienen und gerade in den Politik- und Wirtschaftsressorts sehr viel Hintergrundinformationen zum Teilsystem Sport und natürlich keine ›1:0-Berichterstattung‹ geboten wurde. Dabei ist vor allem außerhalb des Sportressorts von einer eher klassischen Berichterstattung im Sinne eines Nachrichtenjournalismus auszugehen (vgl. SCHIERL 2006; BERTLING/THYLMANN 2005).

2.2   Die Entdeckung des Rezipienten

Kommen wir zur neueren Entwicklung, die man mit der ›Entdeckung des Rezipienten‹ charakterisieren kann und die im deutschsprachigen Raum erst in den 1990er-Jahren einsetzt. Im angloamerikanischen Raum werden bereits in den 1970er- und 1980er-Jahren erste vereinzelte sportbezogene Rezipienten-/Wirkungsstudien durchgeführt. Diese untersuchten vorwiegend mögliche tendenziell negativen Wirkungen des Mediensports. Jedoch sind diese frühen, zumeist experimentellen Studien zu einem großen Teil nicht einer eigentlichen Sport-Medien-Forschung im engeren Sinn zuzuordnen, vielmehr handelt es sich eher um Studien, die exemplarisch ihre allgemein gehaltenen Hypothesen und theoretischen Ansätze anhand sportbezogener Stimuli untersuchen. Zillmann (1994: 43) selbst verweist darauf, dass eine Forschung zur »Sportbegeisterung von Zuschauern« auch in den USA erst »recht spät«, um circa 1990, entsteht. In dieser Zeit setzt sich die Forschung in den USA mit der Rezeption von Sport (GOLDSTEIN 1989; WENNER 1989; ZILLMANN/PAULUS 1992) und den Auswirkungen von Gewaltdarstellung im Sport auseinander (RUSSEL 1993; BRYANT/ZILLMANN/RANEY 1998). Forscher wie Gantz (1991) und Wenner (1998) beschäftigen sich erstmals intensiv mit Zielgruppen des Mediensports. Ab der Jahrtausendwende flacht dann die Rezeptionsforschung in der Sportpublizistik im angloamerikanischen Raum etwas ab. Wichtig zu erwähnen wären jedoch die für unseren Bereich sehr wichtigen Untersuchungen von Raney (2003, 2006), die den starken Zusammenhang zwischen Unterhaltungserleben und der Bewertung von Sportberichterstattung deutlich gemacht haben.

Im deutschsprachigen Raum wurden in den 1970er-/1980er-Jahren kaum ernsthafte Studien im Bereich der Rezeptionsforschung durchgeführt. Einige der wenigen Ausnahmen sind die Studien zur Wirkung von Gewalt im Sport von Pilz (1982) und Kaehler (1986). Freilich wurde darin die eher nicht medial vermittelte Sportrezeption untersucht. Nach ersten Studien in den 1990er-Jahren, beispiels weise zur Wirkung der Kommentarisierung auf die Wahrnehmung und Beurteilung von Sportberichterstattung (BROSIUS/TULLIUS 1993; MARR/STIEHLER 1995), nimmt die Forschung zur Sportrezeption ab dem Jahr 2000 zu. Sie beschäftigt sich nun zunehmend mit der Auswertung von Nutzungsdaten von Sportübertragungen (GERHARD/KLINGLER/NEUWÖHNER 2001; ZUBAYR/GERHARD 2004; GEESE/ZEUGHARDT/GERHARD 2006) und mit Theorien der Wirkungsforschung. Während sich einige Studien mit der parasozialen Interaktion und der Beziehung zwischen Rezipient und Sportler beschäftigen (HARTMANN 2004; GLEICH 2009), versucht Hagenah (2004) eine Theoretisierung der Beziehung zwischen Sportkommunikatoren und -rezipienten. Ein weiteres Forschungsfeld widmet sich dem Mood Management. Schramm untersucht in Anlehnung an die angloamerikanischen Ergebnisse aus den 1970er- und 1980er-Jahren Rezeptionsmotive (2003, 2006) und das Erleben von Mediensport (2004, 2007). Studien aus dem Jahr 2009 (beispielsweise FRIEMEL zu interpersonaler Kommunikation über Mediensport; MARCINKOWSKI/GEHRAU zu Kultivierungseffekten durch mediale Sportrezeption) deuten auf ein weiterhin größeres Forschungsinteresse in Bezug auf die Rezeption des Sportmedienangebots hin.

In den letzten Jahren wurde also in der Sport-Medien-Forschung der Rezipient stärker in den Mittelpunkt gestellt. Die Kommunikationswissenschaft unterscheidet nicht mehr so sklavisch normativ zwischen gesellschaftlich erwünschter Information und weniger erwünschter Unterhaltung. Informations- und Unterhaltungsangebote werden nicht zwingend, so wissen wir inzwischen, als solche auch nachgefragt. Der Rezipient entscheidet selbst, was er rezipieren will und wie er Kommunikationsangebote konsumieren will. Er entscheidet für sich, was er als Information und Unterhaltung wahrnimmt und was er persönlich als Information nutzt oder woraus er autonom für sich Unterhaltung produziert.

Für die Entdeckung des Rezipienten in der Sport-Medien-Forschung können vor allem ökonomische und gesellschaftlich-kulturelle Gründe herangezogen werden. Dass der Leistungs- und speziell der Mediensport besonders seit Mitte der 1980er-Jahre immer stärker ökonomisiert wurde, ist ein Allgemeinplatz. Mediensport lässt sich nur noch verstehen und wissenschaftlich untersuchen, wenn immer auch eine medienökonomische Perspektive mitgedacht wird. Für die Medien wie für den Sport sind die Beachtung von und das Interesse an Sportübertragungen von außerordentlicher ökonomischer Bedeutung. Sportübertragungen sind nicht mehr wie früher ein billiger Mediacontent für die Programmanbieter oder die möglicherweise gefährliche Konkurrenz für den Stadionbetrieb, sondern ein für beide Seiten wertvolles Gut (SCHIERL 2004). Die Motive, Einstellungen, Seh- und Selektionsverhalten der Zuschauer sind also von essenzieller Bedeutung. Dies ist sicherlich ein Grund, warum die Rezipientenforschung so stark an Gewicht gewonnen hat.

Ein Grund für die Zunahme der Wirkungsforschung mag auch darin liegen, dass Sport nicht nur ökonomisch zunehmend wichtiger geworden ist, sondern auch gesamtgesellschaftlich.[3] In Zeiten der Individualisierung und des ›Ausfransens‹ von Wertemustern allgemeiner gesellschaftlicher Verbindlichkeit stellt Sport einen interessanten ›Wertepool‹ dar. Sport repräsentiert gesellschaftlich wünschenswerte positive Werte wie Partizipation, Aktivität, Teamfähigkeit, Fairness, Kompetitivität und Fitness. Darüber hinaus bietet er eine Basis für unterschiedliche soziale Interaktionen und Beziehungen. Aufgrund dieser Bedeutung und dieser durch ihn oder in ihm repräsentierten Werte erscheint es auch durchaus als recht plausibel, dem (System) Sport Sozialisations- oder Kultivierungseffekte zu unterstellen, die es zu erforschen gilt und die eben zunehmend das Interesse der Wissenschaft gefunden haben.

3. Relevante Themen der Sport-Medien-Forschung

Es hat sich so etwas wie ein Mainstream der Sport-Medien-Forschung ausgebildet, der sich entweder sportartenunspezifisch mit dem medial vermittelten Leistungssport beschäftigt oder sportartenspezifisch, dann in der Regel mit den sogenannten ›Premiumsportarten‹, d. h., mit weitem Abstand an erster Stelle mit dem Fußball. Das ist aus vielerlei Gründen absolut verständlich und in der konstituierenden Phase der Sport-Medien-Forschung, die sie ja nun so langsam verlässt, war eine solche Konzentration, die wiederum eine bessere Vergleichbarkeit und gegenseitige Anschlussfähigkeit sichert, auch sinnvoll. In der nun anschließenden Phase des Konsolidierens und hoffentlich vollständigen Etablierens des Faches sollte die Forschung sich auch den ›Pathologien‹ und ›Side-Effects‹ in diesem Bereich stärker widmen, da man gerade an ihnen besonders viel über Sportkommunikation lernen kann. So haben wir für unsere eigene Forschung am Kölner

---

3   Die Zunahme der ökonomischen Bedeutung ist sicherlich in weiten Teilen auch eine direkte Folge der gewachsenen gesellschaftlichen Bedeutung.

Institut für Kommunikations- und Medienforschung vier exemplarische Forschungsschwerpunkte festgelegt, die wir in Bezug auf die weitere Grundlagenforschung für besonders relevant halten.

Thema 1: Behindertensport

Behindertensport ist besonders dadurch interessant, da er über seine genuin sportliche, evtl. therapeutische und möglicherweise unterhaltende Funktion hinaus auch die Funktion einer gesellschaftlichen Integrationshilfe von Behinderten übernehmen soll. Menschen mit Behinderung soll mittels Partizipation an sportlichen Wettkämpfen eine Anschlussmöglichkeit an das nicht behinderte gesellschaftliche Leben gegeben werden. Zudem soll auch Nicht-Behinderten mittels öffentlichem Behindertensport verdeutlicht werden, dass Behinderte selbstverständlicher Teil gesamtgesellschaftlichen Lebens sind und in allen Bereichen (selbst den dominant körperlich geprägten) an nicht behindertes gesellschaftliches Leben anzuschließen in der Lage sind (SCHIERL 2004a). Eine solche notwendige breite Öffentlichkeit ist aber leider im Bereich des Behindertensports nicht so ohne Weiteres zu erreichen, da aus Sicht der Massenmedien sportliche Großereignisse ihre Attraktivität für die Berichterstattung nicht nur durch Internationalität, spezifische Höchstleistungen, Größe und Eventcharakter, sondern darüber hinaus auch in entscheidendem Maße durch die Faktoren Bekanntheit und Attraktivität der Akteure (Starsystem, siehe auch nachfolgenden Forschungsschwerpunkt) sowie einen damit verbunden potenziell hohen Identifikationsgrad gewinnen. Faktoren wie Bekanntheit (hier beißt sich die Katze in den Schwanz) und Attraktivität der Akteure sind bei den Paralympics jedoch nicht gegeben, sodass Behindertensport als Medieninhalt schwer wirtschaftlich verwertbar ist. Media-Nutzerdaten und Studien zeigen aber, dass Behindertensport in bestimmten Fällen durchaus als attraktiv wahrgenommen werden kann.

Thema 2: Startum

Sicherlich ist das Starphänomen, ähnlich wie das mit ihm verwandte Phänomen der medialen Prominenz, von hoher, tendenziell nach wie vor zunehmender Bedeutung für die öffentliche Kommunikation. Dies gilt allgemein und speziell für den Sport. Ebenso wie ganz allgemein im Mediensport als eigensinnigem Teilbereich des Sports für die drei Akteursgruppen Sportrezipienten, Sportakteure und Medien jeweils unterschiedliche Interessen und Nutzungsziele für ihr mediensportbezogenes Wahrnehmen und Handeln ausschlaggebend sind, werden auch Stars und das Startum im Bereich des (Medien-)Sports zusammenhängend mit entsprechenden Interessens- und Zieldifferenzen von diesen Gruppen ganz unterschiedlich wahrgenommen und behandelt. Während sich die Bedeutung von Stars für die Sportrezipienten eher sozialpsychologisch fassen lässt, ist das Interesse bei den Sportakteuren sowie den Medien vornehmlich ökonomisch motiviert. Beide Perspektiven sind für eine tiefergehende Erfassung des Phänomens und seiner Auswirkungen notwendig zu untersuchen. Ein wichtiger thematischer Aspekt im Bereich der Starkultivierung ist die mediale Instrumentalisierung von Stars. In der Sportberichterstattung lässt sich im Gegensatz zu anderen Ressorts ein besonders starker Grad der Personalisierung konstatieren. Hierbei werden zahlreiche Personen auch immer wieder Opfer einer stark negativen Berichterstattung. Die Auswirkungen einer solchen negativen Berichterstattung, bei der sich ein Sportler als Medienopfer versteht, ist ein weiterer höchst relevanter Forschungsaspekt.

Thema 3: Kulturbedingte Wahrnehmung von Sport bzw. Migration und Sport

Sport ist bei Kenntnis des Regelwerks allgemein schnell und gut verständlich und aufgrund des breiten Interesses eine hoch wahrscheinliche Kommunikationsgrundlage. Sport verbindet Menschen unterschiedlicher sozialer und geografischer Herkunft auf einer emotionalen Ebene und bietet eine Reihe gesellschaftlicher Interaktionsmöglichkeiten. So läuft am Institut für Kommunikations- und Medienforschung Köln augenblicklich beispielsweise ein Forschungsprojekt zur Frage, inwieweit aufgrund seiner primär visuellen Konstituierung (s. auch nächsten Forschungsschwerpunkt) medienvermittelter Sport Identifikation jeweils mit Herkunfts- bzw. Gastland sowie eine Anschlusskommunikation schaffen und auf längere Sicht dadurch Integration bei Bürgern mit Migrationshintergrund fördern kann.

Thema 4: Visualisierung des Sports

Auch wenn der Sport primär visuell konstituiert ist, wurden die Visualisierung des Sports und seine kognitiv/affektiven Implikationen bisher so gut wie nicht erforscht. Der Sport unterliegt einer zunehmenden visuellen

Ästhetisierungstendenz. Verbände und Vereine proben auf der institutionellen Seite Inszenierungen ihrer Sportart bzw. ihrer Veranstaltungen wie auf der Akteursebene die einzelnen Sportler sich selbst und ihre sportlichen Leistungen vor allem visuell inszenieren. Was sind die Ursachen und Gründe hierfür? Einflüsse des ›Zeitgeistes‹ – ein sehr unscharfer Begriff – und die Verweise auf immer professioneller kalkulierte Marketingstrategien verschleiern eher. Gerade hier brauchen wir deshalb viel mehr Wissen, um das Phänomen Sportkommunikation angemessen verstehen zu können.

4. Perspektiven der Sport-Medien-Forschung

Die vier oben kurz skizzierten Themen und die wichtigsten daraus resultierenden Fragestellungen betreffen vornehmlich den Rezipienten und mögliche kommunikative Effekte. Nun wäre es aber genauso unsinnig, mit der Entdeckung der Bedeutung des Rezipienten in der Sport-Medien-Forschung sich alleine auf die Rezeptions-/Wirkungsperspektive zu beschränken und andere ebenso wichtige Aspekte, wie beispielsweise die Kommunikator- und Inhaltsforschung, zu vernachlässigen. Eine wirklich angemessene theoretische wie empirische Erfassung des trotz seiner Unterhaltungsaspekte durchaus nicht trivialen oder unterkomplexen Forschungsgegenstandes Sportkommunikation setzt eine multiperspektivische Herangehensweise zwingend voraus. Auch wenn es sinnvoll sein mag, den bisher immer noch etwas weniger erforschten Rezipienten in der Forschung stärker zu gewichten, sind auch die Perspektiven auf Kommunikator, Inhalte und Medien weiterhin unabdingbar. Möglichst sollten auch innerhalb eines einzelnen Projektes sämtliche – oder wenigstens eine Reihe – dieser Perspektiven entsprechend berücksichtigt werden.

Dies lässt sich ganz gut am Beispiel des Forschungsprojektes Behindertensport am Kölner IKM verdeutlichen. So wurde innerhalb dieses Projektes eine ganze Reihe von Inhaltsanalysen zum Thema Darstellung der Paralympics in den Medien durchgeführt – und zwar Querschnitt-, Längsschnitt-, nationale wie (mit ausländischen Partneruniversitäten) internationale Untersuchungen. Daneben wurde aber auch eine Reihe von Kommunikatorstudien durchgeführt, beispielsweise Journalistenbefragungen, um zu erfahren, wie Paralympics und der Behindertensport allgemein in den Redaktionen behandelt werden und wie sich das Selbstverständnis von Journalisten, als Gatekeeper für eine benötigte und gesuchte Öffentlichkeit, definiert. Auch vergleichende Studien wurden mittels Befragungen von Journalisten, Behindertensportlern und Rezipienten angestellt, um Fremd- und Selbstbilder bzw. Fremd- und Selbstansprüche an Kommunikation einander gegenüberstellen zu können. Den Schwerpunkt des Projekts bildet allerdings eine Vielzahl von großenteils experimentellen Wirkungsstudien zum Thema Wahrnehmung von Behinderung allgemein und im Sport speziell. Solche Projekte sind langwieriger als übliche ›Einzelprojekte‹ und erfordern einen höheren Planungs- und Koordinationsaufwand, da sie häufig nur im Verbund mit einer Reihe von Mitarbeitern oder auch gar nur mit anderen Instituten zu leisten sind – aber ihr Ertrag lohnt in der Regel den Mehraufwand.

5. Fazit

Die Sport-Medien-Forschung muss einerseits breiter werden und sich beispielsweise nicht nur auf den sogenannten ›Premiumsport‹ kaprizieren, sondern auch andere Facetten wie den Behindertensport berücksichtigen. Sie muss andererseits aber auch konzentrierter werden, d. h. von der Stückwerk-Forschung wegkommen und sehr viel stärker in Programmen forschen. Nur so kommen wir, verbunden mit einer größeren Methoden- und Perspektivenvielfalt, zu umfassenderen Befunden in einem sehr wichtigen Forschungsfeld. Nach wie vor konzentriert sich die Kommunikationswissenschaft in erster Linie auf Informations- und Nachrichtenjournalismus, da dieser als – und dies, das sei nicht vergessen, ist eben auch ein normativer Standpunkt – gesellschaftlich besonders oder vielleicht sogar als alleinig gesellschaftlich relevant angesehen wird. Betrachtet man aber, in welchem Ausmaß und mit welcher Intensität und Interessenlage die Mehrheit der Menschen Sport, Unterhaltung oder Werbung rezipieren, dann fragt man sich, ob es eigentlich gerechtfertigt ist, diese Medienangebote als weniger oder generell sogar als nicht relevant anzusehen. Sollte die starke Beachtung solcher Kommunikationsangebote seitens der Rezipienten bei diesen wirklich überhaupt keine oder zumindest keine relevanten Effekte zeitigen? Kann man sich wirklich vorstellen, dass das, was eine Gesellschaft am meisten und wahrscheinlich auch am stärksten involviert rezipiert, keine oder weniger Auswirkungen auf diese hat, als das, was nur ein kleinerer Teil von ihr wahrnimmt? Das ist schwer zu glauben und wäre m. E. sehr naiv. Es bleibt zu hoffen, dass hier ein baldiger und deutlicher Wandel stattfindet. Einige erste Anzeichen dafür gibt es glücklicherweise.

Literatur

BERTLING, C.; M. THYLMANN: Von der Ökonomisierung des Sports zur Ökonomisierung der Sportberichterstattung? In: HORCH, H.-D.; G. HOVEMANN; S. KAISER; K. VIEBAHN: *Perspektiven des Sportmarketing – Besonderheiten, Herausforderungen, Tendenzen.* Köln 2005, S. 3-15

BINNEWIES, H.: *Sport und Sportberichterstattung.* Ahrensburg 1975

BROSIUS, H.-B.; C. TULLIUS: Die Wirkung dramatisierender Formulierungen in der Sportberichterstattung. In: *Sportpsychologie, 7,* 1993, S. 24-30

BROWN, D.; J. BRYANT; P. W. COMISKY; D. ZILLMANN: Sports and Spectators: Commentary and Appreciation. In: *Journal of Communication,* 4, 1982, S. 109-119

BRYANT, J.; P. COMISKY; D. ZILLMANN: The Appeal of Rough-and-Tumble-Play in televised professional football. In: *Communication Quarterly,* 4, 1981, S. 256-262

BRYANT, J.; D. ZILLMANN; A. R. RANEY: Violence and the Enjoyment of Media Sports. In: WENNER, L. A. (Hrsg.): *MediaSport.* London 1998, S. 252-265

EGGER, P.: *Der Sportjournalist in der deutschsprachigen Schweiz.* Zürich 1979

FRIEMEL, T.: Mediensport als Gesprächsthema. Sozialpsychologische Betrachtung der interpersonalen Kommunikation über Sportberichterstattung in Massenmedien. In: SCHRAMM, H.; M. MARR (Hrsg.): *Die Sozialpsychologie des Sports in den Medien.* Köln 2009, S. 199-223

FRÜTEL, S.: *Toy Department for Men – Eine empirische Studie zum internationalen Sportjournalismus. Beiträge des Lehrstuhls für Sport, Medien und Kommunikation.* Band 1. Pulheim 2005

GANTZ, W.; L. A. WENNER: Men, women, and sports: Audience experiences and effects. In: *Journal of Broadcasting and Electronic Media,* 35, 1991, S. 233-243

GEESE, S.; C. ZEUGHARDT; H. GERHARD: Die Fußball-Weltmeisterschaft 2006 im Fernsehen. Daten zur Rezeption und Bewertung. In: *Media Perspektiven,* 9, 2006, S. 454-464

GLEICH, U.: Sport und Medien. Ein Forschungsüberblick. Merkmale und Funktionen der Sportberichterstattung. In: *Media Perspektiven,* 11, 2000, S. 511-516

GLEICH, U.: Nähe trotz Distanz: Parasoziale Interaktionen und Beziehungen zwischen Rezipienten und Sportlern. In: SCHRAMM, H.; M. MARR (Hrsg.): *Die Sozialpsychologie des Sports in den Medien.* Köln 2009, S. 153-175

GÖRNER, F.: *Vom Außenseiter zum Aufsteiger – Ergebnisse der ersten repräsentativen Befragung von Sportjournalisten in Deutschland.* Berlin 1995

GOLDSTEIN, J. H. (Hrsg.): *Sports, games, and play: Social and psychological viewpoints.* Hillsdale NJ 1989

HACKFORTH, J.: *Sport im Fernsehen. Ein Beitrag zur Sportpublizistik unter besonderer Berücksichtigung des Ersten Deutschen Fernsehens (ARD) und des Zweiten Deutschen Fernsehens (ZDF) in der Zeit von 1952-1972.* Münster 1975

HACKFORTH, J.; S. WEISCHENBERG (Hrsg.): *Sport und Massenmedien.* Bad Homburg 1978

HAGENAH, J.: *Sportrezeption und Medienwirkung.* München 2004

HARTMANN, T.: Parasoziale Interaktionen und Beziehungen mit Sportstars. In: SCHRAMM, H. (Hrsg.): *Die Rezeption des Sports in den Medien.* Köln 2004, S. 97-120

KAEHLER, R.: Bericht zu Fairplay im Abseits. In: MENTZ, S. (Hrsg.): *Fairplay im Abseits.* Loccum 1986, S. 77-85

KAUER, O.; K. BÖS: *Behindertensport in den Medien.* Aachen 1998

KNIEF, M.: *Sportjournalismus als Beruf. Eine Befragung.* Darmstadt 1991

LERCH, G.: *Der Sportjournalist aus der Sicht von Sportjournalisten – Eine schriftliche Umfrage zur Sportberichterstattung in Presse und Rundfunk unter Berücksichtigung der Kommerzialisierung des Sports.* Mainz 1989

LOOSEN, W.: *Die Medienrealität des Sports – Evaluation und Analyse der Printberichterstattung.* Wiesbaden 1998

LOOSEN, W.: Sport als Berichterstattungsgegenstand der Medien. In: SCHRAMM, H. (Hrsg.): *Die Rezeption des Sports in den Medien.* Köln 2004, S. 10-27

MARCINKOWSKI, F.; V. GEHRAU: Kultivierungseffekte durch Sport im Fernsehen. In: SCHRAMM, H.; M. MARR (Hrsg.): *Die Sozialpsychologie des Sports in den Medien.* Köln 2009, S. 223-247

MARR, M.; H.-J. STIEHLER: »Zwei Fehler sind gemacht worden, und deshalb sind wir nicht mehr im Wettbewerb«. Erklärungsmuster der Medien und des Publikums in der Kommentierung des Scheiterns der deutschen Nationalmannschaft bei der Fußball-Weltmeisterschaft 1994. In: *Rundfunk und Fernsehen,* 3, 1995, S. 330-349

MERTES, H.: *Der Sportjournalist. Ein Beitrag zur Kommunikatorforschung.* Mainz 1973

MERTENS, F.: *Zur Sachkompetenz und zum Selbstverständnis der Sportjournalisten an ausgewählten deutschen Tageszeitungen.* 1993

O.V.: Die Ausbildung zum Journalisten hat sich qualitativ verbessert. In: *Sportjournalist*, 9, 2010, S. 16-17

PILZ, G.: *Wandlungen der Gewalt im Sport. Eine entwicklungssoziologische Analyse unter besonderer Berücksichtigung des Frauensports.* Hannover 1982

RANEY, A.: Disposition-Based Theories of Enjoyment. In: BRYANT, J.; D. ROSKOS-EWOLDSEN; J. CANTOR: *Communication and Emotion.* Mahwah (NJ)/London 2003, S. 61-84

RANEY, A., B. JENNINGS (Hrsg.): *Handbook of Sports and Media.* Mahwah (NJ) 2006

RUSSELL, G. W.: *The social psychology of sport.* New York 1993

SAXER, U.: Kommunikationswissenschaftliche Thesen zur Werbung. In: *Media Perspektiven*, 10, 1987, S. 650-656

SCHIERL, T.: Ökonomische Aspekte der Sportberichterstattung. Mögliche Strategien der ökonomisch motivierten Mediatisierung des Sports. In: SCHWIER, J.; T. SCHAUERTE (Hrsg.): *Die Ökonomisierung des Sports in den Medien.* Köln 2004, S. 105-126

SCHIERL, T.: Ästhetisierung als produktpolitisches Instrument medial vermittelten Sports. In: SCHIERL, T. (Hrsg.): *Die Visualisierung des Sports in den Medien.* Köln 2004a, S. 135-163

SCHIERL, T.: Ist Sportberichterstattung wirklich so wenig vielfältig? 1:0-Berichterstattung revisited. In: *Sport, Journalismus & Medien. Zeitschrift für Kommunikationskultur.* Schriftenreihe: *Medien Journal*, 1, 2006, S. 25-35

SCHOLZ, R.: *Konvergenz im TV-Sport. Eine komparative Studie des ›Dualen Rundfunksystems‹.* Berlin 1993

SCHRAMM, H. (Hrsg.): *Die Rezeption des Sports in den Medien.* Köln 2004

SCHRAMM, H.: Prominenz aus Rezipientensicht. Zur Tragfähigkeit des Konzepts parasozialer Interaktionen und Beziehungen für die Prominenzforschung. In: SCHIERL, T. (Hrsg.): *Prominenz in den Medien zur Genese und Verwertung von Prominenten in Sport, Wirtschaft und Kultur.* Köln 2007, S. 212-234

SCHRAMM, H.; C. KLIMMT: »Nach dem Spiel ist vor dem Spiel«. Die Rezeption der Fußball-Weltmeisterschaft 2002 im Fernsehen: Eine Panel-Studie zur Entwicklung von Rezeptionsmotiven im Turnierverlauf. In: *Media & Kommunikationswissenschaft*, 51, 2003, S. 55-81

SCHRAMM, H.; W. WIRTH; H. BILANDZIC (Hrsg.): *Empirische Unterhaltungsforschung: Studien zu Rezeption und Wirkung von medialer Unterhaltung.* München 2006

TEWES, G.: *Kritik der Sportberichterstattung. Der Sport in der Tageszeitung zwischen Bildungs-Journalismus, Unterhaltungs-Journalismus und »1:0-Berichterstattung« – Eine empirische Untersuchung.* Düsseldorf 1991

WEISCHENBERG, S.: *Die Außenseiter der Redaktion – Struktur, Funktion und Bedingungen des Sportjournalismus.* Bochum 1976

WEISCHENBERG, S.: Annäherung an die Außenseiter. Theoretische Einsichten und vergleichende empirische Befunde zu Wandlungsprozessen im Sportjournalismus. In: *Publizistik,* 4, 1994, S. 428-452

WEISS, V.: *Der Kommunikator als Rezipient: Wie nutzen und bewerten Sportjournalisten die Medien? Eine qualitative Bestandsaufnahme.* Saarbrücken 2007

WENNER, L. A. (Hrsg.): *Media, sports, and society.* Newbury Park CA 1989

WENNER, L. A.; W. GANTZ: Watching Sports on Television: Audience Experience, Gender, Fanship, and Marriage. In: WENNER, L. A. (Hrsg.): *MediaSport.* London 1998, S. 233-251

WERNECKEN, J.: *Wir und die anderen – Nationale Stereotypen im Kontext des Mediensports.* Berlin 2000

ZILLMANN, D.: Über behagende Unterhaltung in unbehagender Medienkultur. In: BOSSHART, L.; W. HOFFMANN-RIEM (Hrsg.): *Medienlust und Mediennutz. Unterhaltung als öffentliche Kommunikation.* München 1994, S. 41-60

ZILLMANN, D.; J. BRYANT; S. SAPOLSKY: Enjoyment from sports spectatorship. In: GOLDSTEIN, J. H. (Hrsg.): *Sport, games and play: Social and psychological viewpoints.* Hillsdale (NY) 1989, S. 241-278

ZILLMANN, D.; P. B. PAULUS: Spectators: Reactions to sports events and effects on athletic. New performance. In: SINGER, R. N.; M. MURPHEY; L. K. TENNANT (Hrsg.): *Handbook on research in sport psychology.* York 1992, S. 234-258

ZUBAYR, C.; H. GERHARD: Die Fußball-Europameisterschaft 2004 im Fernsehen. Nutzung und Bewertung der Live-Berichterstattung bei ARD und ZDF. In: *Media Perspektiven,* 9, 2004, S. 421-425

ZUBAYR, C.; H. GERHARD: Tendenzen im Zuschauerverhalten. Fernsehgewohnheiten und Fernsehreichweiten im Jahr 2004. In: *Media Perspektiven,* 3, 2005, S. 94-104

DIETRICH LEDER

Von den vermissten Bildern zu ihrer Überfülle. Die Fußball-Weltmeisterschaften 1966 und 2002 als Fernsehereignis[1]

1. Vorgeschichte

Die erste Fußball-Weltmeisterschaft, die live im Fernsehen übertragen wurde, fand 1954 in der Schweiz statt. 16 Jahre zuvor hatte es im damaligen Austragungsland Frankreich – anders als in Deutschland, England und den USA zu dieser Zeit – noch keinen Probebetrieb von Fernsehen gegeben. Während des Zweiten Weltkriegs fielen die Weltmeisterschaften aus (vgl. SCHULZE-MARMELING/DAHLKAMP 2006: 79) und das erste Nachkriegsturnier wurde 1950 in Brasilien ausgetragen, als man dort gerade erst mit dem Fernsehtestbetrieb begonnen hatte. In der Schweiz wiederum hatte man 1951 auf Initiative der Post den Sendebetrieb getestet und eine dreijährige Versuchsphase beschlossen, in deren Rahmen ab 1952 an fünf Tagen in der Woche ein einstündiges Abendprogramm gesendet wurde (vgl. EHNIMB-BERTINI 2000). Doch eine feste Sendestruktur existierte noch nicht, was nicht zuletzt an der komplexen föderalen Struktur des Landes mit seinen vier Sprachen, an den divergierenden Interessen der einzelnen Kantone und einer allgemeinen Skepsis dem neuen Medium gegenüber lag. So wurde der Versuchsbetrieb mehrmals verlängert. Erst 1958 übernahm die öffentlich-rechtliche Schwei-

---

1 Viele Informationen und Anregungen verdanken sich den Gesprächen mit dem Regisseur Volker Weicker, der wie der Autor an der Kunsthochschule für Medien Köln lehrt.

zerische Rundspruch-Gesellschaft (SRG), die das Radio betrieb und auch am Versuchsbetrieb beteiligt war, das Fernsehen offiziell in ihre Obhut. Dass die Schweiz dennoch für die frisch gegründete Eurovision, dem Zusammenschluss der westeuropäischen Fernsehsender, die Weltmeisterschaft übertrug, ist eine Folge des schweizerischen Selbstverständnisses als Drehscheibe, ganz gleich, »ob es sich um Alpenpässe, Alpentunnel, Transitkabel oder um Fernsehen handelt«, wie es der schweizerische Bundesrat 1951 ausdrückte (zit. n. EHNIMB-BERTINI 2000: 177).

Technisch möglich wurden die Übertragungen dank der Hilfe des italienischen Fernsehens RAI, was die Schweizer den Italienern aber nicht dankten, besiegte ihre Nationalmannschaft doch in zwei Begegnungen die Squadra Azzurra und warf sie so aus dem Turnier (vgl. EHNIMB-BERTINI 2000: 181). Die Übertragung des Endspiels zwischen Deutschland und Ungarn wurde von Sendern in acht europäischen Ländern übernommen (HACKFORTH 1975: 210), darunter auch das Fernsehen der DDR (DFF), das die Bilder mit dem Kommentar des Radioreporters Wolfgang Hempel unterlegte (vgl. STEINMETZ/VIEHOFF 2008: 98). Da es in der Schweiz 1954 gerade einmal 4457 Gerätekonzessionen gab (DRACK 2000: 230), haben im Ausland sehr viel mehr Menschen dieses Spiel gesehen als im Austragungsland, in dem die Zahl der Zuschauer im Stadion (64.000) vermutlich die an den Fernsehgeräten übertraf. Zeitgenössische Schätzungen gingen davon aus, dass in den acht Ländern zirka 90 Millionen Menschen dem Spiel beiwohnten.

In Deutschland hatte nach dem Krieg der öffentlich-rechtliche NORDWESTDEUTSCHE RUNDFUNK (NWDR) 1950 mit dem Versuchsbetrieb begonnen (vgl. HICKETHIER 1998: 60). Der offizielle Programmbetrieb startete Weihnachten 1952 und enthielt allein aus technischen und ökonomischen Gründen viele Live-Übertragungen, wie beispielsweise von der Krönung der Königin Elisabeth II. von England im Jahr 1953. Zog bereits dieses Ereignis viele Zuschauer an, die sich vor den wenigen Fernsehgeräten versammelten, stieg das Interesse anlässlich der Übernahme der Live-Bilder der Eurovision von der Weltmeisterschaft in der Schweiz durch den NWDR enorm. Die neun übertragenen Spiele wurden live in Kneipen, vor den Schaufenstern von Elektrohändlern und in den wenigen Privathaushalten, die schon über ein Gerät verfügten, von vielen Menschen gesehen. Public Viewing *avant la lettre!* Die Attraktion war so groß, dass sich im Lauf des Jahres der Verkauf von Fernsehgeräten verachtfachte; die Zahl der angemeldeten Geräte stieg von 11.658 im Januar 1954 auf 84.278 im Jahr 1955 (vgl. HICKETHIER 1993: 406). Ab dem 1. November 1954 wurde das Fernsehprogramm dann von der 1950 gegründeten Arbeitsgemeinschaft der öffentlich-rechtlichen Rundfunkanstalten der Bundesrepublik Deutschland (ARD) verantwortet und firmierte seitdem als ›Deutsches Fernsehen‹.

Das, was die Menschen damals auf den kleinen Fernsehapparaten sahen, ist nicht erhalten, da elektronische Bilder zu diesem Zeitpunkt noch nicht gespeichert werden konnten. Die heute gezeigten Bilder dieser Weltmeisterschaft stammen, auch wenn sie als Fernsehbilder ausgegeben werden, aus Aufnahmen der Wochenschau und für einen Kinofilm (LEDER 2008: 41). Dennoch kann man eine gewisse Vorstellung davon, was live am Fernsehgerät zu betrachten war, gewinnen, wenn man weiß, wie die Kameras zu damaliger Zeit positioniert waren und welche Bilder sie aufnahmen. 1957 beschrieb Hugo Murero, damals Leiter der Sportredaktion des gerade vom NWDR ausgegründeten WESTDEUTSCHEN RUNDFUNKS (WDR), in einem Zeitschriftenartikel, wie man idealtypisch ein Fußballspiel live übertragen soll: »In Verlängerung der Mittellinie stehen Kamera 1 und 2 dicht nebeneinander, so hoch und so weit vom Spielfeldrand entfernt, daß beispielsweise die Tore mit einem 300er-Objektiv fast bildfüllend erfasst werden können, ohne daß es große perspektivische Verzerrungen gibt« (MURERO 1957: 255). Allerdings soll das Bild »[...] nicht zu total, aber auch nicht zu groß gefahren werden« (ebd.). Der Zuschauer interessiere sich für die Spielsituation und nicht für die Rückennummer.

Eine dritte Kamera solle am Spielfeldrand in der Mitte aufgestellt werden und für Bilder der Spieler, der Zuschauer und des Schiedsrichters bei der Seitenwahl sorgen. Kameras hinter den Toren seien »[...] für eine Fernsehübertragung ungeeignet. Der Zuschauer vor dem Bildschirm wüsste dann bei Umschnitten nie, wo sich das Spielgeschehen nun eigentlich befindet« (ebd.: 256). Diese Befürchtung geht von einem Zuschauer aus, der über keinerlei audiovisuelle Erfahrung, wie man sie etwa im Kino sammeln konnte, verfügte, denn der Umschnitt von Kamera 1 auf eine Hintertorkamera ist bei Weitem kein Achsensprung – der erfolgte nur dann, wenn eine vierte Kamera auf der gegenüberliegenden Seite stünde.

Nach dem von Murero beschriebenen Prinzip verfuhr man international bis weit in die 1960er-Jahre, als man mittlerweile Live-Bilder aufzeichnen konnte. Bereits 1956 hatte die amerikanische Firma Ampex ein professionelles Speichersystem vorgestellt, bei dem die elektronischen Bild- und Toninformationen auf Magnetband festgehalten werden (vgl. ZIELINSKI 1986: 103). In Deutschland setzte der damalige SÜDWESTFUNK (SWF) Ende 1958 als erster deutscher Sender ein solches auf die deutsche PAL-Norm angepass-

tes Ampex-Gerät ein (ZIELINSKI 1986: 131). So wurden auch die Live-Bilder
der Fußball-Weltmeisterschaft in Schweden, die im Sommer desselben
Jahres stattfand und von der die ARD zehn Spiele übertrug (HACKFORTH
1975: 224), nicht archiviert. 1962, als das Turnier in Südamerika gespielt
wurde, reichte die Kapazität der ersten Fernmeldesatelliten noch nicht aus,
um die Spiele live von Chile nach Europa zu übertragen; sie wurden auf
Film aufgenommen und per Luftfracht nach Deutschland gebracht, wo sie
um zwei Tage versetzt gezeigt wurden (HACKFORTH 1975: 215).

So kann man heute als erste Live-Fernsehbilder einer Fußball-Weltmeisterschaft jene betrachten, die 1966 in England aufgenommen und dann
auf Ampexbändern archiviert wurden. Produziert wurden sie von der
BRITISH BROADCASTING CORPORATION (BBC) in schwarz-weiß. Farbfernsehen
wurde in Europa erst in den folgenden beiden Jahren eingeführt. Insgesamt
in 42 Ländern zeigten Fernsehanstalten die Begegnungen, viele davon live.
So wurde das Endspiel über den Satelliten Early Bird zum ersten Mal live auf
einen anderen Kontinent und zwar nach Nordamerika übertragen; in den USA
sahen zehn Millionen Zuschauer die vom Sender NBC übernommenen Live-
Bilder. Die BBC sprach 1966 davon, dass weltweit 400 Millionen Zuschauer
Zeugen des Turniers gewesen seien. Von nun wurden die Weltmeisterschaften zu einem Ereignis, das wirklich die gesamte Welt zeitgleich erreichte.

In Deutschland wurden 13 Begegnungen live und acht als Aufzeichnungen sowohl vom ERSTEN PROGRAMM als auch von dem 1963 gestarteten
ZWEITEN DEUTSCHEN FERNSEHEN (ZDF) gezeigt. Beide Sender wechselten sich in der Übertragung der Live-Spiele wie der Aufzeichnungen ab
(HACKFORTH 1976: 225), sodass die Fernsehzuschauer unter Druck gerie-
ten, unmittelbar nach Abschluss eines Spiels gleich zum anderen Kanal
zu wechseln, um dort die nächste Begegnung anzuschauen, was insofern
nicht leicht war, als damals die Sender am Apparat jeweils mühsam von
Hand eingestellt werden mussten. Nachdem gegen diese Programmierung
Proteste laut wurden (HACKFORTH 1976: 216), beschlossen ARD und ZDF,
zukünftig – und das gilt bis heute – sich pro Tag und nicht pro Spiel oder
je Wettkampf bei sportlichen Großereignissen abzuwechseln.

2.　　　Das vermisste Bild: 1966

Das Endspiel zwischen Deutschland und dem Gastgeber England, das am
30. Juli 1966 im Londoner Wembley-Stadion stattfand, lief in der ARD. Es

kommentierte Rudi Michel vom damaligen SÜDDEUTSCHEN RUNDFUNK (SDR). Michel, der die Sportredaktion seines Senders leitete, hatte bereits als Reporter live vom Endspiel in Schweden berichtet. Auch 1974 in Deutschland und 1982 in Spanien wird er die Endspiele für das ERSTE PROGRAMM kommentieren. 1966 verfügte er an seinem Kommentatorenplatz im Wembley-Stadion über einen Monitor, der das Fernsehbild zeigte. So konnte er auf die Unterschiede zwischen dem, was sich auf dem Rasen abspielte, und dem, was auf dem Bildschirm zu sehen war, hinweisen. Er blieb die gesamte Zeit der Übertragung einschließlich der Verlängerung und der Siegerehrung allein auf Sendung, musste also rund zweieinhalb Stunden durchsprechen. Ihm standen weder ein weiterer Kommentator noch ein ehemaliger Spieler als Experte oder gar ein Moderator zur Seite. Allerdings saß mit Fritz Klein ein Kollege vom NORDDEUTSCHEN RUNDFUNK (NDR) neben ihm, der ihm Informationen vom Spielfeld wie aus der Historie der Weltmeisterschaften lieferte; das bekamen die Zuschauer mit, weil Michel ihn einmal erwähnte. Auch der DFF der DDR übertrug das Spiel; hier kommentierte Wolfgang Hempel die Begegnung. Allerdings saß der Reporter nicht in London, sondern sprach von einem Studio in Ost-Berlin aus, da den Journalisten der DDR die Einreise nach Großbritannien verweigert worden war (vgl. STEINMETZ/VIEHOFF 2008: 250).

Das Spiel wurde – nach einer Analyse des Mitschnitts – von fünf Kameras aufgenommen. Die ersten beiden Kameras waren auf Höhe der Mittellinie in den Zuschauerrängen aufgestellt, die erste relativ hoch, die zweite etwas tiefer. Die dritte und vierte Kamera standen noch tiefer; die dritte muss sich etwa drei oder vier Meter oberhalb des Rasens befunden haben, während die vierte auf der Höhe des Spielfelds postiert war. Die fünfte stand auf dem Dach des Stadions. Alle fünf Kameras verfügten über Schwenkköpfe und Zoom-Objektive, sodass sie jeder Bewegung des Balles folgen und mittels des Zooms das Bild verdichten konnten. Die ersten beiden Kameras lieferten die Überblicksbilder, die erste stets etwas weiter als die zweite. Die anderen beiden waren zuständig für die Nahaufnahmen der Spieler, die zum jeweils gemachten Spielzug etwas Entscheidendes beigetragen hatten. Sie sorgten des Weiteren für die relativ seltenen Aufnahmen von den Zuschauern, die in Totalen erfasst wurden; so hatte man nach den Toren der Engländer die englischen Fans und nach den Toren der Deutschen eben die deutschen im Bild. Der Schnitt zwischen den vier Kameras erfolgte flüssig; an keiner Stelle wurde zu einem falschen Zeitpunkt zu einer der Kameras gewechselt, sodass diese ein unscharfes Bild gezeigt hätten oder zu schnell zum Ball schwenkten.

Man sah stets nur das Live-Bild. Wiederholungen in Zeitlupe waren damals noch nicht möglich; ein Bildplattenspieler, der ein sofortiges *instant replay* ermöglichte, wurde erstmalig 1967 eingesetzt. So zog die Zeitlupe erst mit der Weltmeisterschaft in Mexiko, der ersten mit farbigen Bildern, als Ergänzung des Live-Bildes in die Fernsehberichterstattung ein. Es war den Fernsehzuschauern 1966 nicht vergönnt, die umstrittenste Entscheidung des Schiedsrichtergespanns zu beurteilen, die aus deutscher Sicht in diesem Endspiel den Ausschlag für den Sieg Englands gab: Gemeint ist das Tor zum 3:2 für die Engländer, das in der 101. Minute fiel, weil das Spiel nach einem späten Ausgleichstor der Deutschen in die Verlängerung gegangen war. Zu sehen ist aus der oberen Führungskamera, die ihr Bild auf den deutschen Strafraum verengt hat, wie Geoffrey Hurst am Elfmeterpunkt mit dem Rücken zum Tor stehend den Ball annimmt und nach rechts abtropfen lässt. Er dreht sich mit dem Ball, folgt ihm zwei Meter und schießt ihn fallend mit dem rechten Fuß auf das deutsche Tor. Der ihm nacheilende deutsche Verteidiger Willi Schulz, der den Ball abfangen will, rutscht ins Leere. Auch Hans Tilkowski im deutschen Tor, der gegen die tiefstehende Sonne eine Mütze trägt, kommt nicht an den Ball, der gegen die Unterkante der Latte prallt und von dort hinter dem Rücken des Torwarts und also unsichtbar auf den Boden fällt. Erst als der Ball hochspringt, ist er wieder zu sehen. Er befindet sich deutlich vor der Torlinie, als ihn Wolfgang Weber ins Tor-Aus köpft. Hurst reißt die Arme zum Torjubel hoch und schaut in Richtung Linienrichter Tokif Bachramow aus der UdSSR, zu dem der Schiedsrichter Gottfried Dienst (Schweiz) hinläuft. Nun erfolgt der erste Bildschnitt. Man sieht Hurst in einer Nahaufnahme der dritten Kamera, die ihn leicht von oben erfasst. Er nimmt die Arme herunter und starrt eher zweifelnd nach rechts, also in Richtung des sich außerhalb des Bildfeldes befindlichen Linienrichters. Nach einem erneuten Schnitt sind in einem Bild der zweiten Führungskamera Schieds- und Linienrichter im Gespräch zu sehen. (Allerdings konnten sich beide nicht wirklich unterhalten, da Bachramow nur Russisch und Türkisch sprach, was wiederum Dienst nicht verstand.) Zu hören ist vom Dialog nichts, zu sehen ist nur, wie Bachramow dem Schiedsrichter, der einen halben Meter vor ihm steht, dann zunickt. Der zückt die Pfeife und geht nach links, während der Linienrichter bekräftigend gen Anstoßpunkt weist. Die Kamera schwenkt mit und erfasst schließlich den Schiedsrichter in einer amerikanischen Einstellung, wie er ebenfalls auf den Anstoßpunkt außerhalb des Bildfeldes weist.

Nach dem nächsten Schnitt sind in einer Totale der oberen Führungs-kamera die deutschen Spieler zu sehen, die auf Schieds- und Linienrichter zulaufen. Dann zeigt die leicht erhöhte dritte Kamera Großaufnahmen der jubelnden englischen Spieler, ehe ihre feiernden Fans aus der Sicht der vierten Kamera zu sehen sind. Schließlich folgt die dritte Kamera in einem langen Schwenk dem Torschützen, wie er in die Spielhälfte der Engländer zurückkehrt. Erneut werden die englischen Fans gezeigt, vor denen einige Polizisten stehen. Schließlich wird in einer extremen Totalen der fünften Kamera das gegenüberliegende Stadiondach erfasst, unter dem sich eine Spielstandsanzeige aus großen Styroporbuchstaben und -zahlen befindet. Bei ›Germany W.‹ steht eine ›2‹, während bei ›England‹ die ›2‹ gerade herun-tergenommen worden sein muss, aber die ›3‹ noch nicht aufgehängt werden konnte. Im letzten Bild dieser Sequenz des dritten englischen Tors ist in der oberen Führungskamera der Anstoß der deutschen Mannschaft zu erkennen.

Vom Torschuss bis zum Wiederanpfiff vergehen gerade einmal 82 Sekun-den. Das Ereignis wird durch acht Schnitte aufgelöst. Die Schnitte folgen der Aktion auf dem Platz unmittelbar. Selbst der Torschütze wird nicht groß herausgehoben. Erst am Ende ist er separat zu sehen, als er in die englische Spielhälfte zum Anstoß zurückkehrt. Der Protest der deutschen Spieler ist in der Totale mehr zu erahnen als im Detail zu erkennen. Er kann auch nur kurze Zeit gewährt haben. Die englischen Fans bleiben in den Totalen eine anonyme Masse, aus der gerade einmal die Fahnen und die hochgereck-ten Arme zu erkennen sind. Die extreme Totale vom Stadiondach soll die Aufgabe der Grafik übernehmen, die noch einige Zeit braucht, ehe sie zur Halbzeitpause der Verlängerung als Overlay über dem Livebild den aktu-ellen Spielstand anzeigen kann. Dann geht das Spiel weiter.

Rudi Michel hatte, als Weber den Ball über das Tor köpfte, gerufen »Ball nicht im Tor«, dann bestätigend »Kein Tor«, um dann zweifelnd »Oder doch?« nachzuschieben, als Dienst zu Bachramow läuft. »Was entscheidet der Linienrichter?«, fragt er sich und die Zuschauer, um dann, als Bach-ramow gen Anstoßpunkt winkt, lakonisch selbst zu antworten: »Tor!« Dann fasst er das Geschehen in der Vermutung zusammen, dass der Li-nienrichter den Ball »hinten im Netz« gesehen haben muss. »Torschütze Hurst«, meldet er noch, um dann nach dem Anstoß nachzuschieben, dass Gottfried Dienst den Treffer zunächst nicht anerkannt habe. »Das wird noch Diskussionen geben«, schwant ihm. Tatsächlich ist vermutlich über kein Tor heftiger diskutiert worden als über diesen dritten Treffer der Eng-länder. Ausgelöst wurden die Diskussionen vor allem durch die Tatsache, dass man am Fernsehschirm wirklich nicht sehen konnte, ob der Ball mit vollem Umfang die Linie überschritten hat. Auch eine Einzelbildanalyse dieser Sequenz lässt kein definitives Urteil zu und die farbigen Zeitlupen- und Standbilder der *Wochenschau*-Kameras, die später in das Fernsehbild eingeschnitten wurden, als schämte sich das Fernsehen, noch nicht über die Technik des *instant replay* zu verfügen, erfassten den Ball im entscheidenden Moment nicht exakt. Aber der Eindruck entsteht, dass der Ball die Torlinie nicht restlos überschritten hatte, somit das Tor irregulär war – doch das bestritten nicht wenige, vor allem die Engländer.

Vollkommen anders sah es bei einem Treffer aus, den die englische Nationalmannschaft 44 Jahre später, ebenfalls bei einem Weltmeisterschaftsturnier gegen Deutschland, erzielte, der aber von den Schiedsrichter nicht gegeben wurde, obgleich für die meisten Zuschauer im Stadion sowie auf fast allen Bildern der diversen Fernsehkameras deutlich erkennbar, der Ball die Linie überschritten hatte. Der Zweifel, ob die Schiedsrichter nicht doch Recht hätten, löste sich angesichts der ersten Zeitlupe sofort auf. So wie die Zeitlupe eingesetzt wird, um die Gültigkeit eines Treffers, eines Fouls, einer Abseitsposition ans Tageslicht zu bringen, sind es die ungelösten Bilderrätsel und die mehrfach ausdeutbaren Bilder, welche die Diskussionen der Fans gleichsam befeuern.

3.   Die Fülle der Bilder: 2002

Die Fußball-Weltmeisterschaft fand 2002 zum ersten Mal in Asien und zwar zugleich in Südkorea und Japan statt. Das Endspiel wurde am 30. Juni im International Stadium in Yokohama ausgetragen. Es traten die Nationalmannschaften von Brasilien und Deutschland gegeneinander an. 1,5 Milliarden Zuschauer wurden Zeuge der weltweit live gezeigten Partie, die, wie seit 1970 üblich, in Farbe gezeigt wurde.

Die Produktion sämtlicher Live-Übertragungen hatte die FIFA der in der Schweiz ansässigen Firma Host Broadcasting Services (HBS) übertragen, die an die Stelle der nationalen Fernsehsender aus dem Veranstalterland trat, die wie die BBC 1966 bis einschließlich 1998 verantwortlich gezeichnet hatten. HBS, auch für die Produktion der Fernsehbilder der folgenden Weltmeisterschaften in Deutschland 2006 und Südafrika 2010 verantwortlich, standardisierte 2002 erstmals alle Übertragungen, die von insgesamt sechs Teams – je zwei kamen aus Großbritannien, Frankreich und Deutschland –

produziert wurden. So waren in allen Stadien in Südkorea und Japan die Zahl und die Positionen der Kameras, ihre Objektive, die Zeitlupengeräte und natürlich auch die Grafik identisch. Selbst die Tornetze und die Mähung des Rasens sollten gleich aussehen. Bei den wichtigsten Spielen wie dem Endspiel wurde die Zahl der Kameras noch einmal erhöht.

Dem deutschen Regisseur Volker Weicker, der beim Endspiel die Regie der weltweit übertragenen Fernsehbilder übernommen hatte, standen so Live-Bilder von 24 Kameras aus dem Stadion zu Verfügung, die alle mit Festplattenrekordern gekoppelt waren, die jederzeit Zeitlupenwiederholungen ermöglichten. Die Zeitlupen in zwei unterschiedlichen Geschwindigkeiten (normal und Superzeitlupe) wurden zu Beginn durch das animierte Logo der Weltmeisterschaften gekennzeichnet, das von links nach rechts das Live-Bild wegwischt und das verlangsamte Bild der gerade stattgefundenen Aktion an seine Stelle setzt. Die Kameras waren folgendermaßen für bestimmte Funktionen postiert:

Kamera 1:   Führungskamera erhöht auf Höhe der Mittellinie

Kamera 2:   Erhöht direkt rechts neben Kamera 1 für Großaufnahmen

Kamera 3:   Erhöht direkt links neben Kamera 1 für Großaufnahmen

Kamera 4:   Steadycam an der Seitenlinie rechts

Kamera 5:   Flach auf Höhe der Mittel-Linie für Großaufnahmen/Superzeitlupe

Kamera 6:   Steadycam an der Seitenlinie links

Kamera 7:   Erhöht an der 16-Meter-Linie rechts für Spiel und Abseitsanalyse

Kamera 8:   Erhöht an der 16-Meter-Linie links für Spiel und Abseitsanalyse

Kamera 9:   Leicht erhöht an der Fünf-Mete-Linie rechts für Großaufnahmen/Superzeitlupe

Kamera 10:   Leicht erhöht an der Fünf-Meter-Linie links für Großaufnahmen/Superszeitlupe

Kamera 11:   Hinter dem Tor hoch rechts

Kamera 12:   Hinter dem Tor hoch links

Kamera 13:   Kleiner Kran hinter dem Tor rechts

Kamera 14:   Kleiner Kran hinter dem Tor links

Kamera 15:   Hinter dem Tor rechts auf der Höhe der 16-Meter-Linie für Großaufnahmen/Superslomo

Kamera 16:   Hinter dem Tor links auf der Höhe der 16 Meter-Linie Großaufnahme/Superzeitlupe

Kamera 17:   Höchste Position hinter einem Tor für Taktik-Analyse

Kamera 18:   Reverse flach auf Höhe der Mittel-Linie für Großaufnahmen/Superzeitlupe

Kamera 19: Reverse hoch auf Höhe der Mittellinie

Kamera 20: Reverse halbhoch für Beobachtung von Bank/Trainer/Fans Team A

Kamera 21: Reverse halbhoch für Beobachtung von Bank/Trainer/Fans Team B

Kamera 22: Beautyshot für Stadiontotale

Kamera 23: Handkamera 1 (flexibel eingesetzt: zu Beginn an der Seitenlinie, im Spiel hinter dem Tor eingesetzt)

Kamera 24: Handkamera 2 (wie Handkamera 1 flexibel eingesetzt)

Dieser enorme Zugewinn an Kameras erhöhte vor allem die Chance auf Nah- bis Großaufnahmen, erlaubte Blicke auf die Stadionränge wie auf die Bänke der Trainer und Ersatzspieler, ermöglichte durch die Zeitlupenmaschinen die Analyse fast jeder Spielsituation. Zugleich verlieh der Einsatz von Kränen und Steadycams den Kameras eine größere Beweglichkeit. Der Steadycam-Operator bewegt sich mit dem Ball mit und erzeugt so den Eindruck einer Parallelfahrt, während der Kamerakran die Flugkurve eines Balles nachvollziehen kann. Beides dynamisiert das Bild gleichermaßen. Durch die auf der Gegenseite postierten Kameras (Reverse) waren auch Aufnahmen von Aktionen und Personen möglich, die eventuell bei Aufnahmen aus der üblichen Richtung verdeckt sein konnten. Diese Reverse-Einstellungen wurden 2002 nicht mehr wie noch in den 1990er-Jahren gekennzeichnet. Damals wollte man durch die Kennzeichnung den Achsensprung signalisieren, der durch den Umschnitt von einer Aufnahme aus klassischer Richtung zur Aufnahme aus einer um 180 Grad entgegengesetzten Richtung bewirkt wurde. 2002 traute man also mittlerweile den Zuschauern zu, diesen Blickwechsel nachvollziehen zu können.

In Deutschland wurde das Spiel vom ZDF übertragen, für das Béla Réthy kommentierte. Der Mainzer Sender setzte beim Endspiel weitere eigene Kameras ein. Den Sendern aus Ländern, deren Mannschaft in der jeweiligen Begegnung auf dem Platz stand, wurde die Möglichkeit gegeben, bis zu vier eigene Zusatzkameras zu positionieren. Die Bilder dieser Kameras konnte der Regisseur des ZDF nach Gusto in das weltweit übertragene Bild hineinschneiden, das Weicker produzierte. Das weltweit übertragene Bild selbst wurde live auch auf großen Displays im Stadion gezeigt, sodass sich das Spiel also im Fernsehabbild spiegelte. Gleichzeitig befanden sich zwischen Spielfeld und dem ersten Zuschauerrang große Werbeflächen, die in jeder Totalen auftauchten und nicht übersehen werden konnten. Auch die Fans präsentierten sich mit Bannern und Spruchbändern, die an der Begrenzungsmauer zum Spielfeld angebracht waren. Anders z. B. als 1966 gab es nicht nur einen Spielball, sondern gleich mehrere. Flog der Ball ins Seitenaus, war in

Sekunden ein weiterer zur Hand, was die früher üblichen Wartepausen erheblich verkürzte. Das Spiel wurde so nur durch Verletzungen unterbrochen, wobei mittels der Zeitlupenwiederholungen die jeweilige Ursache im Bild studiert werden konnte.

Das Spiel verlief lange Zeit ausgeglichen, ohne dass es viele Torchancen gegeben hätte. Kleberson schießt am Ende der ersten Halbzeit an die Latte und Oliver Neuville einen Freistoß aus mehr als 30 Metern an den rechten Torpfosten. Es kommt zu Nettigkeiten wie etwa in der zweiten Halbzeit, als die brasilianische Nummer 5, Edmilson, das zerrissene Trikot austauscht. In einer Nahaufnahme ist zu sehen, wie er einen ersten Versuch unternimmt, das neue Trikot überzustreifen. Er bittet mit einem Handzeichen den Schiedsrichter, der den Ball freigeben will, um eine kurze Pause. Das wird durch das angeschnittene Bild deutlich, das den italienischen Schiedsrichter Pierluigi Collina neben dem deutschen Torhüter Oliver Kahn zeigt. Doch das Trikot hat ein nur an den Schultern angenähtes Innenfutter, was den Brasilianer so verwirrt, dass er sich im Trikot verheddert. In der Nahaufnahme ist zu sehen, wie er es wieder auszieht, dann erneut überstreift, diesmal hat er allerdings die Rückseite nach vorne gedreht. Wieder muss er es ausziehen. Da kommt ihm ein Kollege zu Hilfe, was eine Kamera aus der Sicht des brasilianischen Tores erfasst. Nun gelingt es Edmilson, das Trikot richtig anzuziehen. Die Zuschauer, die von der Aktion auch über die Displays Kenntnis erhalten haben, klatschen ihm Beifall. Dann kann Oliver Kahn den Ball abstoßen. Béla Réthy bezeichnet ihn an dieser Stelle als den »besten Torhüter der Welt«.

Fünf Minuten später – in der Zwischenzeit war Jens Jeremies verletzt worden, konnte aber nach einer längeren Behandlungspause weiterspielen – greifen die Brasilianer an. Eingeleitet wird der Angriff durch einen Einwurf von der den Kameras gegenüberliegenden Seite in der brasilianischen Hälfte. Der Spieler wartet noch. Die Wartezeit überbrückt die Regie durch zwei Schnitte. Erst ist der Spieler zu sehen, der zum Wurf bereits ausholt. Dann springt die Regie zurück in die Aufsichtstotale der Führungskamera, ehe sie zur Nahaufnahme zurückkehrt. Der Ball verlässt die Hände, wie er in hohem Bogen zu einem Mitspieler fliegt, erkennt man dann wieder in der Totale. Die Führungskamera schwenkt mit, als ein Brasilianer den Ball durch den Mittelkreis treibt und dann Ronaldo anspielt. Der verliert ihn allerdings zehn Meter vor dem deutschen Strafraum wieder, sodass die Situation bereinigt scheint. Doch Didi Hamann spielt nicht ab, wird sofort von Ronaldo unter Druck gesetzt und verliert so den Ball. Ronaldo spitzelt ihn zu Rivaldo, der ihn sich mit links einen Meter vorlegt und kurz vor der Strafraumgrenze mit dem linken Fuß abzieht. Den scharfen Schuss lässt Kahn nach vorn abprallen. Ronaldo stürzt heran, erreicht den Ball vor dem deutschen Torhüter, der ihm hinterhergekrabbelt war, und schießt zum ersten Tor der Partie ins Netz.

Die ganze Szene ist seit der Ausführung des Einwurfs nicht geschnitten. Erst als der Torschütze zu der den Kameras gegenüberliegenden Eckfahne läuft, wird er in einer leicht überhöhten Nahaufnahme gezeigt. Sein strahlendes Gesicht kann man aber so erst erkennen, als er sich nach rechts ab- und der Kamera zuwendet. Im nächsten Bild, zu dem schnell übergeblendet wird, sieht man, wie sich die Trainer und die Ersatzspieler umarmen. Erneute Blende: In einer Tele-Einstellung verdeckt zunächst ein deutscher Spieler, der nur unscharf zu sehen und nicht zu erkennen ist, den Blick auf Oliver Kahn, gibt ihn aber dann frei. Man sieht, wie der Torhüter regungslos nach vorne schaut. Nach einer weiteren Blende sieht man leicht von oben den deutschen Trainer Rudi Völler, der in die Hände klatscht und seine Mannschaft anfeuert. Nach einer weiteren Blende werden nun in gelbe Trikots gekleidete brasilianische Fans gezeigt, wie sie jubeln und mitgebrachte Nationalfahnen schwenken. Nach einer letzten Blende umarmen auf dem Spielfeld die Kollegen den Torschützen.

Dann kündigt das von links nach rechts fliegende Logo eine Zeitlupe an. Von einer Kamera, die oberhalb des brasilianischen Tores steht, sind noch einmal Rivaldos Schuss, Kahns Abpraller und das Tor von Ronaldo zu sehen. Es folgt die nächste Zeitlupe, die von einer Kamera auf Bodenhöhe stammt, die auf der den anderen Kameras gegenüberliegenden Seite (Reverse) steht, und erneut beide Schüsse wiedergibt. Nun ist deutlich zu sehen, dass es Oliver Kahn nicht gelingt, den vom Brustkorb abprallenden Ball zu fangen. Er gleitet ihm aus den Händen und rollt Ronaldo in den Laufweg, während Kahn hinterherrobbt und sich dann vergeblich in den Schuss zu werfen versucht. Das animierte Logo beendet die Zeitlupe. Live ist in leichter Aufsicht und nah der Torschütze zu sehen, der die Fäuste ballt, vorwärts geht und schreit. Was er schreit, geht im Lärm des Stadions unter. Als er die Arme herunternimmt und den Anstoßpunkt passiert, informiert die Grafik, dass es sein siebtes Tor im siebten Spiel war. Dann wird die Partie wieder aufgenommen.

Auch hier vergeht zwischen Torschuss und Anpfiff gerade einmal eine Minute, doch es sind Bilder von wesentlich mehr Kameras, nämlich neun, und aus weit mehr Perspektiven als 1966 zu sehen, nicht nur seitlich von oben, sondern auch aus der Perspektive des gegenüberliegenden Tores und der anderen Seite. Die Vermehrung der Perspektiven erlaubt zum ersten eine Dynamisierung, wenn wenig geschieht – wie bei der verzögerten Ausführung des Einwurfs. Sie erlaubt zum zweiten eine größere Personalisierung: Torschütze und Torwart werden gegeneinander geschnitten; während der eine eher leer vor sich hinstarrt, führt der andere eine kleine Choreografie des Jubels auf, mit der er sich erst einmal, als er von den Mitspielern weg zur Eckfahne läuft, selbst feiert, ehe er sich von ihnen feiern lässt. Zum dritten erlaubt sie durch eine Parallelmontage, in der Mannschaft, Ersatzspieler, Trainer und Fans zu einer jubelnden Masse zusammengefügt werden, eine gewisse Dramatisierung. Zum vierten erlaubt sie durch den Blick auf den deutschen Trainer, der seine Mannschaft anfeuert, so etwas wie Antizipation. Letztlich erlauben die beiden Zeitlupen eine durch die Bilder gestützte Urteilsfindung über die Leistung von Oliver Kahn, der den Ball falsch einschätzt, sodass er ihm aus den Händen gleitet.

Béla Réthy hatte beschrieben, wie Hamann den Zweikampf verliert. Er sagt dann, dass Rivaldo ansatzlos schießen würde. Das ist nicht ganz richtig: Der brasilianische Stürmer legt sich den Ball mit dem linken Fuß erst einmal zurecht, ehe er mit diesem abzieht. Nach dem Nachschuss von Ronaldo registriert Réthy: »Das ist das 1:0.« Noch vor Ansicht der Zeitlupen schleicht sich in seine Beschreibung des Geschehenen eine erste Kritik ein: »Kahn kann den Ball nur abprallen lassen.« Und noch vor der Grafik erwähnt Réthy, dass es sich um den siebten Treffer des Brasilianers handele. Als die Zeitlupen eingespielt werden, vertieft er die Kritik an Kahn und ummäntelt sie sogleich pädagogisch: »Die einzige unglückliche Aktion im Turnier für den Mann, der die deutsche Mannschaft so weit gebracht hat – Oliver Kahn.« Vor dem Wiederanpfiff legt er nach: »Ein Ball, den man normalerweise halten müsste!« Allerdings seien die Schüsse Rivaldos unglaublich fest. »Dennoch – man muss es leider sagen in dem Zusammenhang – Torwartfehler von Oliver Kahn, dem Fehlerlosen.« Dass Béla Réthy zu dieser Widerspruchskonstruktion greift, ist seinem Urteil fünf Minuten zuvor geschuldet, als er Kahn zum besten Torwart der Welt ausgerufen hatte. Dem fühlt er sich noch verpflichtet, andererseits kann er den Fehler nicht übersehen.

Béla Réthy musste anders noch als Rudi Michel, der nur gelegentlich auf das reagierte, was im Fernsehbild besonders deutlich zu sehen war, permanent auf den Monitor schauen, um ja nur keine Bildinformation zu verpassen, die den Zuschauern in Deutschland kaum entgehen dürfte. So kommentierte er eher das Fernsehbild als das Ereignis im Stadion. Da im Fernsehbild die Aktionen durch die Vermehrung der Kameras stärker aufgelöst und damit in Details präsentiert werden, muss sich auch sein Kommentar stärker spezialisieren. Das einfache Aufsagen der Spieler, die jeweils den Ball führen, wie es Rudi Michel über weite Strecken betrieb, reicht nicht mehr. Das verstärkt die Personalisierung. Zudem muss er rasch ein Urteil fällen – auch wenn es negativ ausfällt und dem selbst ausgerufenen Helden gilt. Allerdings vergisst Réthy den Fehler, der Hamann unterlaufen war und der den Brasilianern erst die Torchance eröffnete.

Zehn Minuten später, als das Spiel kurz unterbrochen ist, spielt der Regisseur eine Sequenz aus mehreren Bildern in starker Zeitlupe ein, die das Entstehen des Tores noch einmal und nun besser aufgelöst zeigt. Réthy braucht einen Moment, ehe er auf den Zeitsprung reagiert, sodass er erneut den Fehler von Hamann verpasst. Diese Zeitlupe der ›Weltregie‹ wird durch die deutsche ZDF-Regie abgebrochen, weil sie den deutschen Zuschauern zeigen will, dass gleich Gerald Asamoah eingewechselt werden wird. Dieses Bild stammt von einer ZDF-Kamera, was man daran erkennt, dass beim Schnitt das Logo entfällt, das die Zeitlupensequenz normalerweise abschlösse. Kurze Zeit danach schießt Ronaldo in der 79. Minute sein zweites Tor, sodass es nach einem Sieg Brasiliens rieche, wie Réthy sagt, der dann erneut eine salvatorische Floskel nachschiebt, der nach man nie die Hoffnung aufgeben solle. Sein Geruchssinn sollte ihn nicht täuschen: Brasilien gewinnt die Partie 2:0 und wird Fußball-Weltmeister.

4.   Ausblick

Die Vervielfachung der Kameras und der Zeitlupenwiedergaben bieten seit den 1990er-Jahren dem Live-Regisseur, der bei Fußball-Weltmeisterschaften für die weltweit ausgestrahlten Fernsehbilder zuständig ist, wesentlich mehr Möglichkeiten, Nebengeschichten des zu übertragenden Spiels zu erzählen, die Protagonisten unter den Spielern und Trainern in Groß- und Nahaufnahmen vorzustellen, das Spiel durch schnelle Schnitte zu dynamisieren und relevante Spielzüge in verlangsamter Wiederholung zur Analyse durch die Zuschauer freizulegen.

Die Analyse der Szene von 2002 zeigt aber auch, dass ein Regisseur wie Volker Weicker, der Wert auf die Übertragung von Emotionen legt und der Idee einer personalisierten Darstellung folgt (vgl. LEDER 2000), im Augenblick eines ungestörten Spielzugs diesen dann doch fast vollständig aus der Zentralperspektive der Führungskamera zeigt und deren Bilder nicht

unterschneidet. Erst, nachdem das Tor gefallen ist, personalisiert er wesentlich stärker als sein (leider unbekannter) Kollege von 1966 die Darstellung,
indem er dem Torschützen folgt und seinen Jubel erst isoliert und dann
im Kontext der Mannschaft und später der Fans zeigt. Die Zeitlupenbilder
ermöglichen eine sofortige Erforschung der Ursachen der Torentstehung –
dem Kommentator wie den Zuschauern. Die Einstellungen der Trainer, die
es 1966 nicht gab, ordnen das Tor in die Dramaturgie des Gesamtspiels ein,
also dessen, was noch kommen kann und/oder soll. Dieser Zusammenhang
wird auch durch die eingeblendete Zeitangabe des Spielverlaufs hergestellt:
Jeder Zuschauer kann mit einem Blick erfassen, wie viel Zeit noch bleibt, um
das Tor auszugleichen oder den Vorsprung zu verteidigen.

Zugleich ästhetisieren die Zeitlupen und die Schnittfolgen des Jubelns
den reinen sportlichen Akt. In diesen ergänzenden Bildern geht es nicht
um das Faktum des Torschusses selbst, sondern um seinen Mehrwert, sei
es die Eleganz des angeblich »ansatzlosen Schusses« oder die Tragik des
großen Torhüters, dem hier ein entscheidender Fehler unterläuft. Dieser
Mehrwert liefert Stoff für die Geschichten, die von diesem Endspiel zu
erzählen sind.

Aber die Vervielfachung der Kameras und der Zeitlupen garantiert nicht,
dass Rätsel des Spielverlaufs wie des vermeintlichen Tores 1966 unterblei-
ben oder während der Übertragung gelöst werden können. Immer wieder
geschieht es, dass ein oder mehrere Spieler den Blick auf das Geschehen
verstellen. Hinzu kommen Verzerrungen der räumlichen Darstellung, die
aus der Wahl des Objektivs herrühren (ein Teleobjektiv zieht beispielsweise
den Raum zusammen) oder vom Standort der Kamera abhängen. Gleichzeitig bleiben die Entscheidungen des Regisseurs Interpretationen des
Spielverlaufs. So kann er beispielsweise Ereignisse des Spielverlaufs, die
er als weniger relevant einschätzt, ignorieren, was erst dann auffällt, wenn
diese nachträglich an Bedeutung gewinnen.

So erging es Wolfgang Straub, dem Live-Regisseur des Endspiels der
Weltmeisterschaft 2006 in Deutschland. Als es in der zweiten Halbzeit auf
der rechten Spielhälfte zu einem Wortgefecht zwischen dem italienischen
Spieler Marco Materazzi und dem Franzosen Zinédine Zidane kommt,
bleibt der Live-Regisseur beim Ball, der längst in der linken Spielhälfte
gelandet ist. So ist im Live-Bild nicht zu sehen, wie Zidane den Italiener
am Ende des Wortwechsels mit einem Kopfstoß gegen die Brust zu Boden
schickt. Als das Spiel unterbrochen wird, weil die anderen Spieler darauf
aufmerksam wurden, dass Materazi am Boden liegt, wissen deshalb die

Zuschauer und auch die deutschen Kommentatoren Reinhold Beckmann (ARD) und Marcel Reif (PREMIERE) nicht, was geschehen ist. Es dauert eine gewisse Zeit, ehe der Regisseur die Zeitlupe der Kamera findet, die Zidane das Spiel über gefolgt war und deshalb die Aktion aufgenommen hat. Es ist vermutlich erst dieses Wiederholungsbild des Kopfstoßes, das der vierte Schiedsrichter, der am Spielfeldrand postiert ist, auf einem Monitor sieht, der zum Platzverweis von Zidane führte. Im Live-Bild ist zu sehen, dass dieser vierte Offizielle erst danach den Schiedsrichter auf dem Feld über etwas informiert, erst dann zückt dieser die rote Karte. Die detaillierte Rekonstruktion dieses Ablaufs verdankt sich der Videoinstallation *Deep Play* von Harun Farocki, die erstmals auf der Documenta 12 im Jahr 2007 zu sehen war (FAROCKI 2007).

Diese Rückwirkung des Fernsehbildes auf eine Schiedsrichterentscheidung ist offiziell verboten, da es nach den Regeln des Weltfußballverbands FIFA keinen Videobeweis geben soll und darf. Tatsächlich aber wirken die Fernsehbilder, die mittlerweile auf großen Displays in die Stadien um Sekundenbruchteile zeitversetzt zu sehen sind, längst auf das abzubildende Ereignis zurück. Das beginnt bei den Zuschauern, die nicht in Richtung der Kameras, sondern in Richtung der Displays winken, um sich selbst im Bild zu feiern. Auch die Spieler zelebrieren ihren Jubel längst nicht mehr nur für die Zuschauer im Stadion, sondern auch und vor allem für die Kameras am Spielfeldrand, auf die sie zulaufen, vor der sie Tanzbewegungen aufführen und für die sie bedruckte oder beschriebene T-Shirts enthüllen, die sie unter dem Trikot tragen. Eine ganze Choreografie des Jubels ist so entstanden, die ihrerseits zitiert und variiert wird.

In diesem Sinne hat sich die Abbildung des Fußballspiels durch die Vervielfachung der Kameras und die Zunahme von Zeitlupen verfeinert, ausdifferenziert und ästhetisch überhöht. Aber all die Verfeinerungen, Ausdifferenzierungen und Überhöhungen verlieren an Bedeutung in genau dem Moment, wenn ein entscheidendes Tor zur Überraschung aller fällt.

Literatur

DRACK, M. T. (Hrsg.): *Radio und Fernsehen in der Schweiz. Geschichte der Schweizerischen Rundspruchgesellschaft SRG bis 1958*. Baden 2000

EHNIMB-BERTINI, SONIA: Jahres des Wachstums: Die SRG vor neuen Herausforderungen, 1950-1958. In: DRACK, M. T. (Hrsg.): *Radio und Fernse-*

hen in der Schweiz. Geschichte der Schweizerischen Rundspruchgesellschaft SRG *bis 1958.* Baden 2000, S. 153-194

FAROCKI, H.: Ball und Bildschirm. Weltmeisterschaftsfinale 2006. Protokoll eines Documenta-Projekts. In: *Lettre International*, Nr. 79, 1.12.2007, S. 64-71

HACKFORTH, J.: *Sport im Fernsehen. Ein Beitrag zur Sportpublizistik unter besonderer Berücksichtigung des Deutschen Fernsehens (*ARD*) und des Zweiten Deutschen Fernsehens (*ZDF*) in der Zeit von 1952-1972.* Münster 1975

HICKETHIER, K. (Hrsg.): *Institution, Technik und Programm. Rahmenaspekte der Programmgeschichte des Fernsehens.* (= Geschichte des Fernsehens in der Bundesrepublik Deutschland Band 1). München 1993

HICKETHIER, K.: *Geschichte des deutschen Fernsehens.* Unter Mitarbeit von Peter Hoff. Suttgart/Weimar 1998

LEDER, D.: Der inszenierte Sport. Dietrich Leder im Gespräch mit Volker Drews, Norbert Geis und Volker Weicker. Mit Nachfragen von Maybrit Illner. In: HALL, PETER CHRISTIAN (Hrsg.): *Der Kampf um die Spiele. Sport im Fernsehen.* (= 32. Mainzer Tage der Fernsehkritik). Mainz 2000

LEDER, D.: Vom Verlust der Distanz. Die Geschichte der Fußballübertragungen im deutschen Fernsehen. In: SCHIERL, T. (Hrsg.): *Die Visualisierung des Sports in den Medien.* (2., leicht überarbeitete Auflage) Köln 2008, S. 40-81

MURERO, H.: Fußball frei Haus. Technische Probleme des Sport-Fernsehens. In: *Fernsehen,* Heft 6/1957, S. 253-256

SCHULZE-MARMELING, D.; H. DAHLKAMP: *Die Geschichte der Fußball-Weltmeisterschaft 1930-2006.* Göttingen 2006

STEINMETZ, R.; R. VIEHOFF (Hrsg.): *Deutsches Fernsehen* OST. *Eine Programmgeschichte des* DDR-*Fernsehens.* Berlin 2008

ZIELINSKI, S.: *Zur Geschichte des Videorecorders.* Berlin 1986

Bild-Quellen

Das Endspiel der Weltmeisterschaft 1966 zwischen England und Deutschland in London. Mitschnitt der Ausstrahlung der ARD vom 30. Juli 1966. Kommentar: Rudi Michel

Das Endspiel der Weltmeisterschaft 2002 zwischen Brasilien und Deutschland in Yokohama. Mitschnitt der Ausstrahlung des ZDF vom 30. Juni. Kommentar: Béla Réthy

Das Endspiel der Weltmeisterschaft 2006 zwischen Italien und Frankreich
in Berlin. Mitschnitt der Ausstrahlung von ARD/PREMIERE vom 9. Juli
2006. Kommentar: Reinhold Beckmann/Marcel Reif
Deep Play. Videoinstallation von Harun Farocki. Documenta 12, Kassel 2007

DIETRICH LEDER

Vom Lückenfüller zum Luxusprodukt. Eine kleine Geschichte der Fußball-Bundesliga im deutschen Fernsehen

1.   Zu Beginn:
       Die Nähe von Fußball und Fernsehen

Mit Fußball hat man in Deutschland mehrfach versucht, neue Techniken und Apparate des *Fern*sehens durchzusetzen. Nur die Idee und Vorstellung, dass man Augenzeuge eines Ereignisses werden könne, an dessen Ort man sich nicht befindet, wurde durch eine andere Sportveranstaltung etabliert. Es waren die Olympischen Sommerspiele in Berlin 1936, mit denen die Idee des *Fernsehens* Überzeugungskraft gewann. Wer keine Karten für die Leichtathletikwettkämpfe mehr bekommen hatte, konnte ihnen in den Fernsehstuben der Hauptstadt beiwohnen. Doch schon im November 1936 übertrug man bereits das erste Fußballspiel live und Fußball sollte selbst für das Programm, das man nach Kriegsbeginn ausschließlich für die Lazarette produzierte, eine wichtige Attraktion darstellen.

Nach dem Krieg war es die live aus der Schweiz übertragene Fußball-Weltmeisterschaft, die nicht nur die Idee des *Fern*sehens im Bewusstsein der Menschen revitalisierte, sondern zugleich den Bedarf nach individuellem Empfang im hohen Maße stimulierte. Nach Einführung des Farbfernsehens im August 1967 folgte wenige Wochen später die erste Live-Übertragung eines Länderspiels in Farbe. Endgültig attraktiv wurde Farbfernsehen in den Live-Übertragungen via Satellit aus Mexiko von der Fußball-Weltmeisterschaft 1970. Die Fußballweltorganisation FIFA hatte zuvor das System aus mündlichen Verwarnungen und Platzverweisen durch ein farbiges Kartensystem ersetzt – doch die gelben und die roten Karten erkannte nur, wer in Farbe sah.

In den letzten Jahren versuchte man erneut, neue Empfangstechniken und -apparate mittels Fußball zu popularisieren. So wurden Spiele der Weltmeisterschaft 2006 via Handy-TV des technischen Standards DMB übertragen, aber angesichts der Zusatzkosten ohne großen Erfolg. Bereits 1990 hatte die FIFA die Weltmeisterschaft im analogen hochauflösenden Fernsehen HDTV testweise aufnehmen lassen. Später setzte sich ein digitaler Standard durch, mittels dessen der Abonnement-Sender PREMIERE (er wurde später in SKY umbenannt) die Weltmeisterschaft 2006 in neuer Bild-Qualität übertrug. Bei der Weltmeisterschaft 2010 in Südafrika wurden einige Spiele in 3-D aufgenommen werden und diese vom englischen Abonnement-Sender BSKYB in Pubs gezeigt. 2011 begann SKY in Deutschland, jeweils einmal pro Woche ein Spiel der Bundesliga in 3-D zu übertragen.

Warum eignet sich Fußball jenseits seiner allgemeinen Popularität vor allem in der Live-Übertragung so hervorragend zur Promotion neuer Fernsehtechniken und -apparate? Dafür lassen sich fünf Gründe angeben. Zum ersten ist es seine *Visibilität*: Fußballspiele kann man im Fernsehabbild gut erkennen, der Ball ist groß genug, ebenso das Spielfeld im Vergleich zur Zahl der Spieler – anders als bei Eishockey oder Golf. Zum Zweiten sein *Format*: Fußball ist wie American Football, Basketball oder Eishockey (aber anders als Tennis) eine Sportart, die man von der Längsseite gut erfassen kann, ist also tauglich für jedes Breitformat. Zum Dritten seine *Formatierung*: Fußball entspricht mit der Länge der Halbzeit von 45 Minuten exakt dem Zeittakt des deutschen Fernsehens, die 90 Minuten eines kompletten Spiels entsprechen wiederum der Länge des klassischen Spielfilms. Zum Vierten seine *Live-Qualität*: Bei aller Berechenbarkeit von Begegnungen bleibt der Ausgang der Spiele ungewiss. Diese Unvorhersehbarkeit verstärkt den Ereignis-Charakter und markiert den typologischen Unterschied zu Show und Entertainment. Zum Fünften seine *Genre-Variabilität*: In seiner Unvorhersehbarkeit kann sich ein Spiel für den engagierten Betrachter vom Drama zur Komödie und zurück entwickeln und liefert selbst für den distanzierten Betrachter Stoff der Beschäftigung.

2.   1. Phase: 1952-1965

Die Idee der Einrichtung einer zentralen obersten Spielklasse, einer Reichs-
liga, gab es im Deutschen Fußballbund (DFB) schon Anfang der 1930er-
Jahre. Doch erst 1962 entschloss sich der DFB zur Einrichtung einer nun
Bundesliga genannten Spielklasse, die an die Stelle der fünf regionalen
Oberligen trat. Zur selben Zeit wurde das ZDF als zentraler bundesweiter
Fernsehsender gegründet, der nun dem von den regionalen ARD-Sendern
produzierten ERSTEN PROGRAMM Konkurrenz bot. Dieses hatte seit dem
Probebetrieb 1952 immer wieder Fußballspiele gezeigt. Vor allem der
Sonntagnachmittag bot eine große Fläche für Live-Sport und Fußball
wurde zum idealen Lückenfüller. 1958 protestierte der DFB gegen diese
vielen Live-Spiele, weil sie die Zuschauer davon abhielten, die Stadien zu
besuchen. In einem ersten Rechtevertrag zwischen ARD und DFB wurde
festgelegt, nur jeweils ein Spiel einer der Oberligen pro Woche und zwar
samstags zu zeigen. Neben dem Live-Sport hatte die ARD auch eine Ma-
gazinsendung entwickelt, in der in kurzen Filmen und mittels Fotos vom
aktuellen Sportgeschehen berichtet wurde. Sie lief unter dem Titel *Sportschau* ab dem 4. Juni 1961 sonntags am Abend vor dem Programmschluss
im damaligen 2. Programm der ARD, ehe sie mit Beginn des Jahres 1962
ins ERSTE PROGRAMM wanderte, wo sie am frühen Abend – erst von 19:30
Uhr bis 20:00 Uhr, später von 18:45 Uhr bis 19:15 Uhr – gezeigt wurde. Die
Zuständigkeit für die von Ernst Huberty moderierte *Sportschau* hatte sich
der WDR gesichert, der für sie bis in die Gegenwart verantwortlich zeichnet.

Mit Beginn der Fußball-Bundesliga am 24. August 1963 richtete das
ERSTE PROGRAMM am Samstag eine Sendung ein, die *Berichte von der Bundesliga* hieß, die mal von 17:45 bis 18:30 Uhr, mal nach dem *Wort zum Sonntag* von 22:00 bis 22:30 Uhr ausgestrahlt wurde, und die Begegnungen des
Spieltags nachrichtlich abhandelte. Spielberichte waren erst am Sonntag zu
sehen. Erst zum 3. April 1965 wurde eine samstägliche *Sportschau* etabliert,
die zwischen 17:45 und 18:30 Uhr nun auch in Filmform von den Spielen
der Bundesliga berichtete. Ende der 1970er-Jahre wurde sie auf 18:05 Uhr
verlegt und um zehn Minuten verlängert, sodass sie nun um 19:00 Uhr
endete. In dieser Samstags-*Sportschau* wurden in der Regel jeweils drei
Spiele in kurzen Filmberichten von fünf oder sechs Minuten Länge zusammengefasst. Die anderen Begegnungen wurden mit Fotos und kurzen
Datenangaben dargestellt. Von welchen Spielen berichtet wurde, legte die
Redaktion aus logistischen Gründen zu Beginn der Woche fest.

Dass man mit einer Bundesliga-*Sportschau* zwei Jahre gewartet hatte, erklärt Ernst Huberty in einem Interview 2011 damit, dass die ARD zunächst die Bedeutung der Bundesliga nicht erkannt hätte (*Bundesliga-Magazin* 2/2011: 19). Live-Übertragungen von Spielen der Fußball-Bundesliga sollte es auf lange Jahre nicht mehr geben, bis die ARD am 11. Dezember 1984 abends eine Nachholbegegnung des 12. Spieltags zwischen Borussia Mönchengladbach und Bayern München zeigte.

Das ZDF wiederum, das am 1. April 1963 auf Sendung gegangen war, wollte die ARD mit ihrem Konzept des Sportmagazins nicht imitieren. Stattdessen entwickelten die Redakteure, von denen viele wie Wim Thoelke, Harry Valerien oder Werner Schneider von ARD-Anstalten kamen, eine formale Alternative zur *Sportschau: Das Aktuelle Sportstudio* sollte vor Zuschauern produziert werden und unterhaltende Züge tragen. Diese showähnliche Sendung fasste nicht nur die Ereignisse des Bundesliga-Spieltags zusammen, sondern bot den Spielern und den Trainern eine Tribüne der Selbstdarstellung. *Das Aktuelle Sportstudio* startete am ersten Spieltag der Gründungssaison der Bundesliga.

3.　　　2. Phase: 1965 - 1988

Gedreht wurden die Berichte bei ARD und ZDF vorerst mit maximal drei Kameras auf 16mm-Umkehrmaterial. Die erste Kamera nahm von oben in Höhe der Mittellinie das Geschehen in Totalen auf. Die anderen Kameras drehten Nahaufnahmen von den Zuschauern und Szenen des Strafraums. Um Material und Bearbeitungszeit (Entwicklung, Schnitt) zu sparen, nahmen die Kameraleute nur vermeintlich bedeutsame Szenen auf. Das verlangte den Kameraleuten ein gewisses Gespür für den Fußball ab. Dennoch wurde so manches Tor verpasst, weil die Kameraleute nicht reagiert hatten oder das Material ausgelaufen war. Motorradfahrer brachten zur Halbzeit und nach Abpfiff die Filmrollen in das sendereigene Kopierwerk. Von dort gelangten die Rollen in den Schneideraum, in dem eine Cutterin den Bericht montierte, ehe der Reporter ihn dann mit seinem Kommentar versah. (Lange Jahre waren die Fernsehberufe traditionell geschlechtlich geschieden: Während die Frauen die Berichte schnitten, kommentierten Männer sie. Während 2011 Schnitt und Montage längst von Frauen und Männern ausgeübt werden, werden die Spiele der Bundesliga weiterhin ausnahmslos von Männern kommentiert.)

In den 1970er-Jahren ging man dazu über, die Berichte mit elektronischen Kameras zu drehen, die ihre Bilder (und erstmalig zugleich auch die Töne) auf Magnetband speicherten. Sie erlaubten, das gesamte Spiel aufzuzeichnen, da das Bandmaterial im Vergleich zum Film preiswerter war und keinen Kopierprozess benötigte. Gleichzeitig veränderte sich die Arbeit in den Schneideräumen. Da sich das Magnetband nicht schneiden ließ, mussten die relevanten Bilder auf ein zweites Magnetband kopiert werden. Damit ging ein Datenverlust einher, der aber angesichts der Beschleunigung des Produktionsprozesses in Kauf genommen wurde. Mit dem *Tor des Monats* wurde in der *Sportschau* eben diese schnelle Archivnutzung mittels der elektronischen Bildbearbeitung zum Hit, der bis heute im Programm zu finden ist. Mit diesem eher zirzensischen Mittel übernahm die ARD Momente der Personalisierung und der Show, wie sie im *Aktuellen Sportstudio* populär geworden waren.

Ab der Saison 1965/1966 hatten ARD und ZDF gemeinsam an den DFB für das Recht der Berichterstattung Gelder gezahlt. Belief sich die Summe damals pro Saison auf (umgerechnet) 323.000 €, stieg sie 1968 bereits auf 500.000 €, um 1977/1978 2,5 Millionen € und 1980/1981 3,15 Millionen € zu erreichen. In 15 Jahren hatte sich der Preis fast verzehnfacht. Mit den Verhandlungen 1984 kamen die Preise richtig in Bewegung, da es nun in Deutschland kommerzielle Fernsehsender als Kaufinteressenten gab. Das verdoppelte den Preis auf über 6 Millionen € in der Saison 1985/1986. Noch diente das Privatfernsehen dem DFB allein als Drohkulisse, denn die technische Reichweite der neuen Sender war zu klein, als dass man an einen Exklusivverkauf an sie interessiert wäre.

4.   3. Phase: 1988 - 2002

1988 erwarb ein Tochter-Unternehmen des Medienkonzerns Bertelsmann, der am Sender RTL PLUS beteiligt ist, die Bundesliga-Rechte für durchschnittlich 12 Millionen € pro Saison. RTL PLUS war kurz zuvor von Luxemburg nach Köln gezogen und erhielt deshalb eine terrestrische Frequenz im bevölkerungsreichsten Bundesland Nordrhein-Westfalen. Die Bundesliga-Berichterstattung sollte den Sender popularisieren und zugleich seinen Anspruch, ein Vollprogramm für die junge Familie zu bieten, unterstreichen. Doch RTL PLUS durfte die Berichterstattung nicht exklusiv übernehmen, da das Programm noch nicht überall in Deutschland zu empfangen war.

Nach langen Verhandlungen mit der Bertelsmann-Tochter, zu denen sich die ARD erst nach Zögern bereit erklärte, wurden die Rechte geteilt. In den nächsten Jahren wurden in einem komplizierten Verfahren die Spiele zwischen ARD und RTL PLUS aufgeteilt. Das ZDF behielt die Zweitrechte, zusammenhängende Berichte nach 22:00 Uhr auszustrahlen.

RTL PLUS entwickelte eine Sendung namens *Anpfiff – Die Fußballshow*, die Ulli Potofski – phasenweise zusammen mit Günter Netzer – moderierte. Man verband dazu Elemente vom *Aktuellen Sportstudio* (Zuschauer im Studio, Gäste) mit denen der *Sportschau* (aktuelle Erstberichterstattung), ging aber besonders im Showbereich wesentlich weiter als das ZDF. Wenn beispielsweise ein Spielbericht des FC St. Pauli anstand, saß durchaus auch einmal Erika Berger im *Anpfiff*-Studio, die auf RTL PLUS damals Sex-Beratung am Telefon betrieb. Anfangs reichte die Sendung über die 20:00-Uhr-Grenze hinaus und erstreckte sich auf über zwei Stunden. Später wurde sie auf 90 Minuten gekürzt und startete um 18:15 Uhr. Damit lief sie parallel zur *Sportschau*, sodass sich die Fußball-Fans entscheiden mussten, welche Sendung sie sehen wollten. Da teilte sich zwangsläufig das Publikum. Die verbleibende Menge an Zuschauern reichte nicht aus, um die Rechte- und Produktionskosten für RTL PLUS zu refinanzieren, obwohl *Anpfiff* wie in Zukunft alle anderen Sendungen der Erstberichterstattung mit Werbung vollgepflastert war.

Mit der Saison 1991/1992 kam ein neuer Anbieter hinzu. Der von Bertelsmann, dem Filmhändler Leo Kirch und dem französischen PAY-TV-Sender CANAL PLUS gegründete Abonnement-Sender PREMIERE strahlte für seine Kunden von nun an wöchentlich ein Bundesliga-Spiel aus. Die Sportredaktion des neuen Senders baute Reinhold Beckmann auf, der in der *Sportschau* von den etablierten Kollegen nicht auf den Schirm oder an den Kommentatorenplatz gelassen worden war. Beckmann setzte auf eine Kinematografisierung der Live-Berichterstattung, vermehrte die Zahl der Kameras, die er zudem auf Kräne und auf Schienen setzen ließ, und der Zeitlupen. Das dynamisierte die Bilder und erlaubte durch eine Vielzahl von Groß- und Nahaufnahmen die Personalisierung, der auch das Field-Interview mit den abgekämpften Spielern unmittelbar nach Ende des Spiels diente.

1992 erwarb eine Tochterfirma von Kirch und dem Springer-Verlag die Komplettrechte. Sie zahlte pro Saison das, was die Bertelsmann-Tochter zuvor für vier Jahre dem DFB hatte überweisen müssen, also 90 Millionen €. Während die Live-Rechte weiter an PREMIERE gingen, wechselten die Erstrechte exklusiv an den Sender SAT.1, den Kirch und Springer beherrschten.

Die Privatsender SAT.1 und RTL (er hatte unterdessen den Zusatz ›PLUS‹ abgelegt) waren mittlerweile bundesweit zu empfangen. Für SAT.1 entwickelte Reinhold Beckmann, der von PREMIERE abgeworben worden war, die Sendung *ran*, die samstags von 18:00 Uhr bis 20:00 Uhr ausgestrahlt wurde. Wie *Anpfiff* wurde sie vor Zuschauern aufgenommen, die im Studio die Filmberichte auf großen Bildprojektionen statt wie früher auf kleinen Monitoren sehen konnten. Der technische Standard von Dynamisierung und Personalisierung wurde von PREMIERE übernommen, was die Bildqualität jedes Berichtes erhöhte, aber die Sendung verteuerte. Die Qualität der Sendung nahm auch deshalb zu, weil die Redaktion anders als bei der *Sportschau* erst während der laufenden Spiele die Länge der Berichte festlegte. Hielten sich die Show-Elemente bei *ran* noch in Grenzen, standen sie in der sonntäglichen Sendung *ranissimo* im Vordergrund: Mit ihr versuchte die Redaktion, vor allem auch Frauen zu erreichen. Die Moderatoren begriffen sich bald als Showstars, die sie dann in Folge wie Beckmann (ARD) oder Johannes B. Kerner (ZDF) in eigenen Talk-Shows auch wurden.

Beide Sendungen waren mit Werbung, Sponsorenhinweisen und Ratespielen vollgestopft, was die Moderatoren zwang, vor jeder Werbepause den danach gezeigten Spielbericht anzupreisen. Von nun an tobte schon nach wenigen Spieltagen der ›Abstiegskampf‹ oder mutierte jede Begegnung zwischen Klubs, die nicht weiter als 200 Kilometer voneinander entfernt liegen, zu einem ›Derby‹. Gleichzeitig wurde die Ware Bundesliga-Fußball in der Sendung *täglich ran*, einem Appendix der werktäglichen Nachrichten, gehegt. In der Summe provozierte das den Eindruck, *ran* hätte die einzelnen Spiele unkritisch dargestellt. Dem war bis auf Ausnahmefälle nicht so: Die bunte Verpackung der teuren Ware lenkte davon ab, dass ihr Inhalt, das jeweilige konkrete Spiel, journalistisch angemessen und sachlich richtig von den Reportern kommentiert wurde.

Kirch erwarb 1997 sowie 2000 das komplette Rechtepaket. Da ihm mal die ARD, die eigens eine *Sportschau* neuen Typs dafür entwickelt hatte, mal ein Marktneuling wie Kinowelt, mal ein Medienmogul wie Rupert Murdoch Konkurrenz boten, verteuerte sich der Preis weiter. 90 Millionen € pro Saison kosteten die Rechte 1997/1998, ab 2000/2001 schnellte der Preis auf 500 Millionen € hoch. (Dieses letzte Rechtepaket von Kirch enthielt die weltweiten Rechte sowie die des neuen Verbreitungswegs Internet.) PREMIERE erweiterte folgerichtig sein Angebot: Ab 2000/2001 übertrug der Sender alle Spiele live und führte zusätzlich ab 2002/2003 die Konferenzschaltung ein, bei der man zwischen den Spielen je nach Ereignis hin- und herschaltete. Dass Kirch so viel Geld für das Rechtepaket zahlte, hing mit den Problemen des Abonnement-Senders zusammen, dem es trotz vieler Investitionen und Anstrengungen nicht gelang, in die Gewinnzone zu kommen. Als letztes Druckmittel für die renitenten Zuschauer, die sich dem Abo-Fernsehen versagten, ließ er den von ihm mittlerweile beherrschten Sender SAT.1 mit der Saison 2001/2002 den Beginn von *ran* auf die Zeit nach 20:15 Uhr verschieben. Doch ein großer Proteststurm der Zuschauer führte dazu, dass *ran* bald wieder auf den alten Platz zurückkehrte.

5.   4. Phase: 2002 - 2010

Im Frühjahr 2002 ging der Kirch-Konzern in die Insolvenz. Die horrenden Rechtezahlungen (neben Fußball auch für Kinospielfilme) hatten Finanzlöcher gerissen, welche die Banken nicht mehr zu füllen bereit waren. Während SAT.1, mittlerweile mit PRO7 zu einem Aktienunternehmen verkoppelt und von einem amerikanischen Investor aus der Konkursmasse erworben, ab 2003/2004 auf die Bundesliga-Rechte verzichtete, setzte PREMIERE, ebenfalls an die Börse gebracht und von Private-Equity-Firmen aufgekauft, weiter auf die Exklusivität der Live-Spiele und überträgt seitdem zusätzlich alle Spiele der 2. Bundesliga (und des DFB-Pokals). SAT.1 hatte nominell 80 Millionen € pro Saison gezahlt. Als der Sender die Rechte zurückgab, meldete sich als einziger Interessent die ARD. So sank zum ersten Mal in der Geschichte der Bundesliga der Preis für die Erstrechte: Für 45 Millionen € gingen sie an die ARD, die zu diesem Zweck in kürzester Zeit eine modernisierte samstägliche *Sportschau* auflegte. Die Sendung leitet seitdem Steffen Simon, der zuvor einige Jahre für *ran* gearbeitet hatte. Die neue *Sportschau* übernahm von *ran* die guten Eigenschaften (Festlegung der Berichtslänge am Ende der Spiele, Berichte von allen Spielen) und verzichtete auf einige der schlechteren, wie etwa auf das Studiopublikum. Nicht verzichten konnte die *Sportschau* auf die Vielzahl der Werbeunterbrechungen und Sponsorenhinweise. Selbst das gute alte *Tor des Monats* wurde zum Ratespiel umfunktioniert, das Einnahmen aus Telefonie und Sponsoring der Ratepreise zu generieren hat.

2005 pokerte PREMIERE im Bieterwettkampf: Man würde nur beträchtlich weniger für die Live-Rechte zahlen, wenn nicht die Ausstrahlung der Erstberichte in den späteren Abend verschoben würde. Doch man hatte sich verspekuliert, da plötzlich ein neuer Bewerber um die Live-Rechte auftauchte und von der Deutschen Fußball-Liga (DFL), die das Rechte-Management vom DFB übernommen hatte, den Zuschlag erhielt. ARENA, im Besitz von Kabelfirmen, war ebenfalls ein Abonnementsender, der sich allerdings allein auf Sport konzentrierte und auf die Verschiebung der Erstberichte in den Abend keinen Wert legte. ARENA war nur eine kurze Existenz vergönnt. Schon nach einem Jahr gab er auf und leitete die Rechte wie die Kunden an PREMIERE weiter. Dass die DFL den Exklusiv-Wünschen von PREMIERE nicht entgegenkam, hatte einen einfachen Grund: Die *Sportschau* garantiert den Vereinen und ihren Sponsoren jede Woche regelmäßig fünf bis sieben Millionen Zuschauer und damit ca. 2 Millionen mehr als noch *ran*, während PREMIERE nie über 2,6 Millionen und ARENA noch nicht einmal über 1 Million Abonnenten hinauslangten. (Jahrelang gemeldete höhere Abonnentenzahlen vor PREMIERE stellten sich nach der Übernahme durch Murdoch als geschönt heraus.) Doch die Firmen, die auf den Trikots oder mit dem Stadionnamen werben, sind an der Masse der Zuschauer interessiert. So sicherte etwas, was man früher als Schleichwerbung bezeichnete und was man einst wie der Teufel das Weihwasser bekämpft hatte, dem öffentlich-rechtlichen Sender die Rechte.

Seit 2006 produziert die DFL über ihre Tochterfirma Sportcast die Bilder und Töne jedes Spiels der obersten beiden Ligen selbst. Sportcast leitet die Signale an die Sender weiter, die sie zu ihrem Zweck entweder live (PREMIERE) verwenden oder sie benutzen, um aus ihnen zusammenfassende Berichte (ARD, ZDF, DSF) zu schneiden. Zusätzlich können die Sender pro Spiel ein oder zwei eigene Kameras einsetzen. Ebenso bleibt der Kommentar in ihrer Hand. War bislang der Fußball der Bundesliga ein Halbprodukt, das erst von den Sendern zur Luxusware Fernsehfußball veredelt wurde, liegt der gesamte Produktionsweg nun in der Hand der DFL. Sie normiert die Berichterstattung und setzt so auch die Grenze dessen, was für sie als uninteressant oder möglicherweise gefährlich erscheint. 2007 initiierten DFL und DFB das Projekt eines ›Deutschen Fußball Archivs‹ (DFA), in dem unter Federführung der Sportcast sämtliche Fernseh- und Filmbilder von Bundesliga- und Pokalspielen gesammelt, digitalisiert und nach Zugriff-Daten aufgeschlüsselt wurden. Ein rechtlich und technisch kompliziertes Unterfangen, da zunächst die Genehmigung der vielen Sender, die im Lauf der Geschichte Bundesliga-Spiele zeigten, eingeholt und das Material zusammengeführt werden musste, das auf auf 16mm-Film, auf unterschiedlichen Videoformaten wie 1-Zoll-MAZ, U-Matic Highband, Betacam SP und Digibeta sowie und auf neuen digitalen Speichern archiviert worden war. Das Archiv, das sein operatives Geschäft zum 1. Juli 2011 aufnahm, enthält über 40.000 Stunden Sendematerial von Bundesliga und Pokal. Nach eigenen Angaben handelt es sich um das »größte digitale Fußballarchiv der Welt«.

2009 tauchte in den Rechteverhandlungen überraschend Leo Kirch wieder auf, der für ein Komplettpaket 500 Millionen Euro pro Saison bot, allerdings unter der Bedingung, dass die zusammenfassende Berichterstattung auf die Zeit nach 22:00 Uhr verschoben würde. Diesmal war die DFL bereit, sich auf den Deal einzulassen. Doch dann widersprach das Bundeskartellamt dem Vertrag: Eine exklusive Vermarktung, die ein Kartell darstelle, könne nur dann genehmigt werden, wenn der Verbraucher etwas davon hätte. Das wäre aber hier nicht der Fall, da die Verschiebung in den späten Abend für die meisten Zuschauer einen Nachteil bedeutete. Nach diesem Bescheid zog sich Kirch vom Geschäft zurück, die DFL schloss mit ihren alten Kunden PREMIERE, der 2009 in SKY umbenannt wurde, ARD und ZDF die Verträge zu für diese besseren Konditionen ab. Als neuer Partner kam die Telekom hinzu, die über IP-TV mit dem Namen LIGA *total!* alle Spiele live an Abonnenten überträgt und dazu Johannes B. Kerner als Moderator vom ZDF abwarb. Um dem neuen wie dem alten Abonnementsender entgegenzukommen, wurde der Spieltag weiter aufgeteilt. Samstags zur klassischen Anstoßzeit beginnen nun nur noch fünf Spiele. Neben dem Freitags- und den beiden Sonntagsspielen kommt nun ein ›Spiel des Tages‹ hinzu, das samstags um 18:30 Uhr – also in Konkurrenz zur *Sportschau* – ausgestrahlt wird.

6.   Ausblick: Das Luxusprodukt

Dass die Preise für die diversen Rechte so kontinuierlich stiegen, hat weniger mit der Qualität des Fernsehfußballs zu tun als mit der Spekulation, die mit ihrem Erwerb einhergeht. Weder *ran* noch *Sportschau* haben je die Rechte- und Produktionskosten eingespielt. SAT.1 und die ARD leisteten und leisten sich dieses Defizit, weil der Bundesliga-Fußball dem Image von SAT.1 nutzte und weil er der ARD zusätzlich jüngere Zuschauer zutreibt. Aber auch im Abonnement-Fernsehen ist die überteuerte Rechnung bislang nicht aufgegangen. SKY, bei dem Rupert Murdoch mit einer Tochterfirma seiner News Corporation Anfang 2010 die Aktienmehrheit übernommen hatte, schreibt laut Aussage des Unternehmens auf der Aktionärsversammlung

2011 mit 2,6 Millionen Abonnenten weiter rote Zahlen. Auch der Versuch der Telekom ist bislang wenig glücklich verlaufen. Die Abonnentenzahlen von LIGA *total!* belaufen sich auf ein wenig mehr als 100.000 Verträge, wie der zuständige Telekom-Vorstand Niek Jan van Damme in Interviews im April 2011 bekanntgab. News Corporations wie die Telekom spekulieren mittels der Bundesliga-Rechte auf goldige Zeiten des Abonnement-Fernsehens. Sollten die nicht bald kommen, wird das Interesse der beiden Unternehmen rasch sinken, bleiben weitere Spekulanten aus, werden die Preise der Bundesliga-Rechte sinken. In diesem Fall, steht zu vermuten, würde die DFL ihr Vollprodukt selbst vertreiben und zu diesem Zweck einen Abonnement-Kanal etablieren. Am Prozess der Personalisierung, die bis zu einer soap-ähnlichen Berichterstattung serialisiert wird, und der Verstärkung seiner Showelemente wird auch das nichts ändern.

Literatur

Der Autor hat sich mit dem Thema in zahlreichen Buchbeiträgen und Zeitschriftenaufsätzen beschäftigt, von denen die wichtigsten hier aufgezählt sind; ihnen sind jeweils umfangreiche Literaturangaben zu entnehmen.

LEDER, D.: Sport: Die Massenattraktion. In: KATZ, K. et.al. (Hrsg.): *Am Puls der Zeit. 50 Jahre* WDR. *Band 2: Der Sender: Weltweit nah dran 1956-1985.* Köln 2006, S. 191-197

LEDER, D.: Comeback: Sport. In: KATZ, K. et.al. (Hrsg.): *Am Puls der Zeit. 50 Jahre* WDR. *Band 3: Der Sender im Wettbewerb 1985-2005.* Köln 2006, S. 194-198

LEDER, D.: Vom Verlust der Distanz. Die Geschichte der Fußballübertragungen im deutschen Fernsehen. In: SCHIERL, T. (Hrsg.): *Die Visualisierung des Sports in den Medien.* Sportkommunikation II. Köln 2008, S. 40-81

LEDER, D.: »Der große Deal«. Das Fernsehgeschäft. In: BERTELSMANN AG (Hrsg.): *175 Jahre Bertelsmann.* Gütersloh 2010, S. 282-329

RAMI HAMZE

Alles nur blabla?
Fußballsendungen im deutschen Fernsehen jenseits der Live-Berichterstattung

Es ist wohl keine besonders kühne These, den Fußball gegenwärtig am Zenit seiner Popularität zu sehen. 31,1 Millionen Zuschauer sahen das WM-Halbfinale 2010 zwischen Deutschland und Spanien, wie die Gesellschaft für Konsumforschung (GfK) aus den Daten ihrer Messungen in ausgewählten Privathaushalten hochgerechnet hat. Sämtliche öffentlichen Vorführungen wie das Public Viewing auf Plätzen der Städte aber auch in Kneipen sind in diese Hochrechnung nicht einbezogen, sodass die tatsächliche Zuschauerzahl also um einiges höher liegt. Fußball ist im Fernsehen auch im Alltag jenseits der Weltmeisterschaften allgegenwärtig: Bundesliga-Spiele gibt es live im Jahr 2010 an mindestens drei Tagen pro Woche, unter der Woche finden etliche Europapokalspiele (Champions League und Europa League) statt, montags wird das Top-Spiel der 2. Bundesliga übertragen, hinzu kommen die Begegnungen des DFB-Pokals. Wer über Pay-TV (derzeit: SKY) verfügt, kann so jeden Tag Fußball schauen. Aber auch die frei empfangbaren Sender, seien sie öffentlich-rechtlich oder privatwirtschaftlich organisiert, strahlen häufig Fußballspiele aus oder berichten ausführlich über den Spieltag der 1. und 2. Bundesliga.

Doch das ist kein Fernsehphänomen. Die Boulevardpresse des Springer-Verlages mit *Bild* und *BZ* und seiner Konkurrenten mit *Express*, *Hamburger Morgenpost* und *Abendzeitung* findet im Fußball einen Stoff, den es täglich umzuwälzen gilt und der ihm oft – Stichwort: Trainerentlassungen und teure Spielertransfers – Schlagzeilen beschert. Auch die Sportseiten der überregionalen Tageszeitungen sind voll von Spielanalysen, Vorschauen und Hintergrundberichten, teils sachlich, teils witzig, häufig sehr lesenswert geschrieben. Hier zeigt sich am deutlichsten eine Professionalisierung des Fußballjournalismus, der nicht nur beim reinen Ergebnisbericht stehenbleiben will, sondern auch ökonomische und gesellschaftliche Fragen erörtert. Auch wenn das zwei Mal in der Woche erscheinende Fachblatt *kicker* seit vielen Jahren gleich und damit sich treu geblieben ist, trat ihm vor zehn Jahren mit dem monatlich erscheinenden Magazin *11Freunde* eine Publikation zur Seite, die wie die anspruchsvolle Tagespresse rund um den Fußball neue Themen gefunden hat.

Selbst die Buchhändler können ihre Regale mit Fachliteratur füllen; insbesondere zur WM 2006 in Deutschland waren viele neue Titel auf den Markt geworfen worden. Christoph Biermann, Klaus Theweleit und Christoph Bausenwein haben in der Zwischenzeit umfassende Fußballkompendien verfasst, um nur drei der profiliertesten Autoren zu nennen. Solche Publikationen ebenso wie eine verbesserte Berichterstattung in der überregionalen Tagespresse haben das Wissen des Publikums auch um taktische Details vergrößert. Es kann heute also genüsslich über die ›Doppelsechs‹, die ›Mittelfeldraute‹ und ›das Verschieben von Viererketten‹ diskutieren. Um es hochgestochen zu sagen: Der Fußball ist nicht nur mitten in der Gesellschaft angekommen, er ist also längst nicht mehr jener Arbeiter-Sport, als der er lange Zeit angesehen wurde, sondern hat sich in den letzten Jahren auch in der journalistischen Darstellung professionalisiert und teilweise intellektualisiert.

1.   Mit den Mitteln des Boulevards

Es bleibt die Frage, ob das Fernsehen diese Veränderung aufgreift: Wird es als Massenmedium seiner Aufgabe gerecht, umfassend und damit entsprechend verändert über Fußball zu berichten? Erklärt das Fernsehen beispielsweise, was die Taktik-Metapher ›Räume eng zu machen‹ oder andere Fachausdrücke wirklich bedeuten? Erklärt es seinen Zuschauerinnen und Zuschauern ökonomische Zusammenhänge und historische Veränderungen oder verliert es sich in Anekdoten von unzufriedenen Spielern, Transfergerüchten und wackelnden Trainerstühlen? Beantwortet werden diese Fragen auf der Grundlage des frei empfangbaren Fernsehangebots des Jahres 2009. Auf dieser Grundlage gilt es zunächst zu konstatieren, dass sich zu den etablierten Formen neue Sendungen gesellt haben. Zu den seit den 1960er-Jahren etablierten Formaten gehören die Zusammenfassungen des Bundesliga-Spieltags samstags (*Sportschau*/ARD, *Aktuelles Sportstudio*/ZDF) sowie die spieltagsnahe Nachberichterstattung sonntags (*Sportschau*/ARD, *Sportreportage*/ZDF). Seit den 1990er-Jahren traten die Live-Übertragungen der Spiele hinzu – derzeit bei SKY (Pay-TV-Sender) und LIGA *Total!* als ebenfalls kostenpflichtige IPTV-Sender.

Auffallend ist, dass viele der neuen Sendungen um die Aufmerksamkeit des Zuschauers mit Mitteln des Boulevards buhlen, indem sie schneller, lauter und emotionaler als viele andere sein und so nebenbei die Wichtigkeit des eigenen Gegenstands betonen wollen. So thematisiert das damalige DEUT-SCHE SPORTFERNSEHEN (DSF; heute: SPORT1) in seiner Sendung *Bundesliga Aktuell*, die werktäglich mit je einer halben Stunde Informationen gefüllt werden muss, dementsprechend viele Nichtigkeiten, die es aufbauscht und überdramatisiert. Es herrschen der Superlativ und der Ausnahmezustand. So warb man am 12. Mai 2009 mit »dem spannendsten Finale aller Zeiten« in der Bundesliga sowie der »spannendsten Liga aller Zeiten« in der 2. Bundesliga. Schnell geschnittene, mit bombastisch orchestrierter Musik unterlegte Teaser vermittelten zudem ein schlachtartiges Spiel zwischen schwitzenden Gladiatoren: Es gehe um nichts anderes als Leben oder Tod. Diese boulevardeske Strategie der Zuspitzung des kommerziellen Senders DSF zeigt Folgen. Einen Tag später warb die *Sportschau* der öffentlich-recht-lichen ARD mit der ähnlich klingenden Überschrift der »spannendsten Saison aller Zeiten«. Aller Zeiten? Wirklich? Der Teaser sah dann auch genau so aus wie tags zuvor im DSF.

Das personalisierte, auf Konflikt ausgerichtete Fernsehen macht vor dem Fußball keinen Halt. Werden unter der Woche emotional diskutierte Ausein-andersetzungen geführt, greift die *Sportschau* diesen Tonfall in ihrer Berichter-stattung auf. Ende November 2009 ›entfachte‹ der Vorstandschef von Borussia Dortmund (BVB), Hans-Joachim Watzke, im Vorfeld einer Begegnung seines Vereins mit 1899 Hoffenheim eine Debatte über die Differenz zwischen den Traditionsvereinen (BVB, Hamburger Sportverein, Schalke 04) und den von Großinvestoren (VW, Dietmar Hopp) alimentierten Klubs (neben Hoffenheim vor allem der VfL Wolfsburg und Bayer Leverkusen). Er thematisierte die aus seiner Sicht ungerechte Verteilung von Fernsehgeldern zuungunsten der Tra-ditionsvereine. Daraus und aus den Erwiderungen des Hoffenheim-Trainers Ralf Rangnick entwickelte die *Sportschau* eine martialische Gegenüberstellung, eine Art von Showdown in ihrer Vorberichterstattung. Der Autor senkte in seinem Beitrag effektheischend die Stimme, die Musik riss an den Nerven. Jede Differenzierung unterblieb wie der Hinweis, dass Borussia Dortmund

vor wenigen Jahren am Rand des Ruins stand, weil der Verein schlecht ge-
wirtschaftet und Geld ausgegeben hatte, das er nicht besaß. Sachdienliche
Hinweise vergraulen die Emotionalität.

Als eine inhaltliche Bereicherung der Sportberichterstattung kann
das Magazin *Sport Inside* (WDR-Fernsehen) betrachtet werden. Ausführlich
und fundiert berichtet es wöchentlich unter anderem über Tabuthemen
wie Homosexualität im Fußball oder depressive Spieler, recherchiert zum
Wettbetrug und thematisiert die Fanrivalität und andere Hintergründe
des Fußballs, aber auch anderer Sportarten. Die einzelnen Beiträge lassen
sich Zeit und sie sind faktenreich. Doch auch dieses Magazin ist vor dem
dramatisch-emotionalen Fernseh-Erzählduktus nicht gefeit und holt die
Fanfaren aus der musikalischen Mottenkiste, wenn es die besondere Bedeutung eines Themas oder seiner Recherche unterstreichen will. Dieser
Dramatisierung entspricht, dass die ARD Ende April 2009 einen *Brennpunkt*
zur Entlassung Jürgen Klinsmanns bei Bayern München sendete, als handelte es sich um weltgeschichtliches oder nationales Ereignis.

2. Defizite in der Darstellung

Eklatant ist, dass in keiner Sendung den grundsätzlichen Veränderungen
von ganzen Spielverläufen oder dem Verschwinden des Liberos nachgegan-
gen wird. Taktikschulungen gibt es nur alle zwei Jahre sehr ausführlich
bei Welt- und Europameisterschaften, wenn sich die Experten mit ihren
magischen Stiften, Pfeilen und Kreisen duellieren. In den regulären Pro-
gramm-Slots scheint es aber nur zwei Minuten Zeit zu geben, um in der
3-D-Analyse des *Aktuellen Sportstudios* sehr anschaulich und verständlich
›Raumdeckung‹ und ›Pressing‹ zu erklären. Davor und danach wird dann
z. B. der Studiogast Simon Rolfes gefragt, ob er wirklich 300 (!) Bücher besitze und diese auch alle gelesen habe. Wofür ihm das Studiopublikum
natürlich Applaus spendet.

Generell gilt im deutschen Fußballfernsehen, dass das Glas nie als
halb voll, sondern stets als halb leer gilt. In der Regel hält der Torwart einen Ball nicht gut, meistens schießt der Angreifer schlecht und vorbei. So
wird dem Zuschauer ein durchaus simplifiziertes Bild von professionellen
Fußballspielern vermittelt. Das folgt selbstverständlich der Logik des Fans.
Ihm macht es Spaß, sich als Individuum im Stadion in einer großen Masse
zu verlieren, es macht ihm Spaß, den Frust der Woche im Oval herauszu-

brüllen und – berechtigt oder nicht – auf Spieler und Schiedsrichter zu schimpfen, sie zu beleidigen, zivilisatorische Hemmungen abzustreifen. Über diese gesellschaftliche Funktion des Fußballs ist viel geschrieben worden (HOPF 1998), auch über die Aufgabe des Fußballprofis innerhalb dieser Funktion, Hoffnungen zu binden, Hassgefühle und Frustrationen zu absorbieren und wüste Beschimpfungen über sich ergehen zu lassen, wofür er teilweise fürstlich entlohnt wird. Die Fans sorgen durch ihre Präsenz, ihre Neugier und Begeisterung für jene Aufmerksamkeit, die den Vereinen über Eintrittsgelder, Werbung, Sponsoring und Fernseheinnahmen jenes Geld verschafft, von dem sie einen Teil an die Spieler weiterreichen. Zwischen Fans und Spielern scheint also eine Art Arbeitsteilung innerhalb dieser gesellschaftlichen Funktion zu existieren.

Die Frage ist aber, warum sich die meisten Fernsehsendungen ebenfalls zu einem Teil dieses Systems machen, statt ihrer journalistischen Aufgabe, auch über dieses System, seine Fehler, seine Defizite zu berichten? Viele Sendungen nehmen die Fanperspektive ein, wenn es heißt, »den muss er machen!«, wenn ein Stürmer vor dem Torwart freistehend »versagt«. Im Fokus stehen Fehler von Fußballspielern. Ihre Ursachen werden vereinfacht psychologisiert (»war lange verletzt«, »ist mit den Gedanken woanders«, beispielsweise bei einem möglichen Vereinswechsel). Seltener wird umgekehrt die gute Torwartleistung hervorgehoben, die den Stürmer am Torschuss hinderte. Noch seltener wird auf die Komplexität der Spielsituation hingewiesen, auf die vielen Optionen, die sich dem Stürmer boten und die ihn für den Bruchteil einer Sekunde anders als optimal entscheiden ließ und umgekehrt: Wer will bestreiten, dass es häufig mit Glück zu tun hat, dass ein Ball den Weg ins Tor findet oder nicht? Dass es nur einen perfekten Punkt gibt, an dem Fuß und Ball sich optimal treffen, aber tausend Punkte, damit das Spielgerät auf die Tribüne fliegt? Dass Faktoren wie Ballgeschwindigkeit, Platzverhältnisse, die Position des Gegenspielers sowie die des Torhüters intuitiv und in Sekundenbruchteilen zu bewerten sind?

Fußball ist die einzige populäre Ballsportart, die mit dem Fuß gespielt wird. Das macht sie, anders als z. B. Handball oder Basketball, wo man den Ball mit der Hand gut kontrollieren kann, zu einem ›Low-Score-Game‹: 7:0 ist ein vergleichsweise hohes Fußballergebnis und ein 35:28 gibt es – anders als im Handball – niemals. Aber genau das macht die Faszination des Spiels auch am Fernsehschirm aus: der Versuch von 22 Leuten, ein vergleichsweise unkontrollierbares Spielgerät zu kontrollieren, das eigentlich Unmögliche möglich zu machen. Das impliziert viele ›gescheiterte‹ Aktionen in einem

Spiel, die also die Regel und nicht die fehlerhafte Ausnahme sind. Indem das Fernsehen permanent diese scheinbar individuellen, aber strukturell notwendigen Fehler herausarbeitet, propagiert es letzten Endes das Ideal eines maschinellen, weil fehlerfreien Spielers. Die Entmenschlichung des Fußballers, das Pochen auf seine seriell-maschinelle Pflicht, als hoch bezahlter Profi Dinge richtig machen zu müssen, die ein Amateurfußballer nicht leisten muss, findet in allen Fußballsendungen statt.

3.   Verlierer als Arbeitsverweigerer

Beispielhaft widmet sich der *Doppelpass*, der ›Fußball-Stammtisch‹ des DSF, dieser Lesart des Spiels und seiner Akteure. Sonntags zwischen 11:00 Uhr und 13:00 Uhr (und am Ende mit einem gepflegtem Weizenbier des Sponsors) über das zu sprechen, was am aktuellen Spieltag alles falsch gelaufen ist, perfektioniert diese Talkrunde immer wieder aufs Neue. »Dieses Tor hätte niemals fallen dürfen«, wird dann konstatiert, um einer Abwehrreihe die Bundesliga-Tauglichkeit abzusprechen. Mitunter mahnende Stimmen wie die von Sportreporter Uli Köhler (»Die Abwehrspieler machen nicht immer alles falsch, die Stürmer machen auch vieles richtig.«) verhallen in der aufgeheizten Arena-Atmosphäre im Münchener Flughafen, in dem das schon früher als die Talkgäste Bier trinkende Publikum für jeden flotten Spruch dankbar ist. In diesem Umfeld darf der nimmermüde Udo Lattek – einst erfolgreicher Bundesliga-Trainer und seit vielen Jahren im Ruhestand – als Stammgast im Wochenturnus seine Ansichten zum Spiel unter die Leute bringen. Demnach »stimmt etwas in der Mannschaft nicht«, sei es in der Mannschaftshierarchie oder im Verhältnis zu dem Trainer, wenn ein Fußballteam im unteren Tabellenbereich zu finden ist. Hier wird das Bild des Fußballsöldners ohne Herz zementiert, der nicht genug rennt, dem das viele Geld nicht zusteht. Aus Verlierern werden Arbeitsverweigerer, die es nicht verdient haben, das Trikot mit dem Vereinswappen auf der Brust zu tragen, die sich mit dem Verein nicht identifizieren.

»Die Mannschaft wehrt sich nicht«, heißt es auch in den Spielberichten der *Sportschau* und im *Aktuellen Sportstudio*, wenn ein Team ›sang- und klanglos‹ untergeht. Um das als situative Überraschung registrieren zu können, muss zuvor das Gegenteil als Erwartung aufgebaut werden. Ähnlich werden Spieler, Trainer und Mannschaften erst einmal medial zu Größen aufgebaut, um sie anschließend aufgrund ihrer Fehlbarkeit stürzen zu können. Die klassische Fallhöhe findet sich, wie in jeder Tragödie, auch in der Fußballberichterstattung. Doch die Wahrheit, die auf dem Platz liegt, ist viel unspektakulärer: Selbst wenn alle Mannschaften vorbildlich trainieren, die gleichen Etats aufweisen, fachkundige Trainer und gleichwertiges ›Spielermaterial‹ haben, wird nur eine Meister werden und werden zwei oder drei (Relegation!) absteigen müssen. Die Sehnsucht nach dem fehlerlosen Spiel, die vielen Kritiken an Spielern und Spielverläufen innewohnt, bedenkt nicht, dass sich in einem wirklich fehlerlosen Spiel beide Mannschaften neutralisierten. Das ist langweilig, wie Fredi Bobic einst treffend bemerkt haben soll: »Ohne Fehler würde ein Spiel 0:0 ausgehen.«

Erstaunlich guten Fußballtalk bot zwischen 2006 und 2010 das Kölner Lokalfernsehen CENTER.TV in seiner wöchentlichen Sendung *Heimspiel*. Ohne Studiopublikum und somit ohne die Verlockung, populistisch daherplaudern zu müssen, wurde hier hauptsächlich über den 1. FC Köln, aber auch über den Rest der Bundesliga diskutiert. Ihre besondere Qualität verdankte die am Donnerstagabend ausgestrahlte Sendung der Moderation von Tobias Ufer, der gewitzt und charmant durch die Sendung führte. Er gab seinen Gästen Zeit zum Ausreden und überzeugte mit fundiertem Fachwissen – ein Fußballgespräch, das ohne die üblichen Floskeln daherkam. Als Ufer 2010 CENTER.TV verließ und zu PHOENIX ins öffentlich-rechtliche Fernsehen wechselte, verlor *Heimspiel* erheblich an Qualität. Auch SPORT1 hat eine Sendung mit dem Titel *Heimspiel* im Programm, die im August 2009 startete, als der Sender noch DSF hieß. Es handelt sich um eine als ›Fan-Talk‹ getarnte Kneipenvariante vom *Doppelpass*. Abwechselnd Frank Buschmann und Lou Richter moderieren eine in der Kneipe tagende Runde aus (ehemaligen) Fußballern, (ehemaligen) Trainern, dem Stammgast und bekennenden VfL-Bochum-Fan Frank Goosen und scheinbar fußballfremden Diskutanten wie der Fernsehfigur Gülcan Kamps. Auf differenzierte Meinungen, vor allem von Frank Goosen, folgen oft populistische Statements, ebenfalls von Frank Goosen – denn auch der Schriftsteller, der immer wieder seinen außergewöhnlichen Fußballsachverstand aufblitzen lässt, erliegt der Versuchung, sich für einen derben Spruch Applaus vom Publikum abzuholen.

4. Die Zuschauer als Kulisse

Da dieser ›Fan-Talk‹ die Fans nur sporadisch zu Wort kommen lässt, ist es umso erfreulicher, dass seit 2007 im WDR-Fernsehen *Zeiglers wunderbare*

Welt des Fußballs den Kontakt zum Fußballfan über Telefongespräche all-
wöchentlich sucht und findet. Hier ist der Fan keine Studiodekoration,
sondern signifikanter Teil der Sendung. Das ist aber die absolute Ausnahme im deutschen Fernsehen. Der Fan, der mit seinen Eintrittskarten,
Fernsehgebühren, SKY-Abos und Merchandise-Artikeln den Fußballbetrieb
finanziert, rückt kaum ins Bild. Wenn, dann ist er nur als Teil der Masse
präsent, die entfesselt an Gittern rüttelt, frühzeitig das Stadion verlässt
oder nach Niederlagen den Mannschaftsbus an der Abfahrt hindert. Zu
Wort kommt er nur selten. Gleiches gilt für den Fan vor dem Fernsehgerät – er darf immerhin an Gewinnspielen teilnehmen.

Das ist insofern absurd, da Fußballspiele, die das Fernsehen überträgt,
nicht nur der Spieler, sondern auch der Zuschauer im Stadion bedürfen.
Geisterspiele ohne Fans sind gruselig anzuschauen, so wie auch die Profi-
Fußballer nur äußerst ungern in einem stimmungslosen, leeren Stadion
spielen. Würden Fußballspiele im Fernsehen keine Zuschauer finden, ver-
schwände die Ware Fußball schneller aus dem Programm, als alle Beteiligten erwarteten. Warum aber wird der Fan im Stadion und vor dem Fernsehgerät ignoriert? Dies geschieht in erster Linie, weil das Fernsehen, die
erwähnten Sendungen und die beteiligten Journalisten glauben, im Namen
des Fans sprechen zu müssen – dumm nur, dass der Zuschauer eigene Augen hat, oft besser sieht als ein Live-Kommentator, der, wie bei SKY in der
Konferenzschaltung der Bundesliga und der Champions League üblich,
das Spiel auch nicht im Stadion, sondern ebenfalls auf einem Bildschirm
sieht. Ebenso will sich der Zuschauer selber aufregen und er mag es nicht,
wenn es ihm jemand vormacht. Ein Fußballabend bei Freunden führt regelmäßig zu sarkastischer Erheiterung: Ist den Kommentatoren bewusst,
welche niedriges Ansehen sie bei ihren Zuschauern haben?

Die Fernsehkommentatoren stehen deswegen in der Kritik, weil sie sich
selbst wichtiger nehmen als das Spiel. Weil sie glauben, stellvertretend für
den Zuschauer zuhause Perfektion von Fußballern verlangen zu müssen,
werden sie mit den gleichen Maßstäben gemessen. Sie liefern sich selbst
dem Druck aus, keine Fehler machen zu dürfen, die der Zuschauer dann
aber umso härter bestraft. Ähnliches gilt für die Reporter, weil sie oft auf
einen Witz hinaus sind, auf eine pointiert formulierte Frage. Weil sie den
Niederländer Fred Rutten fragen, ob »der Burgfrieden bei Schalke in Gefahr
ist«, dieser aber aus Unverständnis »Bitte was?« antwortet. Weil sie Spieler,
die schlecht Deutsch sprechen, fragen, warum die Mannschaft sich »den
Schneid hat abkaufen lassen«, diese aber mit der Metapher nichts anfangen

können. Neidvoll hört der deutsche Fußballzuschauer den südamerikanischen Kommentatoren zu, wenn sie über ein gefallenes Tor jubeln, während der deutsche Kollege wieder bei den »haarsträubenden Fehlern« ist, die dieses Tor erst ermöglicht haben. Es widerspricht der Liebe zum Spiel, vorrangig zu bekritteln und zu bemängeln. Der Fußballzuschauer liebt sein Spiel und mag es nicht, wenn das Fernsehen ihm dieses kaputtmacht. Es ist schwieriger geworden, das menschliche Drama anhand eines Fußballspiels nachzuempfinden – meistens quatscht ein Fernsehmensch dazwischen.

Erwähnte Fernsehsendungen

Sportschau (ARD)
Das aktuelle Sportstudio (ZDF)
Die Sportreportage (ZDF)
Bundesliga Aktuell (DSF; heute SPORT1)
Sport Inside (WDR-Fernsehen)
Doppelpass (DSF; heute SPORT1)
Heimspiel (CENTER.TV Köln)
Heimspiel – Der Fantalk (DSF; heute SPORT1)
Zeiglers wunderbare Welt des Fußballs (WDR-Fernsehen)

Literatur

BAUSENWEIN, C.: *Geheimnis Fußball. Auf den Spuren eines Phänomens.* Göttingen 2006
BIERMANN, C.: *Fast alles über Fußball.* Köln 2005
HOPF, W. (Hrsg.): *Fussball. Soziologie und Sozialgeschichte einer populären Sportart.* Münster 1998
THEWELEIT, K.: *Tor zur Welt: Fußball als Realitätsmodell.* Köln 2004

JASPER A. FRIEDRICH

Zensur und Einflussnahme in Sport und Medien. Politische Instrumentalisierung von TV-Sportberichterstattung in der DDR

Am 1. April 1963 erhielt der DEUTSCHE FERNSEHFUNK (DFF) ein Schreiben von Manfred Ewald, dem Vorsitzenden des Deutschen Turn- und Sportbundes (DTSB), der als Dachverband des Sports in der DDR fungierte. Das Schreiben war der Entwurf einer Grundsatzvereinbarung, in dem Ewald nicht nur Ausgleichszahlungen für vermeintlich vom Fernsehen verursachte Zuschauerrückgänge forderte, sondern auch politisch Brisantes, nämlich: »monatliche Teilnahmen von DTSB-Verantwortlichen in Leitungssitzungen der Sportredaktion des DDR-Fernsehens, ein[en] dreimonatliche[n] Rhythmus von gemeinsamen Diskussionsrunden über Grundfragen des Sports in der DDR sowie eine kontinuierliche Information der Sportredaktion durch die Pressestelle des DTSB«.[1] Dies bedeutete nichts weniger als die Forderung nach einem umfassenden Zensurrecht des Sportverbandes bei der Fernsehberichterstattung – nicht nur beim Fußball, sondern bei jeglichem im Fernsehen gezeigten Sport der DDR.

Begründet wurde dies im Schreiben mit dem Hinweis: »Ausgehend von der dem DFF gestellten Aufgabe, die weitere Entwicklung der sozialistischen Körperkultur und des Sports in der DDR durch operative und organisierende Fernsehsendungen auf allen Gebieten des sportlichen und sportpolitischen Geschehens zu unterstützen, die Bevölkerung der DDR

---

[1] SAPMO BArch DY 30 / IV A2 /9.02, Abt. Agitation, Vorschlag des DTSB über die Zusammenarbeit mit der Abteilung Sport des DFF, 4.4.1963, S. 2ff.

über die Sportereignisse in ihrem eigenen Lande und über große nationale und internationale Sportveranstaltungen ausreichend und vielseitig zu informieren sowie durch die Übertragung bedeutender Sportereignisse aus der DDR in andere Länder das Ansehen des Deutschen Arbeiter- und Bauern-Staates zu heben.« Die Grundsatzerklärung kaschierte das Verlangen des Funktionärs Ewald nach allseitiger Kontrolle der Medienberichterstattung kaum: »Die Sportredaktion des Deutschen Fernsehfunks vereinbart das Auftreten von Funktionären, Trainern und Sportlern des Deutschen Turn- und Sportbundes in Sendungen des Deutschen Fernsehfunks mit der Pressestelle des DTSB. Dabei ist in jedem Falle eine Übereinstimmung zur Person und zu inhaltlichen Aussagen zu erzielen. Von dieser Festlegung werden aktuelle Interviews bei Sportveranstaltungen ausgenommen, sofern sie den Charakter der Berichterstattung nicht überschreiten. Sportpolitische Sendungen sowie Sonder- und Sendereihen oder auch Sondersendungen des Deutschen Fernsehfunk auf dem Gebiet des Sports werden in jedem Falle vor ihrer Ausführung zwischen der Sportredaktion des Deutschen Fernsehfunks und der Pressestelle des DTSB beraten und inhaltlich abgestimmt.« Eine Freiheit der Berichterstattung, geschweige denn kritische Berichte über Funktionäre des Sportverbandes wären damit auch offiziell unmöglich.

Unter heutigem Blickwinkel erscheint dieses Gebaren als wenig überraschend vor dem Hintergrund eines sogenannten ›totalitären‹ Systems, in dem ohnehin alle Macht bei einer Einheitspartei gebündelt war. Doch diese stereotype Vorstellung impliziert die Frage: Wenn denn das System ohnehin eine umfassende Zensur bedingt, wieso hätte Ewald diese nach 15 Jahren FERNSEHFUNK explizit anmahnen sollen – ist es nicht ohnehin schon so gewesen? Nein. Dieser Vorstoß des DTSB, der inklusive der Geldforderungen weitestgehend auf die Vorstellungen Manfred Ewalds zurückgeführt werden kann, ging nicht nur dem DFF, sondern auch den Verantwortlichen in der Abteilung Agitation beim ZK (Zentralkomitee) der SED zu weit: »Nicht klar ist formuliert, inwieweit der DTSB/Pressestelle Einfluss auf den Inhalt des Gesamtprogramms der Sportredaktion der DDR nehmen. Auf keinen Fall kann man damit einverstanden sein, dass die Sportredaktion zu Genehmigungsstellen in Gestalt der Presseabteilung der DTSB gehen muss und dort faktisch eine Vorzensur des Inhalts und der Form der Sendungen erfolgt. [...] Klar muss sein und so sollte auch formuliert werden, dass der DTSB nur Empfehlungen geben kann. Das Dokument muss so klar formuliert sein, dass keinerlei Zweifel über die Eigenverantwortlichkeit des DFF aufkommen können (die Sportredaktion des DFF kann man nicht zu einem Anhängsel der Pressestelle des DTSB werden lassen).«[2]

Auch der Intendant des DDR-Fernsehens Adameck sah sich selbst zu einer Stellungnahme genötigt: »Mit größter Verwunderung hat die Leitung des deutschen Fernsehfunks aus dem Entwurf über Grundsatzvereinbarung entnommen, daß die Leitung des DTSB diese bisher richtige politische Zusammenarbeit auf vorrangig bevormundende und ökonomische Beziehungen reduzieren will, denn auf nichts anderes läuft der Vorschlag des DTSB hinaus.«[3] Ohne das Placet der Agitationskommission und der Leitung des FERNSEHFUNKS forcierte der DTSB im Herbst 1963 einen weiteren Vorstoß. Faktisch beschloss er, aufgrund eines behaupteten »Verrats« von Trainingsgeheimnissen durch den DFF, jegliche Berichterstattung über den Leistungssport der DDR zu unterbinden. Damit »werden die Sportklubs, deren Trainingsanlagen, die Leistungssportschulen des DTSB, die Kinder- und Jugendsportschulen und alle anderen Zentren, in denen Leistungssportler trainieren und leben, für jede publizistische Arbeit gesperrt«[4] – ein einmaliger Akt in der Geschichte der Medien in der DDR. Zugleich setzte der DTSB in Person des Genossen Heil den Chef der Sportredaktion Cassbaum persönlich unter Druck und drohte mit ›Bestrafung‹ wegen »Verrats von Trainingsmethoden«.[5] Adameck vergaß ob dieser und weiterer Anmaßungen in seinem Antwortbrief das unter Genossen übliche Du: »Werter Genosse Heil! Ich muß Ihren Brief als nicht geschrieben betrachten. Ich kann nicht zulassen, dass der DTSB einseitig einem staatlichen Institut Beschlüsse diktiert. [...] Ich habe deshalb diesen Ihren Brief an die Agitationskommission weitergeleitet. Bevor auf dieser Ebene keine Einigung erzielt werden kann, gehen alle Vorkommnisse – und die sind katastrophaler Art – auf ihre Verantwortung. Mit sozialistischem Gruß! Gez. Adameck. Intendant.«[6] Was aber waren die Beweggründe der Machthaber, gegen diesen Vorstoß, der doch so typisch für das sozialistische Medienschaffen schien, vorzugehen?

2   SAPMO BArch DY 30 / IV A2 /9.02, Abt. Agitation, Vorschlag des DTSB über die Zusammenarbeit mit der Abteilung Sport des DFF, 4.4.1963.
3   SAPMO BArch DY 30 / IV A2 /9.02, Abt. Agitation, Stellungnahme der Leitung des DEUTSCHEN FERNSEHFUNKS zum Entwurf der beiliegenden Grundsatzvereinbarung, S. 3.
4   SAPMO BArch DY 30/IV A 2/9.02, Brief DTSB (Heil) an DFF, Gen. Adameck. Vom 29.11.1963, S. 1.
5   SAPMO BArch DY 30/IV A 2/9.02, Brief DFF, Adameck an Rudi Singer. 3.12.1963, S. 1.
6   SAPMO BArch DY 30/IV A 2/9.02, Brief DFF, Gen. Adameck an DTSB (Heil). 3.12.1963, S. 1.

1.   Strukturelle Hintergründe

Bei der Analyse des Gesamtkontextes zeigt sich, dass die Ursache für ein Einschreiten der höchsten politisch-ideologischen Instanz nicht das Eintreten der Parteiführung für die Freiheit der Sportberichterstattung war, sondern die nicht hinnehmbare Verletzung der Entscheidungshierarchie: Wie konnte sich eine Organisation erlauben, autoritative Funktionen (Zensur, Verteilung von finanziellen Ressourcen etc.) wahrzunehmen, die allein der Spitze der institutionellen Bürokratie vorbehalten waren? Es war also die ›Insubordination‹ des DTSB, die eine weitgehende Solidarität der Agitationskommission mit dem DFF begründete: »Zunächst muß klargestellt werden, daß der Deutsche Fernsehfunk in seiner Gesamtheit von der Agitationskommission beim Politbüro angeleitet wird. Bei den Genossen des DTSB gab es die Auffassung, daß dem DTSB, der für die Durchsetzung der Parteibeschlüsse auf dem Gebiet des Sports zuständig ist, Entscheidungsbefugnisse über die Sportberichterstattung usw. im Deutschen Fernsehfunk eingeräumt werden müßte. Vom Sekretär wurde hervorgehoben, daß dem DTSB die Möglichkeit gegeben ist, jederzeit an die Agitationskommission heranzutreten, um prinzipielle Fragen der Sportberichterstattung usw. in Presse, Rundfunk und Fernsehen zu klären.«[7]

Damit ist die Kritik seitens der Abteilung Agitation am Vertragsentwurf des DTSB aufschlussreich für das Funktionieren dessen, was als ›demokratischer Zentralismus‹ bezeichnet wurde. Letztendlich ging es nicht um die Sicherung der Informationsfreiheit für die Bürger des Landes, sondern um die Wahrung der Hierarchien und Einhaltung der Befehlsketten.

Im Folgenden wurde dem DTSB ein Einfluss auf die Berichterstattung zugebilligt, wenn auch längst nicht in dem verlangtem Maße. In einem Papier über die »Prinzipien der Zusammenarbeit des DFF mit dem Ministerium für Kultur und dem DTSB«[8] aus dem Jahr 1964 wurden grundlegende Festlegungen für alle Beteiligten getroffen. Der DTSB gestaltete jährlich einen Sportkalender, in welchem die Termine der stattfindenden Sportveranstaltungen festgelegt wurden, nach welchem die Hauptabteilung Sport

---

7   SAPMO BArch DY 30/IV A 2/9.02, Aktennotiz, Beratung über den Entwurf einer Vereinbarung des DTSB mit dem DEUTSCHEN FERNSEHFUNK. S. 1.

8   SAMPO BArch DR 8–33, Vorlage 46/64 an das Politbüro des ZK der SED betr.: Prinzipien der Zusammenarbeit des DFF mit dem Ministerium für Kultur und dem DTSB. S. 1ff.

ihren Sendeplan strukturierte. In gewisser Weise konnte sie noch auf die Festlegung bestimmter Termine für Sportveranstaltungen Einfluss nehmen.

ABBILDUNG 1

Offizielle Weisungsstruktur der Institutionen mit Relevanz hinsichtlich des Sportfernsehens der DDR

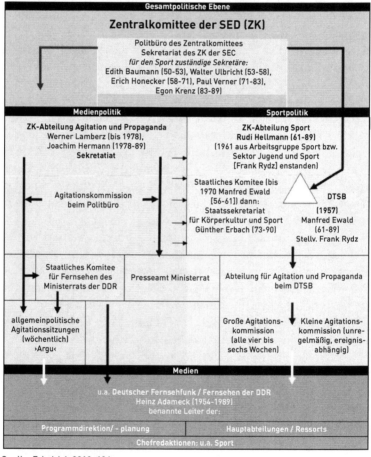

Quelle: Friedrich 2010: 134

Einen endgültigen Erfolg hinsichtlich der politisch-ideologischen Anleitung der Sportredaktion erzielte der DTSB im Vorfeld der Olympischen Spiele 1972 in der Bundesrepublik Deutschland. Eine einheitliche politische Linie aller Institutionen, die etwas mit Sport zu tun hatten, wurde durch das zk angestrebt. Am 30. April 1970 erging durch Werner Lamberz (zk-Chef der Abt. Agitation und Propaganda) ein Schreiben »An alle Chefredakteure«,[9] wonach der dtsb für die Anleitung der Medien zur sportpolitischen Agitation nach innen zuständig sei. Daraufhin erfolgte beim dtsb die Gründung der ›Kleinen Agitationskommission‹, welche unregelmäßig die Chefredakteure von Presse, Rundfunk und Fernsehen einlud, um die inhaltlichen und politisch-ideologischen Richtlinien der Berichterstattung vorzugeben.

Für die Berichterstattung zu den Olympischen Spielen 1972 in München heißt es: »Durch die Agitationskommission beim Politbüro sind die Redaktionen des Deutschen Fernsehfunks, des Rundfunks, der Zeitungen und Zeitschriften anzuleiten, die Aufklärung der Bevölkerung mit publizistischen Mitteln durchzuführen (Verantwortlicher Leiter der Agitationskommission)«.[10] Wenn auch nicht mit den 1963 geforderten allumfassenden Befugnissen ausgestattet, wurde damit faktisch dem dtsb und ihrem Präsidenten Manfred Ewald eine zentrale Rolle in der Lenkung der Sportberichterstattung im ddr-Fernsehen übertragen.

2.   Überlegungen zum Vergleich der
         Instrumentalisierung heutiger Fernsehpraxis

2.1   *Allgemeine Struktur der Instrumentalisierung von Medien*

Auf einer sehr abstrakten, hier aber für das Verständnis der politischen Instrumentalisierung hilfreichen Ebene, kann man als *opinio communis* der Fachwissenschaften annehmen, dass in pluralen, demokratisch verfassten Gesellschaften Massenmedien die Funktion der beständigen Selbstbeobachtung und Selbstreflexion der Gesellschaft institutionalisieren. Massenmedien werden als ›Beobachtungssystem der Gesellschaft insgesamt‹ angesehen: »Die Medien berichten und informieren über Politik, Wirtschaft, Kunst, Wissenschaft, Gesundheit und über sich selbst und stellen diese Beobachtungen der Gesellschaft zur Verfügung [...]. Indem die Massenmedien die Gesell-

---

9   sapmo barch dy 30/ iv2/ 2./033/10, sed/zk/Büro Lamberz.
10 sapmo barch dy 30/ iv /2.033/38, sed/zk, Abteilung Agitation und Propaganda, Anleitung des Fernsehens der ddr, Aus der Entschließung des ix. Kongresses der vdj (Verband der Journalisten der ddr), S. 37ff.

schaft beobachten und diese Beobachtung medial kommunizieren, leisten sie die gesellschaftliche Inklusion der Bürger in die Gesellschaft überhaupt, die über die teilsystemspezifische Inklusion der anderen Teilsysteme – als Wähler, als Konsument, als Schüler etc. – hinausreicht. Sie sichern die Teilhabe des Bürgers an der Gesellschaft insgesamt [...]« (GERHARDS 1994: 83). Unter solchen Bedingungen können Massenmedien eine generalisierte Medienrealität konstituieren, die in ihren sozialen Konstruktionslinien wesentlich durch Nachrichtenwerte orientiert wird.

Aber auch dann gilt: Medien bilden Realität nicht umfassend und ›objektiv‹ ab. Das können sie schon aufgrund beschränkter Kapazitäten nicht, weil die Medien dann die Wirklichkeit vollständig verdoppeln müssten. Das entspricht auch nicht den ökonomischen, politischen, kulturellen und sozialen Funktionen der Medien, die immer perspektivische und partikulare Konstruktionen mit sich bringen. Die Berichterstattung im Fernsehen unterliegt zudem spezifischen dispositiven Wahrnehmungseinschränkungen, spezifischen technischen und semiotischen Darstellungsbedingungen und sie unterliegt den Interessen und professionellen Selbstverständnissen der Akteure im Fernsehen (FRIEDRICH/SCHWAB/STIEHLER 2008: 23ff.).

Allerdings sind die Bedingungen und die Art und Weise der so beeinflussten Beobachtungsoperationen gesellschaftlich formbestimmt. Die jeweilige gesellschaftliche Grundlegung, etwa demokratisch oder diktatorisch, bildet dafür die realgeschichtliche Ausgangsbedingung. Diese Formbestimmung schlägt sich in der besonderen historischen Gestalt der Medieninstitutionen nieder, in ihrer Finanzierung, in ihrer (Teil-) Autonomie gegenüber anderen sozialen (Teil-)Systemen, in normativen Vorgaben für die zu erfüllenden Funktionen usw. Damit ergibt sich – in jeder Gesellschaft auf besondere Weise – das grundlegende Paradox der Medien: nämlich einer gesellschaftlichen Formbestimmung (als öffentlich-rechtliche, staatliche, kommerzielle Medien) zu unterliegen und zugleich ein Beobachtungssystem der Gesellschaft insgesamt zu sein. Wenn Gesellschaften ganze Teilbereiche dieser medialen Reflexion und Beobachtung entziehen, lassen sich gerade daran auch – nicht nur graduelle – Unterschiede der zugrunde liegenden gesellschaftlichen Formation erkennen. Daraus lassen sich weitere Widersprüche ableiten, so die zwischen Formbestimmung und Eigenlogik, zwischen Gesamt- und Partikularinteressen oder zwischen Autonomie und Abhängigkeit gegenüber anderen Teilsystemen. Prozesse und Phänomene der politischen Instrumentalisierung *en détail* zu betrachten und zu vergleichen, setzt also voraus, dass ein begrifflicher Rahmen festgelegt wird, der solche Komponenten und Beziehungen berücksichtigt.

2.2 Möglichkeiten des Vergleichs

Der Blick auf die heutige Sportberichterstattung, seien es ›Megaevents‹ wie die Übertragung der Olympischen Spiele oder Fußball-Weltmeisterschaften, aber auch nationale Meisterschaften weniger populärer Sportarten, zeigt hinsichtlich der Beeinflussung durch medienfremde Faktoren scheinbar ein ähnliches Bild. Die großen und kleinen Verbände, angefangen vom IOC über die FIFA bis hin zum deutschen Fußball-Ligaverband und einzelnen Mannschaften, versuchen massiv Einfluss auf die Bild-, Text- und Tondarstellung ihrer Sportarten in den Massenmedien zu nehmen. Damit nicht genug: Auch die Fernsehanstalten selbst unterliegen medienfernen Entscheidungshierarchien – im Fall der öffentlich-rechtlichen Anstalten dem politischen Proporzdenken, im kommerziellen Bereich Kapital- und Verwertungsinteressen von Investoren.

Um eine Vergleichsbasis dieser Beispiele mit den ›Machenschaften‹ in der DDR zu finden, kann man an generellen Modellen der Massenmedien festhalten. Damit aber muss man die genannten Beispiele als Abweichungen deklarieren. Nicht nur im Fall DTSB und DDR-Fernsehsport würde jedoch das gesamte ostdeutsche Mediensystem nicht mehr als solches in den Blick kommen, sondern nur noch ein Teilbereich als Sonderfall. Mit etwas Toleranz betrachtet, würde es bedeuten, dass auch das ostdeutsche Mediensystem ›an sich‹, bis auf solche Abweichungen (und ›einzelne Verfehlungen‹, wie sich Protagonisten der Nomenklatur im Nachhinein entschuldigten) ein normengerechtes war.

In der Analyse historischer Mediensysteme und deren Akteure bieten sich universale Sichtweisen an. Insbesondere der strukturationstheoretischen Ansatz Giddens ist – neben anderen – prädestiniert das Universale im jeweils Spezifischen. Das heutige Mediensystem Deutschlands wie auch das der DDR sind demnach gleichfalls als Spezialfälle, aber nicht als Ausnahmen zu fassen. Nur in der Aufdeckung der strukturellen Eigenheiten, die je auch durch konkretes Handeln der Akteure gekennzeichnet sind, offenbaren sich universale Strukturen selbst. Das Beispiel ›DTSB-Autoritätenstreit‹, zeigt die ›zwei‹ Gesichter der Macht, wie sie Giddens beschrieben hat (GIDDENS 1997: 67). Mit der Strukturationstheorie bekommt man als Folie beiderseitige Einflussfaktoren in den Blick – systemische Verhältnisse und Abhängigkeiten sowie auch die Macht der handelnden Individuen.

Einerseits illustriert der gesprochene politische Kommentar in einer Sportsendung das Vermögen der Partei und ihrer Funktionäre, die von ihnen getroffenen Entscheidungen handelnd durchzusetzen, andererseits wurde beständig der professionelle Einfluss der betroffenen Reporter und Redakteure auf die Entwicklung der Institution mobilisiert. Die Akteure der unteren Ebene verfügten gleichermaßen über begrenzte Machtressourcen, so z. B. bei der direkten Produktion von Sende-Inhalten, welche von den Zuschauern als Sportsendungen auch betrachtet wurden. Ohne eine überzeugende Sportberichterstattung, die als zentralen Berichterstattungsgegenstand die Sportinformation im weitesten Sinne zum Inhalt hatte, hätte es kein wirksames ›Transportmittel‹ für die politisch-ideologischen Inhalte gegeben. Hier werden auch die Grenzen deutlich, die die relative Autonomie und Eigengesetzlichkeit des Genres ›Sportberichterstattung‹ sowie die darauf fokussierten Akteure der Durchsetzung politischer Instrumentalisierung zogen. Dieses Machtverhältnis war jedoch weder im Ansatz gleich noch wirklich verhandelbar bzw. diskursiv veränderbar.

Die autoritativen Ressourcen der Akteure in den Redaktionen waren mit diesem Rückzug auf die technisch-professionellen Aktivitäten bescheiden und das war diesen auch immer bewusst. Dennoch kann man von einer in das System der politischen Instrumentalisierung eingelassenen Dialektik der Herrschaft sprechen. Die Unterworfenen, bzw. diejenigen, die sich freiwillig unterwarfen, konnten die Tätigkeiten der ihnen überlegenen Autoritäten zumindest dahingehend beeinflussen, dass die mögliche Wirksamkeit der politisch-ideologischen Überformung abgeschwächt oder verstärkt wurde. Selbst wenn zwei Drittel der Beiträge aus der Sportredaktion vorwiegend propagandistisch gewesen wären – ohne ein Publikum wäre dieser Erfolg selbst für die Funktionäre eine Verschwendung von allokativen Ressourcen gewesen. Diesen Bezug der Möglichkeit der Wirksamkeit politischer Überformung der Sportberichterstattung zur Zuschauerbindung war den verantwortlichen Funktionären, wie an anderer Stelle (FRIEDRICH 2010) nachgewiesen, besonders seit den Jahren ab 1972 bewusst und eine wachsende Verpflichtung. Was aber kennzeichnet den universalen Charakter von Instrumentalisierung von Massenmedien im Allgemeinen und von Sportfernsehen im Besonderen?

2.3 Begriffliches: Instrumentalisierung

Ein alltägliches Verständnis des Begriffs ›Instrumentalisierung‹ verweist zunächst darauf, dass es sich um einen Vorgang des Benutzens von Verfahren, Dingen, sozialen Sachverhalten usw. handelt, für Zwecke, die diesen ›eigentlich‹ nicht eingeschrieben sind, zu denen sie aber potenziell benutzt werden können. Grundsätzlich gilt im sozialen Feld, dass alles, was eine soziale Funktion hat, auch instrumentalisiert werden kann. Das gilt für alle Subsysteme und ihre Interaktionen, nicht nur für die Politik und das Fernsehen. Davon ausgehend lässt sich das folgende Muster (politischer) Instrumentalisierung exemplarisch beschreiben.[11]

Instrumentalisierung beinhaltet vier Prämissen:

- es gibt eine *instrumentalisierende* Instanz (Akteur),
- es wird mindestens ein *Instrument* benötigt (Mittel),
- es muss eine *instrumentalisierte* Instanz geben (Objekt),
- es gibt feststellbare *Ergebnisse* politischer Instrumentalisierung, die dem ›Eigensinn‹ des Instruments nicht notwendig eingeschrieben sind (Resultat).

Die *instrumentalisierende Instanz* bilden zumeist politische Parteien, politische Personen oder Organisationen, aber auch wirtschaftliche, religiöse und andere moralische Institutionen und ihre Akteure mit einem zweckgerichteten Interesse an der spezifischen Instrumentalisierung.[12] Die instrumentalisierende Instanz muss über autoritative Ressourcen, d. h. Macht und Personen, zur Durchsetzung ihrer Ziele verfügen.

Wenn die *Instrumente*, also die Mittel, die zur Instrumentalisierung benutzt werden, Massenmedien sind, dann lassen sich zwei Grundlinien unterscheiden. Die *strukturelle Instrumentalisierung* zeigt sich in bestimmten autoritativen Strukturen in Raum und Zeit (institutionelle Instrumentalisierung) und in einer bewussten Kaderlenkung (Akteursinstrumentalisierung). Die *inhaltliche Instrumentalisierung* betrifft die Sinnproduktion, also näher das Programm, das durch direkte Interventionen oder nachträgliche Maßnahmen – Zensur – instrumentalisiert werden kann.

---

11 Dieser Ansatz lässt sich bzw. soll sich leicht auf andere Arten der Instrumentalisierung wie kommerzielle, moralische, religiöse Instrumentalisierung etc. übertragen lassen.

12 Die instrumentalisierende Instanz muss auch bei einer politischen Instrumentalisierung nicht ausschließlich ein politischer Akteur sein. Es können z. B. auch Sportverbände sein, die bei entsprechender Sachlage nur mittelbar politisch instrumentalisieren.

Die *instrumentalisierte Instanz* meint in diesem Fall die Medien, speziell die verschiedenen organisatorischen Bereiche des Fernsehens der DDR. Der instrumentalisierten Instanz sind zugleich Möglichkeiten einer sekundären medienspezifischen Instrumentalisierung inhärent – Sportberichterstattung wird anders instrumentalisiert als politische Berichterstattung.

Die vierte Prämisse, die *Ergebnisse der politischen Instrumentalisierung*, macht auf den nicht trivialen Zusammenhang aufmerksam, dass von Instrumentalisierung nur gesprochen werden kann, wenn diese Bedingungen vorliegen und zu einer nachweisbaren Wirkung geführt haben.

3.   Qualitäten der politischen Instrumentalisierung

Zugleich können drei Prämissen zur politischen Instrumentalisierung, die prinzipielle Qualitäten bzw. Charakterisierungen sind, aufgestellt werden. Interessant ist hier die Erörterung ihrer universalen Gültigkeit – aus diesem Grunde wurde der Terminus *Instrumentalisierung* um seine spezifisch politische Dimension reduziert:

1. Den Medien, hier: dem Medium Fernsehen insbesondere, ist die Eigenschaft als ›Instrument‹ per se inhärent.
2. Eine zweite Qualität der Instrumentalisierung ist die offene Instrumentalisierung der Medien als öffentlich kommunizierte Doktrin.
3. Die dritte Qualität ist Instrumentalisierung als Missbrauch von Macht und Herrschaft zugunsten einer nicht offiziell kommunizierten Einflussnahme auf Medienproduzenten, zumeist entgegen öffentlicher Prinzipien.

Das System, der Staat bzw. die staatliche Verfassung stellen die grundlegenden allokativen und auch autoritativen Ressourcen zur Verfügung, die es zur Ausbildung der Prozesse politischer Instrumentalisierung von Massenmedien benötigte und benötigt. Die institutionelle wie nicht institutionelle Organisation von Raum und Zeit (in Bezug auf soziales Handeln der Akteure), die Organisation von Lebenschancen und von unmittelbaren Lebens- und Arbeitsgemeinschaften der Menschen sind, wie die materiellen Aspekte, Produktionen und Güter, universale Kategorien sozialer Systeme. In den entwickelten demokratischen Gesellschaften heutiger Prägung sind diese Strukturen und die prinzipiellen strukturellen Momente sozialer Systeme gleichermaßen anzutreffen wie in den historischen sozialistischen Modellversuchen.

Die Instrumentalisierung der Medien ist teilweise sichtbar und dem Diskurs direkt zugänglich, wirkt aber zumeist stillschweigend als Routine – aber dadurch umso intensiver und kontinuierlicher. Dies gilt universal. Die Art und Weise jedoch, d. h. die Realisierung der Instrumentalisierung war keinesfalls öffentlich, sondern im geheimniskrämerischen Duktus der misstrauischen Funktionäre immer oder meistens ›streng vertraulich‹. Unter einem bestimmten Blickwinkel ist der Missbrauchsbegriff jedoch nicht eindeutig und ausschließlich geeignet, die Medien der DDR und gerade auch das Fernsehen zu beschreiben – denn dass Macht in dem Sinne missbraucht wurde, dass die Öffentlichkeit über die politische Macht und ihre Ziele getäuscht worden sei, kann man aufgrund der Forschungsergebnisse wirklich nicht sagen. In der DDR war die Rolle der Medien als Instrument der politischen Führung niemandem unklar. Von Beginn an war das Fernsehen in der DDR Gegenstand der (politischen) Lenkung durch den Staat und die führende Partei SED. Die Instrumentalisierung der Medien als Mittel zur Beeinflussung der Rezipienten war keinerlei Leugnung wert – es war konstitutive und kommunizierte Regel sozialistischer Medienarbeit.[13] Die hier in Betracht zu ziehende Qualität der politischen Instrumentalisierung ist also die einer *offenen Instrumentalisierung der Medien als öffentlich kommunizierte politische Doktrin*. Damit ist sie gewissermaßen eine Instrumentalisierung zweiter Ordnung.

Die organisationalen Ressourcen, die Verfügung und Etablierung von entsprechenden Organisationen schlechthin stellt das entscheidende Machtmittel (Fazilität) dar, über welches die politische Instrumentalisierung von Medien realisiert werden kann. Im zentralistisch strukturierten Staatssystem der DDR waren alle relevanten und der Sportredaktion im DDR-Fernsehen übergeordneten Institutionen demselben Organisationsprinzip unterworfen. Die politische Instrumentalisierung als System war in die Organisationsstruktur aller beteiligten Organisationen und Institutionen eingebettet. Die konstitutiven Regeln des Sozialismus konditionierten nicht nur die sozialistischen Mediendoktrinen, sondern auch die organisationalen Strukturen.

---

13 »In der DDR dient das Fernsehen als politische Institution, wie die Presse und der Rundfunk, der Festigung der Arbeiter- und Bauernmacht und damit der Erhaltung des Friedens und der Schaffung eines einheitlichen, demokratischen Vaterlands.« Zit. n.: »Über die Programmtätigkeit des Fernsehens in der Deutschen Demokratischen Republik«, Oktober 1955. Faksimile in: Hoff (2002: 15).

Die dritte Lesart politischer Instrumentalisierung hebt die Art und Weise der politischen Einflussnahme hervor, dass diese nämlich intransparent ist, dass sie auf einem Weg zustande kommt, der für die Öffentlichkeit selbst nicht beobachtbar ist. Verdeckte Einflussnahme gilt als Typ dieser Ebene der Instrumentalisierung. Dazu gehören alle Formen der Zensur. Das kann dann zu erheblichen Selbstwidersprüchen der politischen Ordnungsebene führen, wenn nämlich Vor- oder Nachzensur von Medienprodukten nicht in Einklang mit offiziellen politischen Normen und Leitlinien steht. Erst diese dritte Ebene beschreibt also hinreichend den Typ von politischer Instrumentalisierung, der als Missbrauch von Macht und Herrschaft zugunsten einer nicht offiziell kommunizierten politischen Einflussnahme auf Medienproduzenten, zumeist entgegen öffentlich kommunizierter politischer Prinzipien zu beschreiben und zu bewerten ist. Diese Struktur, dass nämlich andere Leitlinien öffentlich gehandelt und proklamiert werden als die Leitwerte, die in internen verdeckten Handlungsanweisungen im Fernsehsystem selbst prozessiert werden, scheint eine Art ›sozialismustypische‹ Qualität zu sein und muss bei der Analyse des Fernsehens der DDR und seines Programms immer mit bedacht werden (FRIEDRICH/SCHWAB/STIEHLER 2008: 26).

Die Einbettung des auf diese Strukturprinzipien und das absichtsvolle Handeln der in den Medien tätigen Akteure aufbauende System in die Organisationsstrukturen ist jedoch charakteristisch für jedwede Instrumentalisierung von Medien – die Konditionierung wird jedoch eine andere, entsprechend den Strukturprinzipien der Gesellschaft sein. Die liberale, monetär orientierte Gesellschaft schafft so die Bedingung zur Einnistung instrumentalisierender Berichterstattungssysteme hauptsächlich über den normativen Apparat ökonomischer Distinktion ihrer Akteure, die moralisch-religiöse Gemeinschaft über die Regeln und Ressourcen wertender symbolischer Hierarchisierung etc.

4.   Zusammenfassung

Was hier unter dem Etikett ›politische Instrumentalisierung‹ analysiert wurde, ist in seiner Präsenz selbst Massenkommunikation und ›systemübergreifend‹. Die unterschiedlichen Ausprägungen können Ergebnisse der »unterschiedlichen Spielräume, institutionellen Bedingungen und Handlungskorridore« (SARCINELLI 2005: 12) sein. Dies weist darauf hin, dass die Instrumentalisierung der Medien durch politische, ökonomische, religiös-moralische und andere gesellschaftliche Akteure für ihre Zielsetzungen weder Kennzeichen nur einer möglichen Gesellschaftsstruktur sind, noch dass sie etwas Deviantes ist, was sich als ›pathologisch‹ im Sinne von einer nicht zum Wesen der Massenmedien gehörenden Ausprägung umfassend beschreiben lässt.

Erfolgreiche Instrumentalisierung der Medienberichterstattung muss auf die genannten organisationalen Bedingungen aufbauen können. D. h. auch, dass die Strukturprinzipien der Gesellschaft die Etablierung von Organisationen und institutionellen Entitäten ermöglichen muss, in denen das System der Medieninstrumentalisierung eingebettet werden kann. Die Bedingung dafür muss nicht immer nur die totalitäre Herrschaft einer Einheitspartei sein. Es reicht, wie der Ansatz der Theorie der Strukturierung und diese Studie verdeutlichen, die Verfügungsgewalt über die Regeln und Ressourcen. Es zeigt sich aber auch, dass der günstigste Nährboden für umspannende Instrumentalisierung die Wüstenei der zentralistisch geführten Gesellschaft ist, in der diskursive Öffentlichkeit und rekursive Vermittlungsleistung durch Massenmedien strukturell nicht vorgesehen und realisiert sind. Die Errungenschaften einer diskursiv-republikanischen Öffentlichkeit, in der es einen kommunikativen Bereich gibt, »in dem alle Bürger mit Argumenten öffentliche Belange diskutieren, an deren Ende eine vernünftige öffentliche Meinung steht, die die Grundlage politischer Entscheidungen bildet« (GERHARDS 1998: 268) und die eine wache ›vierte Macht‹ besitzt, sind einer Instrumentalisierung somit hinderlich. Wie die Beispiele moderner Medienpraxis zeigen, schließt sie diese jedoch nicht vollkommen aus.

Literatur

FRIEDRICH, J. A.: *Politische Instrumentalisierung von Sport in den Massenmedien. Eine strukturationstheoretische Analyse der Sportberichterstattung im DDR-Fernsehen*. Köln 2010

FRIEDRICH, J, A.; SCHWAB, U.; STIEHLER, H.-J.: Fernsehen als Instrument – instrumentalisiertes Fernsehen. In: STEINMETZ, R.; R. VIEHOFF (Hrsg): *Deutsches Fernsehen Ost. Eine Programmgeschichte des DDR-Fernsehens*. Berlin 2008

GERHARDS, J.: Politische Öffentlichkeit. Ein system- und akteurstheoretischer Bestimmungsversuch. In: NEIDHARDT, F. (Hrsg.): *Sonderheft der Kölner Zeitschrift für Soziologie und Sozialpsychologie. Öffentlichkeit und soziale Bewegungen.* Opladen 1994, S. 77-105

GERHARDS, J.: Öffentlichkeit. In: JARREN, O.; U. SARCINELLI; U. SAXER (Hrsg.): *Handbuch der politischen Kommunikation.* Opladen 1998, S. 268-274

GIDDENS, A.: *Die Konstitution der Gesellschaft. Grundzüge einer Theorie der Strukturierung.* Frankfurt/M., New York 1997

JARREN, O.; U. ARCINELLI; U. SAXER (Hrsg.): *Handbuch der politischen Kommunikation.* Opladen 1998

HOFF, P.: *Protokoll eines Laborversuchs. Kommentar zur ersten Programmschrift des DDR-Fernsehens 1955.* Leipzig 2002

SARCINELLI, U.: *Politische Kommunikation in Deutschland. Zur Politikvermittlung im demokratischen System.* Wiesbaden 2005

STEINMETZ, R.; R. VIEHOFF (Hrsg): *Deutsches Fernsehen Ost. Eine Programmgeschichte des DDR-Fernsehens.* Berlin 2008

LOTHAR MIKOS

Prinzessin auf dem Eis –
Kati Witt als sozialistischer Sportstar

In der DDR hatten sich Sportler in das Kollektiv einzufügen, sie sollten nicht aus der Masse der Menschen im Arbeiter- und Bauernstaat herausragen. Doch es gab Ausnahmen – z. B. Katarina Witt, deren Karriere typisch für die ›Förderung‹ von Athleten im Dienste des Sozialismus ist, und deren Verhältnis zur DDR und deren Staatsführung Ende der 1980er-Jahre aufgrund ihrer internationalen Bekanntheit und Popularität symptomatisch für die Auflösungserscheinungen des ›real existierenden Sozialismus‹ der DDR war.

Ein Starsystem im Sport setzt wie in den westlichen Ländern eine Kommerzialisierung und Mediatisierung des Sports voraus. Ein sozialistisches Starsystem war daher eigentlich undenkbar, denn Sportler waren im Sozialismus Teil der arbeitenden Bevölkerung – nur dass sie nicht im Tagebau, in Werkhallen oder in Büros arbeiteten, sondern im Stadion auf dem Rasen oder auf der Aschebahn, in Eishallen oder auf der Straße beim Radfahren, wie ›Täve‹ Schur, das Radidol der DDR. Doch gerade die staatlichen Medien der DDR, allen voran das Fernsehen, konnten die Personalisierung von Sportlern nicht umgehen. Lutz Warnicke hat zu Recht darauf hingewiesen, dass es im Gegensatz zum Kapitalismus nicht um Marketing und Wertschöpfung ging, sondern dass im DDR-Kontext »eher eine politische Steuerung in der Präsentation von Stars als gesellschaftliche Vorbilder in den Medien« gegeben war (WARNICKE 2006: 176). Die berühmten DDR-Sportler wurden gewissermaßen in den Stand von Volkshelden gehoben, die nach dem Motto ›Mit Leistung zum Erfolg‹ zu Idolen der sozialistischen Persönlichkeit wurden.

Im Folgenden wird zunächst kurz auf die Rolle des Leistungssports und der Leistungssportler sowie ihrer medialen Präsentation in sozialistischen Staaten am Beispiel der DDR eingegangen, bevor ein Abriss der Karriere von Katarina Witt folgt, aus dem ihre Ausnahmestellung als Star abzuleiten ist.

1.   Leistungssport im DDR-Sozialismus

Im Sozialismus hat die körperliche Ertüchtigung verschiedene Funktionen zu erfüllen, wobei ein besonderes Augenmerk auf dem Leistungssport liegt, hat er doch Vorbildcharakter für den Breiten- und Massensport. Dem Sport wurden in der DDR drei grundlegende politische Funktionen zugeschrieben: Er sollte der politischen Sozialisation dienen, er sollte zur sozialen Integration beitragen und er sollte nicht zuletzt das Ansehen des Staates im Ausland stärken (vgl. NORDEN/SCHULZ 1988: 210). In einer Entschließung des Zentralkomitees der SED vom 17. März 1951 wurden die »Aufgaben auf dem Gebiet der Körperkultur und des Sports« definiert.[1] Dort heißt es u. a.: »Um den Kampf um den Frieden erfolgreich zu führen, die Erfüllung unseres Fünfjahrplanes zu gewährleisten und die sozialen, politischen und kulturellen Errungenschaften des werktätigen Volkes vor den Bedrohungen und Angriffen des USA-Imperialismus und seiner Lakaien erfolgreich zu verteidigen, brauchen wir gesunde, willensstarke und kräftige Menschen. Aufgabe und Inhalte der demokratischen Sportbewegung sind deshalb die Heranbildung und Erziehung von Menschen, die bereit sind zur Arbeit und zur Verteidigung des Friedens.« Mit dem Sport war auch die Erziehung zu Disziplin und Leistungsdenken sowie zu einem Kollektivbewusstsein verbunden. Vor allem der Leistungssport hatte die Aufgabe die soziale Integration fördern, indem er »Nationalbewusstsein, Nationalstolz und Zugehörigkeitsgefühle zum eigenen Staat herstellen« sollte (MASCHEK 2007: 10). Die sportlichen Erfolge sollten sowohl nach innen wie nach außen wirken, die eigenen Bürger von der Leistungsfähigkeit der DDR überzeugen, und andererseits dadurch das Ansehen der DDR in der Welt steigern.

Daher war die Staatsführung darauf bedacht, den Leistungssport besonders zu fördern, von der frühen Förderung von Kindern in Leistungszentren

---

1   Abgedruckt in: *Theorie & Praxis der Körperkultur*, Heft 2, 1952, S. 80-89.

bis hin zum staatlich verordneten Doping. So wurde z. B. auch Katarina Witt
bereits im Alter von fünf Jahren aus dem Elternhaus in die Kinder- und Jugendsportschule in Karl-Marx-Stadt (jetzt: Chemnitz) geholt, ohne dass die
Eltern groß Einspruch einlegen konnten (vgl. HOBERMAN 1990: 63), obwohl
es auch im nahen Berlin ein Leistungszentrum für Eiskunstlauf gab. Dafür
waren nicht nur finanzielle Mittel notwendig, sondern das Leistungssport-
system der DDR verlangte auch eine akribische Planung und Kontrolle. Nur
so konnte es gelingen, die DDR-Sportler als ›Diplomaten im Trainingsanzug‹ (vgl. HOLZWEISSIG 1981) bei internationalen Wettkämpfen auftreten
zu lassen. Es wurde als »patriotische Pflicht« der Leistungssportler gesehen,
»hohe internationale Leistungen zum Ruhme unserer Republik zu erzielen«
(PREUSSGER 1958: 490). Zu diesem Zweck war eine straffe Organisation des
DDR-Sports notwendig, für die mit der Gründung einer einheitlichen, sozialistischen Sportorganisation, dem DTSB (Deutscher Turn- und Sportbund)
im Jahr 1957 der Grundstein gelegt wurde. Die Organisation war im Prinzip
lediglich ein ausführendes Organ des Politbüros des Zentralkomitees der SED
und unterstand direkt dem zuständigen ZK-Sekretär (vgl. ERBACH 1994: 238).
Obwohl als Dachorganisation des gesamten Sports in der DDR gegründet –
mit Bezirks-, Kreis-, Stadt- und Stadtbezirksunterorganisationen –, stand im
Zentrum eindeutig die Förderung des Spitzen- und Leistungssports. Beim
Ministerrat der DDR nahm das Staatliche Komitee für Körperkultur und Sport,
das 1970 in das Staatssekretariat für Körperkultur und Sport umgewandelt
wurde, eine bedeutende Rolle ein. Dem Staatssekretariat untergeordnet waren die Deutsche Hochschule für Körperkultur, das Forschungsinstitut für
Körperkultur und Sport und der Sportmedizinische Dienst (vgl. WINKLER
1997). Für die Arbeit all dieser Organisationen und Institutionen hatten
die sportpolitischen Beschlüsse des ZK der SED Leitliniencharakter. Um die
Kontrolle über den Leistungssport zu wahren, wurden die Sportler von der
Staatssicherheit überwacht und befragt.

2.   Leistungssport und -sportler im DDR-Fernsehen

Die Sportberichterstattung spielte bereits in der Frühphase des DDR-Fernsehens eine wichtige Rolle. Auch wenn der Anteil des Sports am Gesamt-
programm von 1956 bis 1989 zwischen 7,5 und 16,3 Prozent schwankte
(FRIEDRICH/WEICKERT 2003: 75), nahm er in der öffentlichen wie auch in
der politischen Aufmerksamkeit der DDR eine weitaus größere Bedeutung

ein. Internationale Sportereignisse wie Welt- und Europameisterschaften, die Friedensfahrt als Pendant zur Tour de France und Olympische Spiele bildeten Programmhöhepunkte, die hohen Zuschauerzuspruch verzeichnen konnten. Dabei war das DDR-Fernsehen in der Frühphase auf technische Hilfe aus dem westlichen Ausland angewiesen. Im September 1955 wurden die ersten beiden in England produzierten Übertragungswagen an das Fernsehen geliefert (STEINMETZ/VIEHOFF 2008: 101). Damit wurden Live-Übertragungen von Sportereignissen möglich. Allmählich etablierten sich neben dieser Form der aktuellen Berichterstattung auch Standardsendungen, die regelmäßig von bedeutenden nationalen Sportereignissen berichteten (vgl. FRIEDRICH/WEICKERT 2003).

Das neue Medium wurde von Anfang an kontinuierlich und gezielt in das Agitations- und Propagandasystem der DDR eingebunden. Unter diesem Aspekt war es die Aufgabe der Sportberichterstattung, die politischen und ideologischen Inhalte herauszustellen, die Sportpolitik der SED mitzutragen und das sportliche Leben der Bürger in der sozialistischen Gesellschaft zu organisieren. Obwohl sich der Sportjournalist im Rahmen der Sportinformation bewegte, waren seine Beiträge dem Ziel der politisch-ideologischen Arbeit untergeordnet und hatten den allgemein-, innen- und außenpolitischen Zielen zu dienen. Zu den Aufgaben zählten die Vermittlung politisch-ideologischer Inhalte, die Stärkung der nationalen Identität, die Würdigung der Beziehungen zum sozialistischen Ausland, Verbundenheit von Sport und Partei, eine positive Berichterstattung mit der Vermittlung von im Sport enthaltenen moralischen Werten, die Überlegenheit des Sozialismus, Präsentation der Spitzensportler als sozialistische Vorbilder, die Erziehung zu aktivem Sporttreiben, Hervorhebung des Jugend- und Schulsports, Werbung für Sportorganisationen oder die Identitätsbildung auf lokaler Ebene (vgl. MIKOS/STIEHLER 2003: 24ff.).

Für die DDR kann man einen Sport/Politik-Komplex konstatieren, der durch die enge Verbindung von Sport, Politik und Medien auch für das Sportfernsehen prägend war (vgl. ebd.: 13). Die Anweisungen der Parteiführung zur Sportberichterstattung und die politischen Vorgaben zur Kommentierung internationaler Sportereignisse durch das Rundfunkkomitee wurden jedoch in der Sportredaktion nicht automatisch eins zu eins umgesetzt. »Allerdings blieben viele der politisch motivierten Intentionen bezüglich der Sportberichterstattung offenbar auf die Akten und Unterlagen des Rundfunkkomitees und dessen Intendanzbereich Fernsehen bzw. auf die Einleitungspassagen in den langfristigen Programmankündigungen der Sportredaktion beschränkt. In den überlieferten Sendemanuskripten aus dieser Zeit, die oftmals den wörtlichen Moderationstext der gesamten Sendung wiedergeben, lassen sich überraschend wenige propagandistische Tendenzen finden« (STEINMETZ/VIEHOFF 2008: 162). Ein Grund dafür lag u. a. in den Eigengesetzlichkeiten des Sports. Die Ergebnisse sportlicher Wettkämpfe mögen zwar – das sei einschränkend gesagt – mit unfairen Mitteln (z. B. Doping) zustande gekommen sein, doch lässt sich weder eine Siegerzeit oder -weite in der Leichtathletik noch ein Sieg bei einer Radetappe noch ein Handball- oder Fußballergebnis umdeuten. Ebenso wenig lassen sich die Regeln des internationalen Sports einfach ändern und im Sinne des Sozialismus instrumentalisieren. »Die Übertragung von Sportereignissen gerade aus dem Bereich des Spitzensports wurde demzufolge fast zwangsläufig – mit den erwähnten Ausnahmen – zu einem journalistisch-publizistischen Tatsachenbericht konkretisiert, der zusätzlich ›unter der Hand‹ seine Unterhaltungsqualitäten ausspielen konnte« (ebd.). Vor allem bei den Übertragungen von den Olympischen Spielen in München, die der ›Klassenfeind‹ veranstaltete, wurde auf eine ausgewogene, sachliche Berichterstattung Wert gelegt, auch um diplomatische Verwicklungen zu vermeiden.[2] Aufgrund der Eigendynamik des Sports ließ sich die Sportberichterstattung nur schwer instrumentalisieren. Zwar war der Sport selbst mithilfe von Doping beeinflussbar, doch bei internationalen Wettkämpfen konnten lediglich die Siege von DDR-Sportler und -Mannschaften im Sinne der Parteiziele und der sozialistischen Ideologie ausgeschlachtet werden.

Spitzensportler spielten daher in der Ideologie des DDR-Sports eine zentrale Rolle. Ihre Leistungen konnten als Vorbild für die Überlegenheit des Sozialismus dienen. »Sie [die Spitzensportler, L. M.] repräsentieren eine gesellschaftliche Ordnung, in der sich die Talente des Volkes allseitig entwickeln können und gefördert werden. In den hervorragenden Leistungen und Erfolgen der Sportler der DDR sowie in ihrem gesamten Auftreten und ihrer Persönlichkeitsentwicklung verwirklichen sich die Möglichkeiten und Potenzen der sozialistischen Gesellschaft [...]« (GÄRTNER/HINSCHING 1982: 295). Daher war es wichtig, dass die Leistungen der Spitzensportler auch angemessen in den Medien der DDR dargestellt wurden. Auch wenn im Sozialismus dem Kollektiv eine besondere Bedeutung zukam, wurde im Bereich der Politik, der Kunst und des Sports doch

---

2 Gespräch mit Sportreporter Heinz-Florian Oertel am 22. November 2002.

ein gewisser Personenkult gepflegt, weniger aus kommerziellen Interessen wie beim Starkult in den westlichen Ländern, sondern mehr aus propagandistischen und erzieherischen Gründen: Die Spitzensportler sollten nicht nur als Vor- und Leitbilder für die Massensportler dienen, sondern als Inbegriff der leistungsorientierten sozialistischen Persönlichkeit.

Bereits in den 1950er- und 1960er-Jahren wurden vereinzelt Porträts einzelner, erfolgreicher Sportler in Sportsendungen wie *Sport aktuell*, *Sportreporter* oder *Halbzeit* integriert. Diese Sportlerporträts nahmen dann in den 1970er- und 1980er-Jahren zu. Zudem wurde neben dem Training nun auch das private Umfeld der Sportlerinnen und Sportler gezeigt. Das DDR-Fernsehen widmete sich mit seinen Sportlerporträts einer Reihe von Sportarten. Porträtiert wurden z. B. das Eiskunstlaufen mit Vertretern wie Gabriele Seyfert und Katarina Witt sowie den Paaren Sabine Baeß mit Tassilo Thierbach und Manuela Mager mit Uwe Bewersdorf. Auch in der Leichtathletik waren die DDR-Sportler sehr erfolgreich, wodurch sich auch die Vielzahl der Sportlerporträts innerhalb dieser Sportart erklärt. Zu den Leistungsträgern zählten Rosi Ackermann, Lutz Drombrowski, Marlies Göhr, Marita Koch, Renate Stecher, Udo Beyer und Heike Drechsler. Erfolgreich war die DDR auch im Schwimmen, sodass Porträts von Uwe Daßler, Sylvia Gerasch, Petra Schneider und Kristin Otto ebenfalls zu sehen waren. Neben Skispringen, repräsentiert durch Henry Glass und Jens Weißflog sowie dem nordischen Kombinierer Uwe Dotzauer, wurde unter anderem auch eine exotische Sportart wie Fallschirmspringen, repräsentiert durch Irina Walkhoff, vorgestellt (vgl. BAETHKE/JOCKENHÖVEL 2003; WARNICKE 2006).

Die meisten der porträtierten Athleten nahmen eine internationale Spitzenstellung in ihrer Sportart ein. Ihre Erfolge wurden stets detailliert erwähnt und bildeten oft den Mittelpunkt des Porträts. Eingerahmt wurden diese Rückblicke meist von Aufnahmen beim Training. Erst später kamen Bilder aus dem privaten Umfeld dazu. Darüber hinaus wurden erfolgreiche Sportler auch in Unterhaltungssendungen des DDR-Sportfernsehens präsentiert, z. B. in der von Heinz-Florian Oertel moderierten Sendung *Porträt per Telefon*. Eine Ausnahme bildeten unterhaltende Abendsendungen, die um weibliche Leistungssportler herum inszeniert wurden, z. B. die Sendung *Zwischen Kür und Pflicht* mit Gabriele Seyfert oder *Ein Abend mit Katarina Witt*. Selten waren auch Reportagen und Dokumentation außerhalb der Sportsendereihen, z. B. die Sendung *Die Straße des Gustav-Adolf Schur* über den berühmten Radsportler oder die Sendung *Die Schützlinge der Jutta Müller*, über die Eiskunstläufer und -läuferinnen (Jan Hoffmann,

Anett Pötzsch, Gabriele Seyfert und Katarina Witt), die von der Chemnitzer Trainerin in die Weltspitze gebracht wurden.

In den Sportlerporträts wurde die politische Bedeutung des Sports deutlich. Teilweise äußerten sich Sportler, Trainer und Kommentatoren direkt zu politischen und sportpolitischen Themen und es wurden gesellschaftliche Grundvorstellungen der SED in Bezug auf Werte wie Fleiß, Disziplin und Training als Voraussetzung für Erfolg vermittelt. Häufig wurde die Rolle von Trainern und Funktionären betont, die Aufgaben des Staates übernahmen und dessen Normen und Werte weitertrugen. Die Familie des jeweiligen Sportlers wurde in dieses System aus Politik, Sport und Medien eingebunden und als wichtiger Rückhalt dargestellt. Nahezu alle Sportlerporträts weisen eine ähnliche Struktur auf: Trainingssituationen, Staat und Familie waren meist die narrativen Eckpunkte der Sendungen. Die Sportler wurden als Vorbilder inszeniert und verkörperten so die ihnen und dem Leistungssport zugeschriebenen Werte. Daher spiegelt sich in ihnen und ihrer Präsentation im Fernsehen der DDR auch immer der aktuelle Stand der Entwicklung des Sozialismus bis hin zur Krise Ende der 1980er-Jahre. Insbesondere an der medialen Inszenierung von Katarina Witt, nicht nur als erfolgreiche Leistungs- und Spitzensportlerin, sondern als glamouröser Star nach westlichem Vorbild, lässt sich diese Tendenz aufzeigen. Sie verkörperte »the most unforgettable icon« (BRAUN 2007: 174) des DDR-Sports und seiner Stars.

3.   Katarina Witt als Weltstar im Geflecht des Sport/Politik-Komplexes und der Medien

Katarina Witt war nicht nur eine der erfolgreichsten Sportlerinnen, sondern auch im westlichen Ausland ein Star und »das einzige Glamour Girl der DDR« (KLUGE 2000: 428). Sie wurde bereits früh in die Förderung als Leistungssportlerin eingebunden. Bereits im Alter von fünf Jahren musste sie ihr Elternhaus in Staaken bei Berlin verlassen. In der Kinder- und Jugendsportschule in der damaligen Karl-Marx-Stadt nahm sie das Training auf, mit zwölf wurde sie dann einer der Schützlinge von Jutta Müller, die bereits Gabriele Seyfert und Anett Pötzsch zu internationalen Erfolgen im Eiskunstlaufen geführt hatte. 1979 gab Witt bei den Europameisterschaften in Zagreb ihr internationales Debüt, nachdem sie zuvor bei den DDR-Meisterschaften vordere Ränge belegt hatte. Drei Jahre später gewann sie sowohl bei der Europameisterschaft in Lyon und anschließend bei der Weltmeisterschaft in Kopenhagen die Silbermedaille. Im darauf folgenden Jahr, 1983, holte sie bei der EM ihren ersten internationalen Titel, ausgerechnet in Dortmund. Ein Jahr später gewann sie – neben weiteren nationalen und internationalen Titeln – in Sarajevo erstmals eine olympische Goldmedaille. Die folgenden Jahre waren die erfolgreichsten ihrer Karriere, sie verteidigte jeweils ihre EM- und WM-Titel – bis auf 1986, wo sie bei der Weltmeisterschaft in Genf der US-Amerikanerin Debi Thomas unterlag. Aber schon 1987 konnte sie die WM wieder für sich entscheiden, und das »in der Höhle des Löwen, in Cincinatti« (ebd.: 429), wo sie sich »mit ihrer wahrscheinlich reifsten Leistung« vor der Amerikanerin platzieren konnte. 1988 erlebte Katarina Witt dann den Höhepunkt ihrer Karriere: Sie gewann – wie schon 1984 – alle drei Titel, die Europameisterschaft, die Weltmeisterschaft, und sie wurde Olympia-Siegerin im kanadischen Calgary. Der Eiskunstlauf-Wettbewerb dieser Olympischen Spiele ging als ›Battle of the Carmens‹ in die Geschichte ein: Sowohl Katarina Witt als auch Debi Thomas liefen nach der Musik von Georges Bizets Oper *Carmen*. Die Amerikanerin patzte bei ihrer Kür, während Kati Witt nicht nur durch ihre sportliche Leistung, sondern auch durch ihr Outfit und ihren Stil überzeugte. Sie präsentierte »a fusion of the athletic, the aesthetic, and the erotic« (GUTTMANN 2002: 382) und setzte damit neue Maßstäbe für das Eiskunstlaufen, die sie später auch außerhalb der Eisbahn vermarktete. Kritiker sahen in ihrem sexualisierten Auftritt eine Degenerierung des Eiskunstlaufens »into an overheated symposium on Katarina's sex appeal – from the shape of her legs to the lush arrangement of other body parts, most notably those that Katarina refers to matter-of-factly as her boobs and her butt« (zitiert bei FEDER 1994: 67). Die internationale Eislaufunion ISU steuerte dagegen und erließ die sogenannte ›Katarina-Regel‹, die besagt, dass Hüften und Gesäß der Eiskunstläuferin vollständig bedeckt sein müssen (vgl. ebd.: 76). Ihr Carmen-Kostüm war u.a. von einem Trainer mit einem G-String verglichen worden.

Mit den Erfolgen im Jahr 1988 endete ihre Amateurkarriere. Noch im gleichen Jahr begann sie ihre Profikarriere mit einem Auftritt bei der Show *Holiday on Ice*. Anschließend tourte sie mehrere Jahre mit den großen amerikanischen Eisshows. 1994 ließ sie sich re-amateurisieren, um noch einmal an den Olympischen Spielen in Lillehammer teilnehmen zu können. Es reichte jedoch nur zum siebten Platz.

Der Beginn der Profikarriere von Kati Witt fiel mit dem Niedergang des DDR-Systems zusammen. An der Zusammenarbeit zwischen staatlichem Sport, der Staatssicherheit, dem DDR-Fernsehen und der Sportlerin lassen sich bereits alle Widersprüchlichkeiten und Tendenzen ablesen, die auch zum Niedergang der DDR führten. Nachdem Katarina Witt im Jahr 1988 der Olympische Orden verliehen worden war, wurde sie dafür mit einem VW Golf GL belohnt. Bereits zuvor hatte sie Interesse an einem VW-Kleinbus bekundet, doch konnte das Gefährt anscheinend nicht beschafft werden. Aus den Stasi-Unterlagen von Katarina Witt geht hervor, dass sie »Interesse an einem VW Golf LC – fünftürig – leuchtendes Rot (Ferrari-Rot!!)« habe (zitiert nach LACHMANN/REUTH 2002). Hierin zeigt sich, dass die DDR durchaus gewillt war, die Leistungen ihrer Sportler nicht nur mit Orden, sondern auch mit Waren aus dem kapitalistischen Ausland zu honorieren. Allerdings hatte dieselbe Stasi noch Mitte der 1980er-Jahre zurückgehalten, dass beim Deutschen Turn- und Sportbund (DTSB) »bereits ein Ordner voller Revue-, Werbe- und Filmangebote« existierte (MASCHECK 2007: 103).

Wie alle Spitzensportler, die zu internationalen Wettkämpfen fuhren, stand auch Kati Witt unter Beobachtung der Staatssicherheit. Sie musste Bericht erstatten und fügte sich wohlwollend in diese unvermeidliche Zusammenarbeit – zumal die Stasi auch dafür zuständig war, bei alltäglichen Problemen wie einem defekten Fernseher oder bei Verlust des Führerscheins wegen zu schnellen Fahrens, für Abhilfe zu sorgen. Auch ein Haus und eine Wohnung in Berlin besorgte die Stasi, obwohl sich dies dank der »vielen Extravaganzen« (LACHMANN/REUTH 2002) schwierig gestaltete. Bis zuletzt bekundete Katarina Witt, obwohl sie bereits eine Profikarriere im westlichen Ausland gestartet hatte, ihre Treue zur DDR. Aus ihren Stasi-Unterlagen geht hervor, dass sie noch im Juli 1989 in einem Gespräch mit Egon Krenz betont hatte, dass es »für sie selbstverständlich sei, als ›sozialistische Persönlichkeit‹ aufzutreten und ›unseren Staat zu repräsentieren‹« (ebd.). Speziell diese Verbindung zeigt, dass eine gegenseitige Abhängigkeit bestand. Die DDR war auf die internationalen Erfolge ihres Glamourgirls angewiesen, Kati Witt wiederum brauchte den Staat, um sich in eine Profikarriere stürzen zu können – nicht durch Flucht, sondern ganz legal, denn der Staat profitierte nicht nur von der Zurschaustellung ihrer sozialistischen Persönlichkeit, sondern auch von ihren Einnahmen: 80 Prozent ihrer Einnahmen aus den Eisshows musste sie an den Staat abliefern, solange dieser Bestand hatte.[3] Erst nach der Vereinigung konnte sie den finanziellen Erfolg ihrer Profiauftritte in die

---

3   Vgl. den Artikel »Katarina Witt – ›Stasi hat nichts zu meiner Karriere beigetragen‹« in: *Spiegel Online* vom 18. Juni 2002 (http://www.spiegel.de/panorama/0,1518,201310,00.html; Zugriff am 3.1.2011).

eigene Tasche stecken. Dabei kam ihr auch zugute, dass sie bereits in ihrer Amateurzeit ihre sportliche Leistung mit ästhetischer und erotischer Ausstrahlung verbunden hatte: So war es nur eine Frage der Zeit, bis sie sich dann 1998 für den *Playboy* auszog. Die Ausgabe mit den zehn Fotos von Katarina Witt ist bis heute eine der meistverkauften des Magazins. Der amerikanische Kulturwissenschaftler Toby Miller sah darin einen Teil der erfolgreichen Vermarktung ihrer Sexualität (MILLER 2001: 55) als Hinweis auf eine generelle Vermarktung von Sportlern als Ware. Zudem brachte sie in den USA eine Schmuckserie auf den Markt, arbeitete als Kommentatorin für den US-Fernsehsender NBC und schließlich auch als Moderatorin im deutschen Fernsehen bei den PRO7-Shows *Stars auf Eis* und *The Biggest Loser.* Seit 2010 warb sie für Münchens Bewerbung für die Austragung der Olympischen Winterspiele 2018, die 2011 scheiterte.

Das DDR-Fernsehen hatte Katarina Witt bereits recht früh für persönliche Porträts entdeckt. Schon zu Beginn ihrer internationalen Karriere, noch bevor sie einen internationalen Titel gewonnen hatte, wurde sie in der Sendung *Halbzeit* am 18. November 1981 mit einem Porträt bedacht, in dem allerdings noch die hohen Anforderungen des Trainings herausgestellt wurden (vgl. MASCHECK 2007: 93). Allerdings nahm der Beitrag die spätere Karriere im Titel vorweg: »Stern am Eislaufhimmel, der bald hell aufleuchten könnte« (zitiert in ebd.: 103). 1984, nachdem sie erstmals Olympia-Siegerin geworden war, wurde gar für das Kinderfernsehen eine Sendung mit ihr produziert (*Ein Bienchen für Katarina Witt*), um sie dem sozialistischen Nachwuchs als Vorbild zu präsentieren. Nach weiteren Titeln erhielt sie eine eigene Unterhaltungssendung mit dem Titel *Ein Abend mit Katarina Witt*, die am 10. April 1987 ausgestrahlt wurde und in der sie persönliche Bekenntnisse abgab. Damit war gewissermaßen das Eis gebrochen: Waren die Spitzensportler der DDR zuvor im Fernsehen als Teil der Kollektivs, als hart arbeitende Menschen, die für die Ziele des Sozialismus eintraten, dargestellt, so wurde Katarina Witt nun zur Ausnahme und im Rahmen des Unterhaltungsfernsehens präsentiert.

Die mediale Inszenierung der Kati Witt erreichte ihren Höhepunkt schließlich mit dem Olympia-Sieg 1988, der nicht nur zu Sondersendungen führte – es wurde gar eine Pressekonferenz von ihr übertragen –, sondern sie zur omnipräsenten Sportlerin im Fernsehen machte. Allein schon im Rahmen der Berichterstattung von den Olympischen Spielen wurden ihr vier Stunden und 40 Minuten Sendezeit außerhalb der Wettkämpfe gewidmet (vgl. ebd.: 79). Es waren diese Olympischen Spiele, die der ›Carmen‹

Katarina Witt die Möglichkeit boten, »sich auch im DDR-Fernsehen als Star zu profilieren. In bisher nicht gekanntem Ausmaß wurden Sendungen platziert, die nicht das unmittelbare Wettkampfgeschehen betrafen. Hier konnte das DDR-Fernsehen seinen Zuschauern zeigen, dass eine DDR-Sportlerin weltweites öffentliches Interesse erregte« (ebd.: 96). Der Stern am Eislaufhimmel, als der sie im ersten Porträt über ihre Person bezeichnet worden war, leuchtete nun besonders hell.

Vor allem in den USA war Katarina Witt aufgrund ihrer zahlreichen Erfolge bereits seit Mitte der 1980er-Jahre ein Star. Dort galt sie als »schönstes Gesicht des Sozialismus«, wie es ein Journalist im *Time Magazine* ausgedrückt hatte, und die Übertragung des Finales im Eiskunstlaufen bei den Olympischen Spielen 1988 mit ihrer ›Carmen‹-Kür erzielte in den USA hohe Einschaltquoten, die sonst nur vom Super Bowl erreicht wurden (vgl. FEDER 1994: 64). Dank ihrer Bekanntheit in den USA war Katarina Witt der einzige wirkliche Sportstar, den die DDR je hervorgebracht hatte. Das konnte sie nur erreichen, indem sie über den Leistungsgedanken der sportlichen Athletik hinaus ihre Auftritte künstlerisch gestaltete und damit ästhetisierte – und dies mit einer Erotisierung und somit Vermarktung ihrer Sexualität verband. Ihre Eigen-Inszenierung als Sportlerin folgte so nur noch teilweise den Maximen der sozialistischen Persönlichkeit, die im Leistungssport durch harte Arbeit ihre Erfüllung fand, sondern orientierte sich an den Vermarktungskriterien des Sports im Kapitalismus, der in den 1980er-Jahren zunehmend kommerzialisiert wurde und sich zum globalen Sport-/Medien-Komplex entwickelte (vgl. JHALLY 1989): In der Gestalt von Katarina Witt klopfte der Kapitalismus heftig an die Tür der DDR.

4. Schlussbemerkungen

Die sportlichen Erfolge und ihre damit einhergehende Bekanntheit im kapitalistischen Ausland brachten Katarina Witt und den DDR-Staat mit seinen staatlichen Partei- und Sportorganisationen in eine Lage, in der diese sich nicht mehr so einfach mit den Idealen der sozialistischen Sportgemeinschaft und der Herausbildung einer sozialistischen Persönlichkeit vereinbaren ließen. Die Situation wurde in der Stasi-Akte der Sportlerin angesprochen: »[…] dass man nun einmal zentralerseits Katarina Witt auf das ›Goldene Tablett‹ gesetzt habe und man müsse nun auch ihre Wünsche erfüllen, weil sonst sofort ›andere‹ da sind, die ihren Wünschen nachkommen. Es solle hinterher, wenn Katarina Witt im Ausland verbleiben sollte, was keiner wünscht und hofft, keiner sagen, wir hätten es nicht verhindern können. Es gibt nur einen Weg, die Zentrale muss sich nun endlich der Sache annehmen« (zitiert bei MASCHECK 2007: 104). Mit den ›anderen‹ sind Eisrevuen und Sportpromoter des kapitalistischen Auslands gemeint und um zu vermeiden, dass Katarina Witt deren Versuchungen gänzlich erliegt, wurden ihre Wünsche erfüllt. Der DDR-Sozialismus wurde von seiner prominentesten Sportlerin mit Ansprüchen des Kapitalismus konfrontiert. Die DDR profitierte jedoch andererseits auf mehreren Ebenen von ihrem Erfolg: »Durch ihre sportlichen Leistungen und das öffentliche Interesse an ihrer Person erntete auch die DDR internationale Anerkennung« (ebd.: 105). Zudem war die DDR finanziell an ihren Einnahmen als Profisportlerin beteiligt. Darüber hinaus konnte sich der Staat als weltoffen geben, wenn er einer Sportlerin eine Profikarriere gestattete. Diese Öffnung machte jedoch zugleich bereits deutlich, wie sehr sich die DDR-Oberen in ihren eigenen Ansprüchen verstrickt hatten, die sie nie offensiv, sondern immer nur defensiv in Abgrenzung zum kapitalistischen Ausland definiert hatten. Zwar war man dem Klassenfeind in einigen Sportarten noch überlegen, doch die internationale Sportlandschaft hatte sich seit den Olympischen Spielen 1984 in Los Angeles zunehmend kommerzialisiert. Den daraus entstandenen Bedürfnissen und Wünschen der Sportler waren die sozialistischen Staaten nicht mehr gewachsen, zumal auch bei den Sport-Funktionären Begierden nach Deviseneinnahmen geweckt wurden. Während sich die Funktionäre, die Partei, die Stasi und die Staatsführung im Lichte des sportlichen Erfolgs von Katarina Witt sonnten, wurden nach und nach sozialistische Prinzipien über Bord geworfen. Diese Prinzipien waren auch längst nicht mehr der Grund für den Erfolg der Sportlerin auf internationalem Eis, sondern eine Vermarktung von Ästhetik, Erotik und Sexualität, die durch die mediale Inszenierung des Eiskunstlaufens noch gefördert wurde. Die DDR war kein Biotop, in dem der Sozialismus ungehindert vom kapitalistischen Ausland hätte gedeihen können. Das war spätestens mit dem Erfolg von Katarina Witt klar, denn wenn der Sozialismus sexy sein wollte, konnte er dies letztlich nur im Kapitalismus. Sowohl der Umgang der staatlichen Organe mit ihrem Sportstar als auch die mediale Inszenierung der Kati Witt im DDR-Fernsehen zeigten, wie sehr das System bereits von westlichen Prinzipien durchdrungen war. Kati Witts Stern als sozialistischer Sportstar konnte nur so hell leuchten, weil die DDR bereits in den dunklen Zeiten der Krise angekommen war.

Literatur

BAETHKE, N; J. JOCKENHÖVEL: *Sportlerporträts im DDR-Fernsehen*. Schriftliche Hausarbeit im Studiengang AV-Medienwissenschaft der Hochschule für Film und Fernsehen ›Konrad Wolf‹. Potsdam 2003

BRAUN, J.: »Very nice, the enemies are gone!« – Coming to Terms With GDR Sports Since 1989/90. In: *Historical Social Research*, 32, 1, 2007, S. 172-185

ERBACH, G.: »Sportwunder DDR«. Warum und auf welche Weise die SED und die Staatsorgane den Sport förderten. In: MODROW, H. (Hrsg.): *Das Große Haus. Insider berichten aus dem ZK der SED*. Berlin 1994, S. 232-255

FEDER, A. M.: »A Radiant Smile from the Lovely Lady«. Overdetermined Femininity in »Ladies« Figure Skating. In: *The Drama Review*, 38, 1, 1994, S. 62-78

FRIEDRICH, J. A.; S. WEICKERT: Die Standardsendungen des DDR-Sportfernsehens: Ein erster Ansatz zur Periodisierung der Entwicklung der Programmsparte Sport. In: FRIEDRICH, J. A.; L. MIKOS; H.-J. STIEHLER (Hrsg.): *Anpfiff. Erste Analysen zum DDR-Sportfernsehen*. Leipzig 2003, S. 69-107

GÄRTNER, H.; J. HINSCHING: Die Bereiche von Körperkultur und Sport. In: WONNEBERGER, G. (Hrsg.): *Körperkultur und Sport in der DDR. Gesellschaftswissenschaftliches Lehrmaterial*. Berlin (Ost) 1982, S. 261-336

GUTTMANN, A.: Spartan Girls, French Postcards, and the Male Gaze: Another Go at Eros and Sports. In: *Journal of Sport History*, 29, 3, 2002, S. 379-385

HOBERMAN, J. M.: The Transformation of East German Sport. In: *Journal of Sport History*, 17, 1, 1990, S. 62-68

HOLZWEISSIG, G.: *Diplomatie im Trainingsanzug. Sport als politisches Instrument der DDR*. Berlin 1981

JHALLY, S.: Cultural Studies and the Sports/Media Complex. In: WENNER, L. A. (Hrsg.): *Media, Sports, and Society*. Newbury Park u. a. 1989, S. 70-93

KLUGE, V.: *Das große Lexikon der DDR-Sportler*. Berlin 2000

LACHMANN, G.; R. G. REUTH: Die Stasi-Akten der Katarina Witt. In: *Welt Online* vom 12.5.2002. URL: http://www.welt.de/print-warms/article603378/Die_Stasi_Akten_de [3.1.2011]

MASCHECK, K.: *Eiskunstlauf als Beispiel der Höhepunktberichterstattung im Sportfernsehen der DDR*. Magisterarbeit am Institut für Kommunikations- und Medienwissenschaft der Universität Leipzig. Leipzig 2007

MIKOS, L.; H.-J. STIEHLER: Sport – Politik – Fernsehen. Rahmenüberlegungen zur Programmgeschichte des DDR-Sportfernsehens. In: FRIEDRICH, J. A.; L. MIKOS; H.-J. STIEHLER (Hrsg.): *Anpfiff. Erste Analysen zum DDR-Sportfernsehen*. Leipzig 2003, S. 13-38

MILLER, T.: *Sportsex*. Philadelphia 2001

NORDEN, G.; W. SCHULZ: *Sport in der modernen Gesellschaft*. Linz 1988

PREUSSGER, M.: Der gesellschaftliche Auftrag des Leistungssportlers in der Deutschen Demokratischen Republik. In: *Theorie und Praxis der Körperkultur*, 6, 1958, S. 489-491

STEINMETZ, R.; R. VIEHOFF (Hrsg.): *Deutsches Fernsehen Ost. Eine Programmgeschichte des DDR-Fernsehens*. Berlin 2008

WARNICKE, L.: Helden wie wir? Mediale Inszenierung des Alltags bei Sportstars in der DDR. In: WRAGE, H. (Hrsg.): *Alltag. Zur Dramaturgie des Normalen im DDR-Fernsehen*. Leipzig 2006, S. 171-193

WINKLER, J.: Sportpolitik. In: HERBST, A.; G.-R. STEPHAN; J. WINKLER (Hrsg.): *Die SED. Geschichte, Organisation, Politik. Ein Handbuch*. Berlin 1997, S. 466-477

DIETER ANSCHLAG

Bachramow, Beckenbauer und Boninsegna. Erinnerungen an den Sport im Fernsehen der Bundesrepublik

Sport und Fernsehen waren für mich immer so etwas wie Zwillinge und haben in ihrer gegenseitigen Wechselwirkung mein Leben stark beeinflusst. Schließlich wurde ich zunächst Sportreporter und dann Redakteur einer Fachzeitschrift für Rundfunk. Als Jugendlicher war ich sportlich sehr aktiv und wurde deshalb auch im achten Lebensjahr Mitglied im Fußballverein VfL Rhede. Damals spielten wir, wenn es eben ging, Fußball: auf einem Bolzplatz im Wald, in den Schulpausen (mit einem kleinen Tennisball), im Ferienlager, auf dem kleinen Rasen des elterlichen Grundstücks.

Wie alt ich war, als ich das erste Mal Fernsehen schaute, weiß ich nicht mehr. Meine Eltern hatten relativ früh ein Fernsehgerät gekauft, es war um 1964. Wir wohnten noch bei meinen Großeltern väterlicherseits. Ob ich zuvor bei den Großeltern mal ferngesehen habe, weiß ich nicht mehr, obwohl es sicherlich so war. Aus jener Zeit ist mir besonders meine Modell-eisenbahn erinnerlich – der rote Schienenbus, der auf den Spielzeuggleisen zuverlässig seine Runden drehte, war mein ganzer Stolz.

Im Winter 1965 zogen wir in unser eigenes Haus: Meine Eltern hatten gebaut. In den ersten Monaten musste im neuen Heim viel improvisiert werden, eine Zeit lang war das Leben eine Baustelle. Das Mobiliar war längst nicht vollständig und es dauerte Wochen, ehe die letzte Tür eingebaut war. Aber der Fernseher lief vom ersten Tag an und ich weiß noch genau, dass er zunächst nicht an dem Platz in unserem Esszimmer stand – dem Raum, in dem sich das Familienleben hauptsächlich abspielte –, an dem er dann später für Jahrzehnte seine Position fand.

Aus der Zeit nach dem Umzug stammt das erste Fernseherlebnis, an das ich mich konkret erinnern kann. Es war kein Sportereignis, obwohl es gewissermaßen auch etwas mit einem Wettkampf zu tun hatte (was ich damals nicht wusste) – mit dem Wettkampf der Supermächte USA und UdSSR im All. Es war im Frühling 1966, als ich vor dem Fernseher saß und Bilder von einem Schiff auf dem Ozean sah, Hubschrauber kreisten. Es war nicht wirklich spannend, eher im Gegenteil, aber ich saß dennoch gebannt vor dem Bildschirm, denn es sollte – welch Abenteuer! – ein amerikanisches Raumschiff aus dem All landen, eine Gemini-Kapsel. Irgendwann landete sie in den Wellen des Ozeans und schließlich brachte ein Hubschrauber die Astronauten auf den Flugzeugträger. Ich war 7 Jahre alt und wenig später begann meine Fernsehsportbiografie, praktisch zeitgleich mit meinem Einstieg in den Fußballverein.

Es war das Jahr der legendären Fußball-WM in England, die im Juli 1966 – und damit im Monat meines 8. Geburtstags – stattfand. Ich sah das 5:0 der Deutschen gegen die Schweiz, das 4:0 gegen Uruguay und es war toll, dass ›wir‹ so gut waren und so viele Tore schossen. Ich hörte erstmals den Namen Pelé (den die meisten wohl mit Betonung auf der falschen Silbe aussprachen, also Pele, ein bisschen wie Pille) und ich bekam irgendwie mit, dass es etwas ganz Besonderes war, dass Nordkorea die Italiener besiegt hatte. Das ist gut, dachte ich, denn auf die Italiener waren wir sowieso nicht gut zu sprechen, weil die unsere besten Spieler, Haller und Schnellinger, für ihre Vereine abgeworben hatten. So viel hatte ich von den Erwachsenen mitbekommen.

Mitglied der Mannschaft der großen Spieler

Ob ich den Halbfinalsieg der Deutschen gegen die Sowjetunion (2:1) im Fernsehen gesehen habe, daran kann ich mich nicht erinnern. Aber was dann kam, das machte mich endgültig zum größten Fußballfernsehfan der damaligen Zeit: das Endspiel Deutschland gegen England mit dem Wembley-Tor. Es war, als stünde ich selbst auf dem Platz, als wäre ich Mitspieler von Uwe Seeler, aber ich saß in Rhede vor dem Schwarz-Weiß-Fernseher und konnte nichts tun, als dieser sowjetische Linienrichter in der Verlängerung das 3:2 für England anerkannte und dem Schiedsrichter signalisierte: Tor! Den Namen des Linienrichters, der den Ball hinter der Linie sah, habe ich nie vergessen: Bachramow. Ich sehe im Moment, in dem ich dies schreibe, die Szene sofort wieder vor mir, wie englische

Spieler den Schiedsrichter – es war der Schweizer Gottfried Dienst – auffordern, zum Linienrichter zu gehen. Dienst befolgt das, um Bachramow zu befragen, woraufhin der signifikant und alle gegenteiligen Hoffnungen zerstörend nickt: »Tor!«

Welche Dramatik, was für Gefühle – Fußball im Fernsehen hatte mich gepackt. Daheim spielte ich in meinem kleinen Verein und per Fernsehen war ich Teil der Mannschaft der großen Spieler. Schnell hatte ich ihre Namen gespeichert: Tilkowski, Weber, Höttges, Beckenbauer, Overath, Seeler, Haller, Schnellinger. Die Namen der Fernsehreporter spielten damals noch keine Rolle. Erst sehr viel später sah ich übrigens dieses Endspiel in Farbe und war verblüfft über diese wunderschöne orange-rote Farbe der englischen Trikots.

Ab der WM 1966 war Fußball für mich das schönste Elixier des Fernsehens. Länderspiele waren Höhepunkte und die ARD-*Sportschau* war Woche für Woche Pflicht. Ich sammelte Fußballbilder, im Verein sprachen wir über unsere Vorbilder und es kristallisierten sich Lieblingsmannschaften heraus. Die erste Mannschaft des VfL Rhede spielte in den Tiefen der Bezirksliga, daher galt es, sein Team aus den Höhen der Bundesliga zu finden. Bei uns in der Gegend, im westlichen Westfalen, war man damals entweder für Borussia Mönchengladbach oder für Schalke 04. In meiner Familie und meinem Freundeskreis war man für Schalke. Tja.

Als nächstes geprägt hat mich die Fußball-WM 1970 in Mexiko und dies vor allem wegen des Viertelfinalspiels Deutschland gegen England. Wieder gegen die Engländer! Als die mit 2:0 in Führung gingen, bin ich vor unserem Fernseher fast ausgerastet, mein Vater konnte mich kaum beruhigen. Als Uwe Seeler dann mit seinem sagenhaften Hinterkopfballtor das 2:2 erzielte und Gerd Müller in der nun folgenden Verlängerung das 3:2-Siegtor, weinte ich nach dem Abpfiff vor Freude. ›Wir‹ hatten den Weltmeister rausgeworfen! Und dann das Spiel gegen Italien – Deutschland verliert 3:4 nach Verlängerung, die nächste Nervenprobe, wieder so eine legendäre Partie. Konnte das möglich sein?

Der Gentleman mit dem sanften bayerischen Dialekt

Ich wurde fernsehfußballsüchtig. In den kommenden Jahren sah ich alles, was zu sehen war, sog es in mich auf. Europapokalspiele kamen hinzu, sie wurden aber längst nicht immer live übertragen. Samstags und sonntags sah ich im ERSTEN die *Sportschau*, im ZDF liebte ich *Das aktuelle Sportstudio*, besonders wenn Harry Valérien es moderierte, der Gentleman mit dem sanften bayerischen Dialekt. Am Sonntag sah ich im ZDF auch *Die Sport-reportage* und dann gab's noch, ich meine am frühen Freitagabend, *Die Sportinformation*, zum Beispiel mit Wolfram Esser, dem immer so nett lächelnden und adrett gescheitelten jungen Mann. Inzwischen kannte ich die Namen der Moderatoren: Ernst Huberty, Dieter Adler, Wolfgang Klein, Adolf Furler, den man stets Adi nannte, Hans-Joachim Rauschenbach, Holger Obermann, Oskar Wark und wie sie alle hießen. Nicht zu vergessen Rolf Kramer, den *homme de lettres du sport* des ZDF, dessen Kunst der Fußballreportage Momos alias Walter Jens in der *Zeit* (Ausgabe vom 27.11.1981) eine der schönsten Elogen widmete, die je über dieses Mundwerk geschrieben wurden. »Gelobt sei Rolf Kramer«, so lautete die Überschrift des Textes – in dem Jens seinerzeit übrigens monierte, dass die Bundesrepublik »im Fernsehen mit nimmermüder Arroganz als *Deutschland* bezeichnet« werde. Auch von der ZDF-Hintergrundsendung *Der Sport-Spiegel* – die einen tollen, kunstvollen Vorspann hatte, bei dem zum Schluss ein Turmspringer in ein Kameraobjektiv eintauchte (so meine ungefähre Erinnerung) – verpasste ich möglichst keine Ausgabe. Das Beste an jeder Ausgabe war der Autotest mit seiner rituellen Kälteprüfung: Wenn Rainer Günzler mit seinem mondänen Pelzmantel in die Kältekammer ging, wo bei minus 40 Grad (oder so) der Wagen stand, der nun gestartet werden sollte – dann war das jedes Mal wie ein kleiner Thriller, bis der Motor ansprang.

Über die Ergebnistafeln von den Fußball-Regionalligen (Nord, West, Südwest, Süd, Berlin – damals die zweithöchste Klasse), die in der Sonntags-*Sportschau* stets akkurat gezeigt und vorgelesen wurden, lernte ich (West-)Deutschland kennen: Holstein Kiel, Barmbek-Uhlenhorst, Wattenscheid 09, SV Alsenborn, FK Pirmasens, Hessen Kassel, Schweinfurt 05, Bayern Hof, Hertha Zehlendorf, Reinickendorfer Füchse *e tutti quanti*. Ich kannte alle Vereine aller Regionalligen und (fast) alle Spieler und hätte mit diesem Wissen bei der Kinderwette von *Wetten, dass ..?* auftreten können, wenn es die ZDF-Show damals schon gegeben hätte. Ich lernte über das Sportfernsehen auch die Niederlande und ihre Sprache kennen. Irgendwann hatte ich nämlich entdeckt, dass sonntags zwischen 19:15 und 20:00 Uhr im holländischen Fernsehen über die dortige erste Liga, die ›Eredivisie‹ (›Ehrendivision‹), berichtet wurde. Die *Sportschau* der Niederlande hieß *Studio Sport* (sprich: ›ßtüdio ßport‹). Ajax Amsterdam mit Johan Cruyff war damals das Nonplusultra. Das ließ ich mir natürlich nicht entgehen. Seinerzeit konnte man im Westmünsterland an der Grenze zu Holland noch

das niederländische Fernsehen terrestrisch empfangen und so lernte ich
nebenbei die entsprechenden Fußballbegriffe des Nachbarlandes: ›buiten-
spel‹ für Abseits, ›hoekschop‹ für Eckball, ›strafschop‹ für Elfmeter oder
›tegen de paal‹ für (gegen den) Pfosten.

Es war nun bei all den regulären Sportsendungen des westdeutschen
Fernsehens keinesfalls so, dass ich abschaltete, wenn es keinen Fußball
mehr zu sehen gab. Es war vielmehr so, dass mich im Lauf der Zeit diese
Sendungen an andere Sportarten heranführten. Man lernte Großwallstadt
und Dankersen kennen über Handball, Schifferstadt und Witten übers
Ringen, man lernte durch den Radsport, was Lüttich-Bastogne-Lüttich war,
und durch den Pferderennsport (und Adi Furler) wusste man, was Köln-
Weidenpesch, Hamburg-Horn oder Baden-Baden-Iffezheim bedeuteten.

Darüber hinaus gab es ein zweites Weltsportereignis, das mir die Augen
für etwas anderes als nur für Fußball öffnete: 1968 hatte ich erstmals die
Olympischen Spiele so richtig wahrgenommen und zwar die Sommerspiele
in Mexiko-City. Am meisten in Erinnerung blieb mir der Jahrhundert-
Weitsprung von Bob Beamon mit sagenhaften 8,90 Metern. Aber auch der
Protest zweier afroamerikanischer US-Läufer, die bei der Siegerehrung jeweils eine behandschuhte Faust in den Himmel streckten, prägte sich mir
als ein irritierendes Erlebnis ein.

Der berauschende Sieg der Ulrike Meyfarth

Die Olympischen Sommerspiele 1972 in München wurden dann zu einem
absoluten Höhepunkt des Fernsehsports. Ich schaute, was das Zeug hielt,
wollte keine Minute verpassen. Stadionsprecher Joachim Fuchsberger, den
ich jenseits des Sports aus den Edgar-Wallace-Filmen kannte, ist für mich
heute noch die Stimme dieser Spiele, ich erinnere mich gut daran, dass
sie – wir hatten ja inzwischen Farbfernsehen – durch heitere Pastellfarben
geprägt waren, dass für die Kennzeichnung der Sportarten ganz neuartige
Piktogramme geschaffen worden waren, die auch im Fernsehen und in den
Zeitungen verwendet wurden. In München kam es unzweifelhaft zu einem
meiner schönsten TV-Sporterlebnisse: Der Sieg im Hochsprung der Damen
für die 16-jährige Ulrike Meyfarth war einfach berauschend. Fantastisch
auch mitzuerleben, wie Heide Rosendahl zwei Goldmedaillen holte (Weitsprung, 4 x 100m) und Klaus Wolfermann den Sieg im Speerwurf errang. Im
Hockey gewann Deutschland im Endspiel Gold durch einen 1:0-Sieg gegen
Pakistan – so ein Hockey-Topspiel live im Fernsehen, das war ja fast so gut

wie Fußball. Das palästinensische Attentat gegen die israelischen Sportler in München war für mich, den 14-Jährigen, ein völlig unverständlicher Gewaltakt. Wie konnte man nur Olympische Spiele als Bühne für Terror benutzen? Ich sehe heute noch die dunklen Nachrichtenbilder in schwarz-weiß von zerschossenen, explodierten Hubschraubern vor mir. Damals wollte ich, dass die Olympischen Spiele weitergehen, wie es dann das IOC auch beschloss.

In München gehörten der US-Schwimmer Mark Spitz und die Turnerin Olga Korbut aus der Sowjetunion zu den herausragenden Aktiven. Man sah sie so oft bei diesen Spielen, dass man ihre Namen nie mehr vergaß. Was für mich inzwischen auch klar war, war, dass es darauf ankam, den ›Ostblock‹ zu besiegen – und das wurde anscheinend immer schwerer. Die 100-Meter-Olympia-Siege von Valery Borsow (UdSSR) und Renate Stecher (DDR) empfand ich zum Beispiel als große Schmach, kaum zu ertragen, dabei zuzusehen. Ja, musste denn immer Renate Stecher gewinnen? Dass allerdings jemand wie Mark Spitz Goldmedaillen im Überfluss gewann, fand ich ebenfalls nicht gut. Das war ja fast schon wie bei einem Ostblock-Sportler.

Frappierenderweise war es in meiner Wahrnehmung so, dass das Ostblock-Problem des gleichsam programmierten Siegens (vor allem bei Olympischen Winterspielen ein Phänomen, etwa beim Rodeln und Bobfahren) sich in meiner Lieblingssportart Fußball praktisch nicht stellte. Es war mir damals unbegreiflich, dass die DDR ausgerechnet die populärste Sportart vernachlässigte. Aber das war auch gut so, denn man hatte hier schon genug zu tun mit Gegnern aus Spanien und Italien, die deutsche Mannschaften durch ihren Mauer- und Zeitverzögerungsfußball immer vor ganz besondere Probleme stellten. Zweimal jedoch galt es verschärft, sich auch im Fußball der DDR zu stellen. Als die westdeutsche Mannschaft bei der heimischen WM 1974 durch das Tor von Jürgen Sparwasser mit 0:1 gegen die DDR verlor, war das eine fast traumatische Erfahrung. Dass Beckenbauer & Co. diese Niederlage aus strategischen Gründen sehr zupass kam, habe ich damals nicht verstanden – schließlich kam die bundesdeutsche Elf dadurch in die leichtere Gruppe der Zwischenrunde. So muss man rückblickend das Sparwasser-Tor als einen Meilenstein auf dem Weg zum WM-Titelgewinn für BR Deutschland, wie es damals hieß, bezeichnen. Apropos: Das Endspiel Deutschland gegen Holland sah ich am 7. Juli 1974, wenige Tage vor meinem 16. Geburtstag, vor Ort im Münchner Olympiastadion auf einem Stehplatz in der Kurve live, mein Vetter Herbert aus München hatte zwei, drei Jahre zuvor im Vorverkauf für mich und sich eine Karte besorgt. Und so toll ich den 2:1-Sieg und den WM-Titel für Deutschland fand – ich merkte an diesem Tag ganz besonders, wie fernsehgeprägt ich war: Auf dem Platz lief alles so schnell ab und ich war auf meinem Stehplatz phasenweise sehr weit von den Stellen des Platzes entfernt, an denen sich Entscheidendes ereignete und die Tore fielen. Nie habe ich die Zeitlupen-Wiederholungen mehr vermisst als an diesem Tag.

Der zweite harte Kampf gegen die DDR fand beim Europapokal der Landesmeister in der Saison 1973/1974 statt, als Bayern München auf Dynamo Dresden traf und die Ehre des Westfußballs verteidigte: Nach einem 4:3 im Hinspiel gab es im Rückspiel in Dresden in einer dramatischen Partie ein 3:3. Was war ich Bayern-Fan an diesem Tag! Ich erinnere mich an Uli-Hoeneß-Tore und die im Flutlicht so intensiv gelb leuchtenden Trikots der Dresdener Mannschaft. Es war übrigens die Saison, in der eben der FC Bayern am Ende den Landesmeister-Cup gewann. Auch das wurde zu einem meiner prägenden Fernsehsport-Ereignisse, denn im Endspiel gegen Atletico Madrid in Brüssel erzielte ›Katsche‹ Schwarzenbeck in der letzten Minute der Verlängerung den 1:1-Ausgleich. Das bedeutete damals nicht Elfmeterschießen, sondern ein zweites Spiel – und das gewannen die Bayern zwei Tage später, wieder in Brüssel, großartig mit 4:0.

Mit 18 Jahren machte ich den Führerschein und ich hatte so viel Geld gespart, dass ich mir ein Auto leisten konnte. Von da an fuhren mein Bruder Rainer und ich viele Samstage nach Gelsenkirchen, um im Parkstadion die Spiele unseres Lieblingsvereins Schalke 04 zu sehen. Der Stehplatz in der Kurve kostete 6 Mark. Wichtig war: Wir fuhren nicht auf die offiziellen Stadionparkplätze, denn von dort nach dem Spiel wegzukommen, dauerte wegen der Staus zu lange. Ein Bekannter, der ebenfalls Schalke-Fan war, hatte uns auf einen oft freien Parkplatz in einem Wohngebiet in Zehn-Minuten-Fußwegnähe zum Stadion hingewiesen. Von dort war man in drei Minuten direkt auf der Autobahn. Wir konnten somit in gut einer Stunde nach Rhede zurückfahren und saßen dadurch stets rechtzeitig vor der ARD-*Sportschau*, um uns den Bundesliga-Spieltag anzuschauen. Das Schöne dabei war: Die Spitzenspiele wurden damals zuerst gezeigt (so jedenfalls meine Erinnerung) und nicht, wie es heute ist, zum Schluss einer elend in die Länge gezogenen und mit langen Werbeblocks unterbrochenen *Sportschau*.

An den Samstagen, an denen mein Bruder und ich nicht zu den Schalke-Spielen fuhren, saßen wir spätestens ab 15:30 Uhr, wenn die Bundesliga-Begegnungen begannen, vor dem Radio und hörten uns bei WDR 2 in der Sendung *Sport und Musik* die Live-Übertragungen von den Orten des Geschehens an, die damals noch Volksparkstadion, Waldstadion oder Westfalenstadion hießen. Zur Hörfunklegende schlechthin wurde dabei für mich Jochen Hageleit. Ich fand allein schon diesen Namen klasse. Wenn es hieß: »Wir schalten zu Jochen Hageleit«, dann bedeutete das für mich so viel wie: Jetzt hagelt es Spannung. Seine Stimme, sein Sprachduktus ließen selbst den Bericht zu einem torlosen Unentschieden wie einen Thriller klingen. Ab kurz vor 17:00 Uhr gab es dann etwas, was heute als absoluter Klassiker gilt: die ›Konferenzschaltung‹. Wenn in der Schlussviertelstunde direkt von einem Stadion ins nächste und stets sogleich dorthin, wo gerade ein Tor gefallen war, geschaltet wurde, dann war das Fußball-Emotion pur. Eine Dreiviertelstunde später haben mein Bruder und ich natürlich trotzdem oder wohl eher gerade deshalb die *Sportschau* geschaut. Heute heißt die Bundesliga-Sendung von WDR 2 übrigens *Liga live*.

Als ich in den 1980er-Jahren als Sportreporter bzw. -redakteur bei meiner Heimatzeitung *Bocholter-Borkener Volksblatt* arbeitete – und während meines Studiums zum Teil auch bei den *Westfälischen Nachrichten* in Münster und als freier Mitarbeiter bei meiner Leib- und Magenzeitschrift *kicker* –, reduzierte sich mein Fernsehsportkonsum zwangsläufig sehr stark. Von nun an war ich samstags und sonntags selbst auf den Sportplätzen und in den Stadien und abends saß ich zumeist bis spät in den Abend in der Redaktion. Fernseh-Fixpunkte blieben aber die Olympischen Spiele und vor allem die Fußball-Welt- und Europameisterschaften. Bei WM- und EM-Turnieren schaue ich mir bis heute so gut wie jedes Spiel an, mein Zeitplan richtet sich dann streng nach den Fernsehübertragungen. Das monumentale Pulsieren einer Fußball-WM ist ein unvergleichlich schöner Ausnahmezustand und verändert für vier Wochen das Leben wie sonst nichts in dieser (Fernseh-) Welt. Leider sind solche Turniere inzwischen aus kommerziellen Gründen (die lieben Fernsehgelder) zu aufgebläht. In den vielen Vorrundenspielen kommt es selten zu echtem Thrill, in den meisten Fällen weiß man schon vorher, welche zwei von den vier Mannschaften die nächste Runde erreichen werden. Bei der Champions League ist die Gruppenphase schon nervend langweilig. Das waren noch Zeiten, als im Europapokal von Beginn an im knallharten K.-o.-System gespielt wurde. Wenn ich heutzutage, wo es Fußball im Übermaß im Fernsehen gibt, eines vermisse, dann ist die herrlich klare Welt des K.-o.-Prinzips.

Was hingegen als moderne, penetrante Plage zu heutigen Fußballübertragungen hinzugekommen ist und was ich nie vermisst habe, ist die elektronische Werbebande, auf der Autos hin- und herflitzen und Flugzeuge auf- und absteigen. Diese Bewegungen auf der Werbebande können das

Betrachten der Bewegungen auf dem Spielfeld enorm beeinträchtigen. Man muss sich regelrecht eine gewisse Abstumpfung antrainieren, diesen Reklameangriff zu missachten, nicht dort hinzuschauen, sondern mit den Augen nur beim Spiel zu bleiben. Dieses aufdringliche Sich-Verkaufen an die werbetreibende Industrie ist der Verlust der Primärkultur des Sport und es ist schade, dass die veranstaltenden Verbände dies in den Stadien zugelassen haben.

Bei der Berichterstattung ist seit der *ran*-Zeit von SAT.1 der Siegeszug der Statistiken neu hinzugekommen und ist in die Sprache der Reporter hineingewuchert. Als ob dieses Datenbankwissen für den Fußballer eine Rolle spielt, der sich an der Strafraumgrenze zum gegnerischen Tor gerade den Ball zum Freistoß zurechtlegt. So sagte der Reporter des Pay-TV-Senders SKY, als sich beim Heimspiel gegen den VfB Stuttgart ein Spieler von 1899 Hoffenheim zum Freistoß bereit machte: »Da haben sie den besten Wert in der Bundesliga: 45,7 Prozent der Tore erzielten die Hoffenheimer nach einem ruhenden Ball.« »Na und?«, denkt man sich. Der Spieler schießt – und der Ball geht prompt vor den Pfosten, ›tegen de paal‹. Es geschah übrigens am 32. Spieltag der Bundesliga-Saison 2010/2011, am 30. April 2011, dem Tag, als Borussia Dortmund durch einen 2:0-Sieg daheim gegen den 1. FC Nürnberg vorzeitig deutscher Meister wurde.

Immer noch keine Frau am Mikrofon der Fernsehsender

Was mich am meisten ratlos macht in der Fernsehfußballwelt von heute ist der Umstand, dass es seit einem Vierteljahrhundert keinen Reporter gibt, der Marcel Reif (SKY, früher ZDF) das Wasser reichen kann. Wer soll ihn, den gefühlten Nobelpreisträger der Fußballkommentatoren, jemals ablösen? Große Hoffnungen hatte ich in Monica Lierhaus (ARD) gesetzt und es hat mich wirklich sehr traurig gestimmt, dass sie durch ihre schwere Krankheit so aus der Bahn geworfen wurde. Sie hätte wirklich auch die erste Frau werden können, die im Fernsehen live ein Fußballspiel kommentiert. Vielleicht wird es ja eines Tages doch noch Anne Will (ARD) – irgendwann, irgendwie, irgendwo. Bereits 1981, im erwähnten *Zeit*-Text von Walter Jens, stand die prononcierte Bemerkung, im Fernsehen kommentierten den Fußball immer nur »die Herren von ARD und ZDF (immer noch keine Frau im Stadion)« –, wobei er ›am Mikrofon‹ meinte. Man kann es, was den Live-Kommentar von Bundesliga- und Länderspielen angeht, 30 Jahre später wiederholen: Immer noch keine Frau am Mikrofon der Fernsehsender!

Drei Sportarten übrigens haben mich bei der Fernsehrezeption in meiner Jugend nie interessiert: Boxen, Tennis und Formel 1. Ein Ereignis ist damals für mich zu einem der prägendsten Erlebnisse geworden, obwohl beziehungsweise gerade weil es *nicht* im Fernsehen zu sehen war. Im Oktober 1971 gewann Borussia Mönchengladbach im Achtelfinale des Europapokals der Landesmeister (als dort wirklich nur die Meister spielten) sensationell mit 7:1 gegen Inter Mailand. Diese Begegnung wurde weder im Fernsehen live übertragen noch als nachträgliche Zusammenfassung gezeigt. Es war unfassbar für mich, dass man diesen wahrlich historischen Sieg der Gladbacher nicht hatte sehen können, es gab und gibt keine Fernsehbilder von dieser Begegnung.

Doch was noch schlimmer war: In dem Spiel hatte ein Zuschauer beim Stand von 2:1 eine leere Büchse auf das Spielfeld geworfen, die den Inter-Stürmer Roberto Boninsegna traf, der sich daraufhin behandeln und auf einer Trage vom Platz bringen ließ. Aufgrund dieses Vorfalls – der allerdings von der Mehrheit der Beobachter als reine Schauspielerei gewertet wurde – annullierte die UEFA das Ergebnis und setze eine Wiederholung des Spiels an, die 0:0 ausging. Borussia Mönchengladbach schied aus dem Europapokal aus, da die Mannschaft um Günter Netzer und Jupp Heynckes das Hinspiel 2:4 verloren hatte. Das nicht gesehene ›Büchsenwurfspiel‹ hat sich tief in mein Gedächtnis eingeprägt, den Namen Boninsegna habe ich nie vergessen, er wurde ein Menetekel. Ich war 13 – und diese Machenschaft habe ich dem italienischen Fußball bis heute nicht verziehen.

Literatur

MOMOS (i. e. Walter Jens): Der Reporter als Interpret. In: *Die Zeit*, Nr. 49 vom 27. November 1981, S. 52

PETER NEUMANN

Dixie, BFC und Waldemar.
Erinnerungen an den Sport im Fernsehen der DDR

Als ich fünf Jahre alt war, 1971, schickten mich meine Eltern zur Kur. Ich glaube, sie waren der Meinung, ich würde nicht genug essen, und hofften darauf, dass ich bei der Kur ein bisschen aufgepäppelt würde. Die Kur wurde ein Desaster, aus zwei Gründen. Erstens musste ich, der ich nicht alles, aber vieles aß, mit lauter Kindern mit Ess-Störungen zusammen sein, die außer Pudding gar nichts zu sich nahmen oder sich auf den reich gedeckten Abendbrot-Tisch erbrachen. Zweitens war Punkt 19:00 Uhr Nachtruhe.

Zu Hause hatte ich ein Jahr zuvor genau um diese Zeit immer die Tageszusammenfassung der ›Friedensfahrt‹, ein durch die ČSSR, Polen und die DDR führendes Etappen-Radrennen, anschauen dürfen. So nahm ich als Fünfjähriger all meinen Mut zusammen und fragte die Erzieherin, ob es möglich wäre, um 19:00 Uhr noch fernzusehen. Die Erzieherin riss die Augen auf, sah mich streng an und schüttelte den Kopf. Der Fernseher blieb aus. Zutiefst verstört kehrte ich nach drei Wochen nach Hause zurück, genau so dünn wie vorher – und ohne zu wissen, wer den ›Course de la Paix‹ gewonnen hatte.

Die ›Friedensfahrt‹ war meine erste Begegnung mit der großen Welt des Sports. Meine Radsport-Helden waren Ryszard Szurkowski, ein Rennfahrer aus Polen, und der Cottbusser Hans-Joachim Hartnick. Mit großer Begeisterung saß ich Jahr für Jahr immer im Mai vor der Flimmerkiste, verfolgte jede Etappe. Für mich war die ›Friedensfahrt‹ das wichtigste und großartigste Radrennen der Welt. Von einer ›Tour de France‹ hörte ich erst viel später und das hatte einen einfachen Grund: Ich wohnte in

Dresden auf dem Weißen Hirsch, dem berühmten Stadtviertel aus Uwe Tellkamps Bestsellerroman *Der Turm*. Dort empfingen wir folgende Fernsehprogramme: DDR 1, DDR 2 und ein Programm des ČSSR-Fernsehens, dieses allerdings ohne Ton.

Ich hatte genau drei Hobbys: Lesen, Fußballspielen und Fernsehen. Am liebsten las ich Fußball- und Olympia-Bücher. Meine Lieblingsposition im Fußball war Libero, ich hatte eine 3 auf dem Trikot wie ›Dixie‹ Dörner, der Libero von Dynamo Dresden, und wenn Sport im Fernsehen lief, war ich dabei. Egal, ob beim Chemie-Pokal der Boxer in Halle, bei der Grünauer Ruderregatta, beim Tennisturnier in Zinnowitz oder, klar, bei Fußballspielen aller Art. Ich schaute jedes Fußballspiel, das im DDR-Fernsehen übertragen wurde, und jede Fußballsendung: Weltmeisterschaften, Europameisterschaften, Länderspiele, Freundschaftsspiele, Europapokal, Oberliga, selbst Spiele ohne DDR-Beteiligung, wie Bohemians Prag gegen FC Watford oder Universitatea Craiova gegen Benfica Lissabon fanden mein Interesse.

Fußball im Fernsehen zog mich einfach magisch an. Wenn ich am Samstagnachmittag Dynamo live im Stadion zugejubelt hatte, rannte ich sofort nach dem Schlusspfiff zur Straßenbahnhaltestelle, sprang in die Bahn, nach 30 Minuten Fahrzeit raus aus der Bahn, Schluss-Sprint zum elterlichen Haus, hinein in die Stube, Fernseher an, und, puh, gerade noch so geschafft, denn um 17:35 Uhr ging *Sport aktuell* los, mit der Berichterstattung vom Oberliga-Spieltag. Am Sonntagnachmittag folgte das *Fußball-Panorama*, in dem nicht nur auf die Oberliga zurückgeschaut wurde, sondern sogar Bilder von westdeutschen Bundesliga-Partien gezeigt wurden.

Nationalmannschaft im Mittelmaß

Während man auf Dynamo Dresden durchaus stolz sein konnte – die Mannschaft spielte den schönsten Fußball in der DDR und schaffte es im Europapokal immerhin mehrmals ins Viertelfinale und 1989 endlich sogar ins Halbfinale – enttäuschte die Nationalmannschaft wieder und wieder. Ganze zwei Jahre hielt sich die DDR in der Weltspitze, als Sechster der WM '74 und Olympia-Sieger 1976. Danach rutschte die DDR-Auswahl wieder ins Mittelmaß zurück. Die Enttäuschung der Fernsehreporter darüber war spürbar, relativ schonungslos ging man mit der Auswahl ins Gericht, war man doch verwöhnt von den großen Erfolgen in anderen Sportarten. Ausgerechnet in der populärsten versagte das Sportwunderland DDR aber immer und immer wieder – und ich saß immer und immer wieder vor dem Fernseher.

Hier meine schwärzesten DDR-Fußballstunden: 1979 führt die DDR im entscheidenden EM-Qualifikationsspiel gegen Holland schon mit 2:0. Nach dem Anschlusstreffer des Vizeweltmeisters hatte ich keine Nerven mehr und schaltete den Fernseher aus, das Unheil ahnend. Als ich wieder anknipste, führte Holland mit 3:2 und fuhr zur EM nach Italien. 1986 lag Dynamo Dresden im Europapokal der Pokalsieger in Uerdingen mit 3:1 zur Pause vorn. Ich verfolgte das Spiel im Armeelazarett, im mecklenburgischen Eggesin (Waldmeer-Sandmeer-Nichts mehr), nach dem Halbzeitpfiff umarmte ich wildfremde Menschen, verdrückte ein paar Freudentränen. Dann, in Halbzeit zwei, kam die Apokalypse – 3:7 ging Dynamo noch unter – ich konnte die ganze Nacht nicht schlafen, mein Herz raste, ich war verzweifelt.

An Dynamo hängt mein Herz bis heute, die schwachen Auftritte der DDR-Nationalmannschaft führten dagegen dazu, dass ich mir eine andere Lieblings-Auswahlmannschaft suchte. Der Klassenfeind BRD kam nicht infrage, auch der große Bruder UdSSR fand keine Gnade vor meinen Augen, ich entschied mich für Italien. Nicht sozialistisch, nicht ganz so kapitalistisch, schicke blaue Trikots. Als Italien 1982 Weltmeister wurde, küsste ich vor Freude den Fernseher.

Die DDR-Fußballreporter wurden von mir äußerst kritisch beäugt. Wer Dynamo Dresden kritisierte, hatte logischerweise ganz schlechte Karten. Wer den BFC (Berliner Fußball Club Dynamo), den ›Schiebermeister‹, bejubelte, war bei mir komplett unten durch. Wer Ergebnisse oder Spielernamen verwechselte, den beschimpfte ich sofort lautstark, was meine Mutter irgendwann dazu verleitete zu sagen: »Dann mach's doch besser!« und damit den Wunsch in mir weckte, Sportreporter zu werden. Meine beiden Lieblingsreporter in der DDR waren Wolfgang Hempel und Gottfried Weise – beide absolute Experten, beide keine Fans des mir verhassten BFC Dynamo.

Hempel bei einer Eishockey-Weltmeisterschaft war ein Naturereignis, er sah alles, er kannte alle, er ließ sich die Namen der großen Puckjäger auf der Zunge zergehen, es war eine Lust, Hempel zu lauschen. Gottfried Weise war ein sachlicher Typ, er sagte kein Wort zu viel, er überschlug sich nicht, wenn ein Tor fiel, er konnte ein Spiel lesen und er war ein wandelndes Fußball-Lexikon.

Als 17-Jähriger fuhr ich einmal mit dem Zug von Dresden nach Berlin. Als ich auf der Suche nach einem Sitzplatz durch den Speisewagen lief, saß da Gottfried Weise in einem schicken weißen Anzug. Ich war zutiefst beeindruckt von dieser Begegnung, für mich, den Schriftsetzerlehrling, war Weise ein unerreichbares Wesen aus der wunderbaren DDR-Fernsehwelt. Jahre später wurde ich Sportchef bei MDR 1 RADIO SACHSEN und Gottfried Weise berichtete für meinen Sender als freier Mitarbeiter. Am Anfang für mich unfassbar, ich Chef des großen Gottfried Weise! Mittlerweile sind wir gute Freunde, und es macht unglaublich Spaß, mit Gottfried über Fußball zu fachsimpeln, nach dem Motto: Weißt du noch, 1989, EC-Finale, Milan gegen Steaua? Einmal trafen wir uns in Paris, wo Gottfried damals schon für EUROSPORT tätig war, wir gingen essen, meine Familie war mit dabei. Die ganze Zeit redeten wir nur über Fußball, zum Schrecken meiner Frau und meiner Kinder.

Als Maßstab der Umgang mit dem BFC

Wie schon erwähnt, DDR-Fußballreporter und -journalisten wurden von mir genau unter die Lupe genommen. Die entscheidende Frage über viele Jahre war – wie hält es der Mann mit dem BFC Dynamo? Mitte der 1970er-Jahre war der BFC für mich ein Verein wie jeder andere, der Jahr für Jahr gegen meine Dresdener keine Chance hatte. Doch das änderte sich in der Saison 1978/1979. Der Lieblingsklub von Stasi-Chef Erich Mielke wurde diesmal DDR-Meister, ließ die Etablierten aus Dresden, Magdeburg und Jena weit hinter sich. In diesem ersten Meisterjahr spielten die Berliner auch den besten Fußball, waren noch nicht auf Unterstützung der Schiedsrichter angewiesen. Ein Jahr später aber ging es los mit der Hilfe der Schiedsrichter für den BFC.

Es war der Tag meiner Jugendweihe, der 10. Mai 1980. Dynamo Dresden reichte am letzten Spieltag beim BFC ein Unentschieden zum Gewinn der Meisterschaft. Die Jugendweihe war mir ziemlich egal, die Gäste, die Geschenke, die Feier, alles unwichtig. Was zählte, war der Titel. Bis zur 77. Minute lief alles gut, dann wurde der Dresdener Kotte im Strafraum gefoult, kein Elfmeterpfiff, stattdessen traf Trieloff im Gegenzug für die Berliner. Gottfried Weise kommentierte das elfmeterreife Foul damals im Fernsehen so: »Die Attacke von Troppa gegen Kotte scheint mir nicht astrein.« Wegen dieser Bemerkung wurde Weise nicht mehr zur normalen Saison-Eröffnungspressekonferenz des Vereins eingeladen. Der Sieg brachte dem BFC die Titelverteidigung und mich beinahe um den Verstand. Ich weinte minutenlang, verließ meine eigene Jugendweih-Feier und begann, aus Fußballzeitungen Bilder von BFC-Spielern herauszureißen. Die Papierfetzen stapelte ich übereinander und zündete sie auf unserem Balkon an. Dann tanzte ich wie Rumpelstilzchen ums Feuer, es blieb ein schwacher Trost für den entgangenen Titel.

Insgesamt zehnmal hintereinander wurde der BFC Meister und mindestens die Hälfte aller Titel verdankte er der freundlichen Unterstützung der Herren in schwarz. Es dauerte eine Weile, bis sich Journalisten trauten, diesen Fakt anzusprechen, wie Gottfried Weise im *Fußball-Panorama*, Klaus Feuerherm in der *Jungen Welt* oder auch der Dresdener Gert Zimmermann in der Tageszeitung *Die Union*. Aber es gab auch viele, viele andere, die den BFC immer und immer wieder mit Lobhudeleien überschütteten, strittige Szenen schönredeten. Der BFC wurde in den 1980er-Jahren zum meistgehassten Fußballklub der DDR, was dazu führte, dass bei den Auswärtsspielen der Berliner die Stadien brechend voll waren; die Leipziger, Karl-Marx-Städter oder Dresdener wollten den DDR-Meister unbedingt verlieren sehen. Hingegen kamen zu den Heimspielen des BFC immer weniger Zuschauer in den Berliner Jahn-Sportpark, unter denen dann nicht wenige Hooligans zu finden waren.

Die schönsten Fernsehabende in den 1980er-Jahren für alle BFC-Gegner waren die, an denen man genüsslich miterleben konnte, wie die Berliner wieder und wieder im Europapokal früh scheiterten – zuerst an Spitzenteams und späteren Gewinnern wie Nottingham, Aston Villa oder dem HSV, später dann aber an mittelmäßigen Truppen wie Austria Wien oder Bröndby Kopenhagen. Ein regelrechter Jubelsturm hallte 1988 durch viele Wohnstuben der DDR, als der SV Werder Bremen gegen den BFC ein 0:3 im Hinspiel noch durch ein 5:0 in Bremen wettmachte. In Dresden vor dem Fernseher jubelte ich bei jedem Bremer Treffer mit.

In diesem Herbst 1988 dufte ich selbst erstmals mit dem Mikrofon losziehen, um über Fußball in Dresden zu berichten. Eduard Geyer hieß der gestrenge Trainer der Dynamos, der, wenn er schlechte Laune hatte, dem jungen Reporter schon mal kurz und knapp mitteilte: »Ich sag' heute nischt. Geh zum Häfner.« Also trottete ich zum Co-Trainer Reinhard Häfner und holte mir dort mein Vorschau-Interview. Geyer schaffte in der Saison 1988/1989 endlich das, was sich viele DDR-Fußballverrückte seit Jahren wünschten: Er durchbrach die Siegesserie des BFC und machte Dresden endlich wieder zum Fußballmeister.

Doch weil die DDR-Oberliga im eigenen Saft schmorte, mit besseren Bezirksauswahlmannschaften im Europapokal antrat und Fußball für den ersten Mann im DDR-Sport, Manfred Ewald als Chef des Deutschen Turn- und Sportbundes, keine Priorität besaß – da die Sportart keinen Medaillensegen brachte blieb die populärste Sportart im Mittelmaß hängen. Viele Fußballanhänger jubelten der viel erfolgreicheren BRD-Auswahl zu, wer es konnte, schaute lieber *Sportschau* als *Sport aktuell.* Selbst im Tal der Ahnungslosen, in Dresden, erlebte ich immer wieder, dass nach dem Dynamo-Spiel Leute in der Straßenbahn ihr Taschenradio anknipsten und über Mittelwelle die Bundesliga-Konferenz verfolgten. Es rauschte, es knatterte, aber man war dabei, wenn Gladbach spielte oder die Bayern.

Ratschlag für angehende Väter

Fußball war sicher die Sportart, der die meiste Sendezeit im DDR-Fernsehen eingeräumt wurde, aber das DDR-Fernsehen zeigte auch in epischer Länge und Breite Leichtathletik, Turnen, Eiskunstlauf, Skispringen ... Wenn Olympische Spiele anstanden, dann lief das DDR-Fernsehen zu Höchstform auf. Es galt, DDR-Medaillen zu feiern, egal ob im Schießen, Rudern oder Handball. 1976 saß ich in einem Urlaubsheim in Neubrandenburg und starrte gebannt auf die Schwarz-Weiß-Bilder aus Montreal. Ein gewisser Waldemar Cierpinski gewann den Marathonlauf, Heinz-Florian Oertel, der Reporter, überschlug sich fast vor Freude. Vier Jahre später, als Cierpinski in Moskau erneut Gold holte, prägte Oertel den legendären Satz: »Liebe junge Väter oder angehende, haben Sie Mut! Nennen Sie Ihre Neuankömmlinge des heutigen Tages ruhig Waldemar! Waldemar ist da!«

Die Olympischen Spiele in Moskau werden mir aber noch aus einem anderen Grund immer im Gedächtnis bleiben: Wegen des Endspiels im Handball der Männer. Die DDR traf da auf den großen Bruder Sowjetunion. Ich schaute mir das Spiel im Ferienlager in Erfurt an, gemeinsam mit einigen anderen Jungs, die alle wenig Sympathie für die UdSSR hegten. Das Spiel wurde erst in der Verlängerung entschieden und unsere Jubelschreie über den DDR-Sieg waren unüberhörbar – unsere Wutausbrüche vorher über Tore des Gegners auch nicht. Die Leitung des Ferienlagers war davon überhaupt nicht angetan und dachte kurz darüber nach, uns vorzeitig nach Hause zu schicken, wegen antisowjetischen Verhaltens. Mit war das ziemlich wurst, Hauptsache, die DDR hatte gegen die UdSSR gewonnen!

1984 fiel die große Olympia-Sause im DDR-Fernsehen aus. Die DDR hatte sich dem Boykott der Spiele von Los Angeles angeschlossen, die Folge – keine Live-Bilder aus Amerika.

Es gab kurze knappe Zusammenfassungen in den Nachrichten, dafür zeigte man die Wettkämpfe der Freundschaft, der Olympia-Ersatz für die daheimgebliebenen, schwer enttäuschten Sportler der Boykott-Länder. Ich lernte zu dieser Zeit Schriftsetzer in Ost-Berlin und konnte im Westfernsehen ganz entspannt Olympia gucken – und nahm erstaunt zur Kenntnis, dass sich die rumänischen ›Klassen- und Waffen-Brüder‹ nicht am Boykott beteiligten und in Los Angeles eine Medaille nach der anderen holten – wie auch unsere westdeutschen Brüder und Schwestern.

1989 dann eröffnete mir die friedliche Revolution den ganz eigenen Zugang zur großen Sportwelt. Bei internationalen Sportereignissen sitze ich nun nicht mehr nur vor dem Fernseher, sondern darf als Journalist mit dabei sein, wie im Februar 2010 bei den Olympischen Winterspielen in Vancouver, wie 2005 im Dezember bei der Auslosung zur Fußball-WM in Leipzig, ich treffe Berühmtheiten wie Franz Beckenbauer, Uwe Seeler, Matthias Sammer, Katarina Witt oder Michael Schumacher.

Fußball im Fernsehen schaue ich jetzt viel weniger als früher. Mich langweilt es, in der Champions League oder jetzt in der Europa League Gruppenspiele ertragen zu müssen, ich sehne mich nach dem K.-o.-System früherer Zeiten zurück, als ein Europapokalsieger der Landesmeister noch in der ersten Runde an irgendeinem Außenseiter scheitern konnte. Jahr für Jahr spielen nun dieselben Mannschaften in der Champions League um den Sieg, das sichere Geld ist wichtiger als die sportliche Abwechslung.

So blättere ich voller Nostalgie in meinen alten Fußballbüchern, lese zum hundertsten Mal, wie Ajax Amsterdam Europas Fußball revolutionierte, wie die Bayern immer wieder eiskalt zuschlugen, wie die Briten jahrelang den Landesmeister-Cup beherrschten. Bei YouTube schaue ich mir an, wie Milans Holländer van Basten, Rijkaard und Gullit zauberten oder Torwart Ducadam (Steaua Bukarest) vier Elfmeter im Finale gegen den FC Barcelona halten konnte – und ich denke zurück an die Tage im Mai 1971, als der kleine Peter beim Kuraufenthalt nicht ›Friedensfahrt‹ schauen durfte.

JÖRN THOMAS / JASPER A. FRIEDRICH /
HANS-JÖRG STIEHLER[1]

»Gesamtsieger: Frieden und Völkerfreundschaft«[2] – Die Friedensfahrt im DDR-Fernsehen

»Die DDR ist nicht erzählbar ohne ihre Tour de France, die Internationale Friedensfahrt Prag-Warschau-Berlin«, urteilte Christoph Dieckmann in der *Zeit* (Ausgabe 13/2001, Literaturbeilage, S. 29). Genauso aber, wie sich die Geschichte der DDR nicht ohne die Friedensfahrt[3] erzählen lässt, wäre auch die Aufarbeitung der Geschichte des DDR-Fernsehens ohne eine Analyse der Berichterstattung über dieses Sportereignis unvollständig. Die Friedensfahrt und die Berichterstattung des Fernsehens bietet die Gelegenheit, zwei Thesen (s. MIKOS/STIEHLER 2003) einer detaillierten Prüfung zu unterziehen:

Erstens besteht – insbesondere in den Anfangsjahren – ein enger Zusammenhang zwischen der Entwicklung der Übertragungstechnik und der Programm- bzw. Formatentwicklung. Das gilt gewiss für alle Fernsehprogramme. Für das DDR-Sportfernsehen ist charakteristisch, dass eingeführte Formate und Darstellungsformen in den 1960er-Jahren standardisiert und dann kaum weiterentwickelt wurden.

---

[1] Bei dem Artikel handelt es sich um eine stark gekürzte und bearbeitete Fassung der Magisterarbeit von Jörn Thomas unter dem Titel *Die Inszenierung der Friedensfahrt im DDR-Fernsehen*; Jasper A. Friedrich hat an einer früheren Fassung mitgewirkt und die Arbeit überwiegend betreut.

[2] In: *Der Morgen*. Ausgabe vom 3.5.1959, o. S.

[3] Der offizielle Name für die Friedensfahrt lautete eigentlich Internationale Radfernfahrt für den Frieden.

Zweitens ist die Friedensfahrt ein Beispiel für die politische Instrumentalisierung des Sports und der Sportberichterstattung, die sich als ein Grundzug der Entwicklung des Sportfernsehens durch die Geschichte der DDR zieht. Allerdings sind hier markante Zäsuren und Konjunkturen festzustellen. Sie deuten vor allem ab Mitte der 1970er-Jahre auf eine stärkere Orientierung auf das sportliche Geschehen und den Unterhaltungswert des Fernsehens (siehe für parallele Entwicklungen: DITTMAR/VOLLBERG 2002).

1. Exkurs zur Geschichte der Friedensfahrt

Die Friedensfahrt war seit ihrer erstmaligen Austragung im Jahr 1948 immer mehr als nur ein einfaches Straßenradrennen. Als sozialistisches Pendant zur Tour de France konzipiert war sie Ausdruck und zugleich Ergebnis sozialistischen Sportverständnisses und sozialistischer Sportpolitik sowie des Einflusses der ›großen Politik‹ auf diese. Zwar erreichte dieser Gegenentwurf nie die sportliche Bedeutung der großen westlichen Profitouren, vor allem, was den Schwierigkeitsgrad betrifft.[4] Dennoch war die Friedensfahrt das größte, schwerste und bedeutendste internationale Etappenrennen für Amateurradsportler. Als einziges Rennen wurde die Friedensfahrt von der Internationalen Amateur-Radsport-Föderation FIAC in die höchste Kategorie der Rundfahrten für Amateure eingestuft. Das traditionellerweise von der ČSSR,[5] der DDR und Polen zusammen ausgetragene Rennen gehörte in den Ostblockstaaten zu den wichtigsten sportlichen Ereignissen und war die bedeutendste (und prestigeträchtigste) jährlich stattfindende Sportveranstaltung in der DDR. Zudem erfreute sich die Friedensfahrt bei der Bevölkerung sehr großer Beliebtheit und dies wohl nicht nur wegen ihrer sportlichen Attraktivität, sondern auch, weil Radsportler aus der DDR mit großen Erfolgen an

---

4 So sind im Programm der Fahrt viele Anleihen von der Tour de France auffällig, beispielsweise das Gelbe Trikot (allerdings mit der Friedenstaube Picassos), die Einführung von Prolog, Sprint- und Bergtrikot, schließlich das Verzichten auf die ursprünglich vorherrschenden Zielankünfte in Stadien. Spezifisch für die Friedensfahrt bzw. die kollektivistische Ideologie des Ostens war hingegen die große Bedeutung der Mannschaftswertung (Blaues Trikot) bzw. des Mannschaftszeitfahrens (zumal es sich um eine olympische Disziplin handelte). Für Profiverhältnisse undenkbar war hingegen die Norm, bei Defekten auch Fahrern anderer Mannschaften zu helfen, verbunden mit der Ehrung des jeweils fairsten Mechanikers pro Etappe und Fahrt.

5 Es wird der Einfachheit halber durchgehend die Bezeichnung ČSSR verwendet, auch wenn die damalige Tschechoslowakei eigentlich erst 1960 als Tschechoslowakische Sozialistische Republik proklamiert wurde.

dem Rennen teilnahmen. Bis 1990 konnten von DDR-Fahrern bei 43 Rennen insgesamt 12 Gesamteinzel- und 19 Gesamtmannschaftssiege errungen und mehr als 110 Etappen gewonnen werden.

Organisiert und finanziert wurde die Friedensfahrt von den sogenannten ›Zentralorganen‹ der jeweiligen sozialistischen Regierungsparteien der drei Veranstalterländer – der polnischen Zeitung *Trybuna Ludu*, der *Rudé Právo* aus der ČSSR und dem *Neuen Deutschland* der DDR. Dies und der unbestritten politische Anspruch des Rennens verursachten immer wieder den Vorwurf, die Friedensfahrt sei nichts weiter als eine Propagandaveranstaltung für den Sozialismus und für die Staatsparteien der Veranstalterländer, insbesondere die SED. So war es für Willi Daume, Vorsitzender des DSB und des NOK der BRD, »eine Frage der Würde und Selbstachtung, von der Beteiligung an dieser Propaganda-Veranstaltung abzusehen« (*Der Tagespiegel*, Ausgabe vom 27.4.1956, o. S.). Insbesondere in der Bundesrepublik wurde der Vorwurf laut, Sport werde hier für politische Zwecke missbraucht. Stellvertretend für diesen Standpunkt sei folgender Auszug einer Ausgabe des *Tagesspiegel* von 1956 wiedergegeben:

> »[D]ieses [...] von den drei führenden kommunistischen Zeitungen Polens, der CSR und der Sowjetzone aufgezogene Radrennen [dient] unzweideutig politischen Zwecken [...]. Mit dem üblichen Propaganda-Rummel, mit Friedens-Losungen und Transparenten ist das nicht abgetan. Die sogenannten Selbstverpflichtungen zur Erhöhung der Arbeitsnorm, Zusatzschichten in Betrieben, Fern-Wettbewerbe, ›freiwillige‹ Sammelaktionen in Betrieben für Prämien, Friedensfahrt-Plaketten und anderes gehören dazu, wovon die beteiligten Radsportler nichts merken. Sie sind nur Mittel zum Zweck: das Sportereignis dient der politischen Beeinflussung« (*Der Tagespiegel*, Ausgabe vom 27.4.1956, o. S.).[6]

Aus heutiger Sicht betrachtet lässt sich diese insbesondere in den 1950er- und 1960er-Jahren geführte Diskussion um die Friedensfahrt in die allgemeinen politischen Umstände der Nachkriegszeit und des sich verstärkenden Kalten Krieges einordnen und damit sicherlich etwas relativieren. Die 1948 gegründete Friedensfahrt wurde gerade in den ersten 20 Jahren ihres Bestehens von den Veranstaltern mit hochtrabenden politischen Zielen verbunden.

---

6 Spätestens aber seit dem Beginn der 1970er-Jahre und mit dem Einsetzen der Entspannungspolitik unter der Brandt-Regierung normalisierte sich dann auch das Verhältnis zur Friedensfahrt; seit 1967 nahm auch die BRD relativ regelmäßig an diesem Rennen teil. Wesentliche Rahmenbedingung dafür war indes der sportliche Wert der Fahrt.

Sie war damit allerdings ›Kind ihrer Zeit‹ – in einer Phase, in der Sport (nicht nur) in der DDR stark vom politischen Pathos geprägt war. Allein dadurch wurde die Friedensfahrt oft zum Diskussionsgegenstand und wurde im Zuge der Systemauseinandersetzung sowohl von östlicher als auch von westlicher Seite für eigene Zwecke instrumentalisiert. So heißt es beispielsweise im §1 des Reglements von 1972 zum Ziel der Friedensfahrt: »Die internationale Friedensfahrt soll die Freundschaft und den Zusammenhalt zwischen den Völkern sowie die internationale Solidarität zwischen den Sportlern vertiefen und den Radsport popularisieren« (ZENTRALES ORGANISATIONSBÜRO 1972: 5).

Später wurde dieser Anspruch sogar noch deutlicher in den Reglements herausgestellt: »Die Internationale Friedenfahrt verbindet den sportlichen Wettkampf mit dem gemeinsamen Streben der Völker, den Weltfrieden zu festigen und die friedliche Koexistenz zur Grundlage der Beziehungen zwischen den Staaten mit verschiedenen Gesellschaftsordnungen durchzusetzen. Die Friedensfahrt manifestiert die Entschlossenheit aller ihrer Teilnehmer, für dauerhaften Frieden, Sicherheit und Zusammenarbeit der Völker einzutreten. Sie vertieft die internationale Solidarität der Sportler und popularisiert den Amateurradsport« (ULLRICH 1987: 15f.). Dieser Anspruch der Fahrt wurde mit vielen Symbolen und Aktionen verdeutlicht. Beispielsweise wurden ihr verschiedene politische Mottos vorangestellt, so die Propagierung einer atomwaffenfreien Zone im Jahr 1958. Als Wahrzeichen der Fahrt wurde Picassos Friedenstaube gewählt. Auch der Starttag des Rennens – zunächst wurde am oder um den 1. Mai, später am bzw. um den 8. Mai, den ›Tag der Befreiung vom Faschismus‹, gestartet – ist als symbolischer Ausdruck des Anspruchs der Fahrt zu verstehen. Die Flagge des Rennens bestand aus drei ineinandergehakten Speichenrädern, die Assoziationen zu den fünf olympischen Ringen und damit zur ›olympischen Idee‹ wecken sollten.

Die Friedensfahrt ist wie die Tour de France ein Produkt der Medien. Zygmunt Weiss, Sportjournalist der polnischen Zeitung *Trybuna Ludu*, und Karel Tocel, Sportjournalist der tschechischen Zeitung *Rudé Právo*, entwarfen 1947 den Plan eines Radrennens nach dem Muster der Tour de France. Ziel war laut Huhn, »ein Sportereignis zu arrangieren, das die Bindungen zwischen Polen, Tschechen und Slowaken wieder verbessern wollte« (HUHN 2002: 6).[7] Die erste Fahrt wurde bereits am 1. Mai 1948 gestartet, allerdings

---

7 Zunächst versuchte man, für diesen Zweck einen Boxkampf zwischen Sportlern Polens und der ČSSR zu veranstalten; später ein Motorradrennen, welches sich allerdings aufgrund der

noch mit zwei Fahrerfeldern – eines fuhr von Prag nach Warschau, das andere von Warschau nach Prag –, da man sich nicht einigen konnte, in welchem Land die Siegerehrung stattfinden sollte. Dies war jedoch eine einmalige Erscheinung, ab 1949 gab es dann nur noch ein Fahrerfeld. Zunächst nahmen Mannschaften aus Polen, der ČSSR, Ungarn, Rumänien, Bulgarien und Jugoslawien, also nur Teams aus den sogenannten ›Ostblockstaaten‹ teil. Doch schon bald folgten auch westliche Nationen wie Frankreich, Finnland (ab 1949), Großbritannien, Dänemark (ab 1950) und Italien (ab 1951) – noch vor der UdSSR, die erst ab 1954 an diesem Rennen teilnahm. Dass bereits in den Anfangsjahren und dann auch regelmäßig viele Mannschaften aus den westlichen europäischen Staaten teilnahmen, ist Beleg dafür, dass der Friedensfahrt dort im Allgemeinen mit wesentlich weniger Ressentiments begegnet wurde als in der Bundesrepublik. 1949 erhielt die Fahrt, die ursprünglich ›Tour der Slawen‹ genannt werden sollte, ihren Namen: Internationale Radfernfahrt für den Frieden bzw. einfach Friedensfahrt. Die von Picasso geschaffene Friedenstaube wurde zu ihrem Symbol erklärt. Schon im selbem Jahr wurde deutlich, dass die Friedensfahrt nicht unabhängig von der Politik der Veranstalterländer war. Die Mannschaft Jugoslawiens wurde ausgeladen, da es zu politischen Spannungen mit der UdSSR und den anderen Ostblockstaaten kam.[8] Erst 1956 nahm Jugoslawien wieder an der Friedensfahrt teil.

Zur dritten Friedensfahrt im Mai 1950, nur wenige Monate nach der Gründung der DDR am 7. Oktober 1949, wurde von den Organisatoren zum ersten Mal eine DDR-Mannschaft eingeladen. Die Einladung erfolgte auf polnische Initiative, war aber in den Veranstalterländern umstritten: »Es hatte damals in Polen heftige Dispute gegeben, ob man Deutsche einladen sollte oder nicht doch besser noch zwei oder drei Jahre damit warten sollte. Der Krieg war immerhin erst fünf Jahre vorbei, die Erinnerungen an die Opfer waren in vielen Familien noch frisch. Warschau war noch eine pure Trümmerwüste. Der Sportredakteur der Trybuna Ludu, Wlodek Golebiewski, hatte es sich in den Kopf gesetzt, die DDR einzuladen, weil er meinte, damit dem Namen des Rennens Rechnung zu tragen. Unter

---

Nachkriegsbedingungen als undurchführbar erwies.

8 Zu Spannungen kam es aufgrund von Titos Streben nach dem ›eigenen Weg‹ zum Sozialismus. Daraufhin wurde die KP Jugoslawiens aus der Kominform – dem ›Informationsbüro der kommunistischen Arbeiter-Parteien‹ – ausgeschlossen und über das Land eine Wirtschaftsblockade verhängt.

denen, die strikt dagegen waren, war auch der Präsident des polnischen Radsportverbandes, aber Golebiewski setzte sich durch, und so wurden DDR-Rennfahrer eingeladen« (KELLER 2001: 13).

Unter Leitung von Werner Schiffner wurde die DDR-Mannschaft 8, bester DDR-Fahrer wurde Lothar Meister, der den 14. Platz belegte. Damit schnitt die DDR bei ihrem ersten Start eher durchschnittlich ab. Schon ein Jahr später konnte das Ergebnis schon erheblich gesteigert werden: Die Mannschaft wurde Gesamtzweiter, ebenso wie Lothar Meister in der Einzelwertung; wiederum ein Jahr später belegte man bereits den ersten Rang in der Mannschaftswertung. Seit 1952 wurde, auf Vorschlag der *Trybuna Ludu* und der *Rudé Právo*, das *Neue Deutschland*, das Zentralorgan der SED, zur Organisation der Friedensfahrt hinzugezogen. Damit führte die Fahrt 1952 auch erstmals über das Gebiet der DDR. Nachdem die Friedensfahrt in den ersten Jahren stets zwischen den polnischen und tschechoslowakischen Hauptstädten Warschau und Prag verlief, wurde das Rennen nun unter Einbeziehung Ost-Berlins, der Hauptstadt der DDR, zur Dreistädtefahrt ausgebaut. Seitdem führte das Rennen stets über diese drei Hauptstädte; sie waren abwechselnd Start- bzw. Zielort der Friedensfahrt. 1955 gewann mit Gustav-Adolf – genannt ›Täve‹ – Schur erstmals ein DDR-Fahrer die Friedensfahrt, ein Erfolg, den er 1959 wiederholen konnte. Sein Sieg war der erste Sieg eines DDR-Sportlers bei einer international bedeutenden Sportveranstaltung und hatte für die DDR ähnlich große Bedeutung wie der Gewinn der Fußball-Weltmeisterschaft 1954 in der Schweiz für die Bundesrepublik Deutschland. Der sportliche Erfolg erhöhte das Selbstwertgefühl der Menschen und war für den DDR-Sport Initialzündung für alle kommenden sportlichen Erfolge. Täve Schur blieb bis zum Ende der DDR (und darüber hinaus) einer der populärste Sportler.[9]

Im folgenden Jahr, 1956, beteiligte sich auch erstmals die Bundesrepublik mit einer Mannschaft an der Fahrt; beide deutschen Mannschaften zogen bei der Eröffnung der Friedensfahrt hinter einer Fahne ins Stadion ein.[10] Insgesamt nahm dieses Land zunächst jedoch nur relativ selten und unregelmäßig am Rennen teil (die nächste Teilnahme fiel in das Jahr 1958,

---

9 Täve Schur wurde in der DDR neun Mal zum ›Sportler des Jahres‹ (1953-1961) und 1989 zum ›populärsten Sportler der DDR‹ in 40 Jahren, mithin: aller Zeiten, gewählt.

10 Der Einzug in ein Stadion zur Eröffnung der Friedensfahrt war eine Tradition, die die Fahrt mit den Olympischen Spielen und ihren Werten in Verbindung bringen sollte. Sie wurde jedoch später aufgegeben.

dann erst wieder 1967). Auch die 1960er-Jahre verliefen für die DDR-Fahrer mit drei Gesamteinzel- und vier Gesamtmannschaftssiegen erfolgreich. Die Siege führten zu einer weiteren Popularisierung der Friedensfahrt in der DDR. 1969 hatten wiederholt politische Umstände Einfluss auf die Friedensfahrt: Nach dem Einmarsch von Truppen der UdSSR und der weiteren sogenannten ›harten‹ Warschauer-Pakt-Staaten[11] am 20./21. August 1968 zur Niederschlagung des ›Prager Frühlings‹ und der darauf folgenden dauerhaften Stationierung sowjetischer Truppen auf dem Gebiet der ČSSR stellte die ČSSR 1969 keinen Etappenort für die Friedensfahrt zur Verfügung. Ebenso wurde vom tschechoslowakischen Radsportverband keine Mannschaft gemeldet. Es wurde einzig der Kompromiss gefunden, eine Etappe kurz über das Territorium des ČSSR führen zu lassen.

Spätestens seit dem Beginn der 1970er-Jahre hatte sich die Friedensfahrt jedoch vollends im internationalen Sport etabliert, auch die Bundesrepublik nahm nun regelmäßig an den Rennen teil. Die DDR-Sportler konnten in dieser Zeit allerdings weder den Hoffnungen der Bevölkerung noch den hohen Erwartungen der SED-Führung entsprechen. Nur ein Gesamteinzelsieg aus dem Jahr 1976 stand zu Buche, während die polnischen und russischen Mannschaften dominierten. Die Geschichte der Friedensfahrt in den 1980er-Jahren war durch einige Versuche gekennzeichnet, das Prestige und die Popularität des Rennens für politische Zwecke zu nutzen. Bei der 38. Friedensfahrt 1985 »hatten die Organisatoren eine eindeutig politische Entscheidung zu treffen: Die Sportführung der UdSSR ›empfahl‹ die Fahrt um einige Etappen in Moskau zu verlängern«, wobei »es in der Hauptleitung zuweilen Ärger gab, weil sich die Russen nicht immer an die Friedensfahrtgewohnheiten halten wollten« (HUHN 2002: 140). Aus (offiziell genanntem) Anlass des 40. Jahrestages des Sieges über den Faschismus startete die Friedensfahrt diesmal in Moskau, wo der Prolog und insgesamt 4 Etappen ausgetragen wurden.

Bereits ein Jahr später, 1986, wurde die Friedensfahrt erneut in der UdSSR gestartet, diesmal in Kiew. Brisanz erhielt der Start am 6. Mai in Kiew durch die Reaktorkatastrophe von Tschernobyl am 26. April 1986, also nur wenige Tage vor dem Start und nur wenige hundert Kilometer von Kiew entfernt. Trotz der Gefahren wurde das Rennen wie geplant in Kiew gestartet, was auch eine politische Entscheidung war, bei der die

---

11 DDR, Polen, Ungarn und Bulgarien.

sowjetische Führung »das Rennen als Bühnendekoration gegenüber der Weltöffentlichkeit benutzte. Während Hunderttausende Kiewer Zuschauer zusammenströmten, das Rennen als Zeichen dafür betrachtend, dass die Gefahren der Katastrophe gebannt waren, ließ der Staats- und Parteichef [Gorbatschow; Anm. d. Verf.] fast 300 in Moskau akkreditierte Journalisten nach Kiew fliegen, um ihnen dort mit Hilfe der Friedensfahrt ›normales Leben‹ vorzuspielen« (HUHN 2002: 19).

Aufgrund der bestehenden gesundheitlichen Gefahren für die Sportler sagten viele Länder die Fahrt ab; die Teilnehmerzahl halbierte sich gegenüber dem Vorjahr, von den westlichen Ländern entsandte nur Frankreich eine Mannschaft. Die Kritik an der Durchführung der Fahrt in Kiew veranlasste jedoch Moskau dazu, auf eine weitere Beteiligung der UdSSR als Mitveranstalter in den nächsten Jahren zunächst zu verzichten. Auch für 1989 war ein Super-Rennen mit politischen Motiven geplant. Anlässlich des 200. Jahrestages der Französischen Revolution sollte die Friedensfahrt – einem französischem Vorschlag folgend – von Paris nach Moskau geführt und zudem sollten Profis beteiligt werden. Dies scheiterte jedoch an einer Vielzahl von Gründen, insbesondere an Geldproblemen, dem Widerstand von Sponsoren und der Profi-Föderation FICP. Die DDR-Sportführung stand diesem Unternehmen ohnehin kritischen gegenüber, sah sie darin doch eine weitere Stufe der Kommerzialisierung des Sports.

Sportlich wurde die Friedensfahrt in den 1980er-Jahren von DDR-Fahrern beherrscht. Insgesamt 6 Gesamteinzelsiege (1982-1983 und 1986-1989) wurden errungen, zudem wurden 61 Tageseinzelsiege gewonnen – das entspricht 44 Prozent aller in diesem Zeitraum bestrittenen Etappen. Mit Olaf Ludwig und Uwe Ampler dominierten zwei Sportler, die zu den größten Sportstars der DDR gehörten und später auch im Profisport reüssierten. Mit der politischen Wende 1989 und dem damit verbundenen Wegfall sowohl der politischen als auch finanziellen ›staatlichen Unterstützung‹ erlitt die Friedensfahrt einen großen Bedeutungsverlust, den sie bis heute nicht kompensieren konnte. Im Vergleich zu den großen Straßenradsportrennen wie der Tour de France oder dem Giro d'Italia fristete die Friedensfahrt eher ein Schattendasein, auch wenn sie bis 2006 überleben und sich bis dahin im internationalen Profiradsport etablieren konnte. Die politische Diskussion um die Friedensfahrt setzte nach dem Ende der DDR und dem Zerfall des sozialistischen Systems verstärkt ein; so wurde die Friedensfahrt im Zuge des Diskussion um den Missbrauch des Sports in der DDR wieder verstärkt thematisiert (vgl. hierzu HUHN 2002: 21ff.).

2.   Untersuchung

In der diesem Beitrag zugrunde liegenden Magisterarbeit (siehe Fußnote 1) wurden vier Fragestellungen untersucht:

1. Wie und mit welchen Mitteln wurde die Friedensfahrt im DFF inszeniert? Wie wurde sie in die Programmstruktur des DFF integriert?
2. Mit welchen technischen und personellen Mitteln wurde die Friedensfahrt im DDR-Fernsehen in Szene gesetzt?
3. Wie wurden die Übertragungen der Friedensfahrt geplant und organisiert?
4. Welche Rolle spielte die politische Dimension der Friedensfahrt bei der Planung ihrer fernsehtechnischen Inszenierung? Hatten politische Entwicklungen und die Instrumentalisierung der Friedensfahrt seitens der SED Einfluss auf die Inszenierung? Wenn ja, wie äußerte sich dies?

ABBILDUNG 1
Analysemodell

Quelle: Eigene Darstellung

Dabei darf natürlich nicht übersehen werden, dass sich die Berichterstattung nicht ausschließlich am politisch-ideologischen Auftrag orientieren konnte, sondern gleichzeitig den Zuschauerinteressen nach Informationsvielfalt und Unterhaltung Rechnung getragen werden musste. Es waren in diesem Zusammenhang Mittel und Maßnahmen des Sportfernsehens zur Gestaltung einer attraktiven und konkurrenzfähigen Sportsendung zu bestimmen, die aufgrund ihres Themas nicht nur nationale, sondern auch internationale Beachtung fand.

3.   Quellen

Auch um den problematischen Gegebenheiten der Quellenlage[12] Rechnung zu tragen, wurde für die Untersuchung eine Kombination verschiedener Methoden gewählt. Dabei wurde sich sowohl auf senderinterne als auch auf senderexterne Daten gestützt. Nebeneinander werden die Ergebnisse einer Dokumentenanalyse und einer Programmanalyse ausgewertet. Die Dokumentanalyse umfasst den überlieferten DFF-Schriftgutbestand, der im DRA Potsdam und im Bundesarchiv Berlin archiviert ist. Die Programmanalyse bezieht sich auf eine Auswertung der Programmzeitschrift FF *dabei* und (zur Ergänzung) der Sendebücher der Sportredaktion des DFF.

Der Untersuchungszeitraum erstreckt sich auf die Jahre von 1955 bis 1990, umfasst also einen Zeitraum von 34 Jahren. Er deckt dabei beinahe die gesamte Ära des DFF ab. So lässt sich ein vollständiges Bild bestimmter Entwicklungen des Sportfernsehens der DDR, nachvollzogen an einem konkreten Beispiel, zeichnen. Der Untersuchungszeitraum beginnt 1955, da in diesem Jahr erstmals Filmberichte von der Friedensfahrt im DFF gesendet wurden. 1991, das letzte Jahr der DFF-Epoche, wird nicht mehr in den Untersuchungszeitraum aufgenommen, da die Friedensfahrt hier nicht mehr bedeutender Bestandteil des Sportprogramms war.

---

12 Die generelle Archivsituation für das Sportfernsehen wurde von Warnecke (2003) dargestellt. Auch im vorliegenden Fall wies das Schriftgutarchiv erhebliche Lücken auf. Das Bildarchiv ließ keine systematischen Analysen der Berichterstattung zu, da Live-Übertragungen nur in Ausnahmefällen gespeichert wurden.

TABELLE 1
Details zum Untersuchungsansatz

Untersuchungsmethode	Programmanalyse, Dokumentenanalyse
Untersuchungsobjekt	1. und 2. Programm des DDR-Fernsehens
Untersuchungseinheit	Alle Sondersendungen zur Friedensfahrt
Untersuchungszeitraum	01. Mai 1955 - 18. Mai 1990
Datenbasis	Programmzeitschrift *FF dabei* 1957 bis 1990 Sendebücher der Sportredaktion des DFF 1969 bis 1990 DFF-Schriftgutbestand des DRA Potsdam und Akten des Bundesarchivs Berlin

Quelle: Eigene Darstellung

4.   Die Friedensfahrt im DDR-Fernsehen

Die Entwicklung der Berichterstattung über die Friedensfahrt im DDR-Fernsehen lässt sich in vier Phasen unterteilen:
1. Phase: 1955 bis 1967
2. Phase: 1968 bis 1984
3. Phase: 1985 bis 1989
4. Phase: 1990

4.1   *Experimente – Die Jahre 1955 - 1967*

Das Jahr 1952 markierte den Beginn einer Periode, in der durch einschneidende Maßnahmen der Ausbau der DDR nach Vorbild anderer Ostblockstaaten zu einer sogenannten ›Volksdemokratie‹ intensiviert wurde. Die SED erhoffte sich durch Zentralisierung der Verwaltung im Inneren und Eingliederung in das politische Gefüge des Ostblocks eine radikale Abgrenzung zu den westeuropäischen Staaten und insbesondere zur BRD. Höhe- und zugleich Endpunkt dieser Bestrebungen bildete der Bau der Berliner Mauer am 13. August 1961.

Von besonderer Bedeutung für die SED war es, die DDR politisch und wirtschaftlich in die Ostblockstaaten zu integrieren und Vorbehalte gegenüber einem ›neuen‹ Deutschland und seiner Bevölkerung abzubauen (vgl. BUSS/BECKER 2001: 334). Internationale Anerkennung auch außerhalb der Warschauer-Pakt-Staaten zu erlangen war ein weiteres, für die DDR-Politik

ABBILDUNG 2

Sendevolumen in Phase 1 (Experimente)

1955-1967
Durchschnittliche Sendeminuten pro Tag (ohne Wdh.)

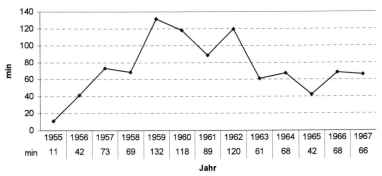

	1955	1956	1957	1958	1959	1960	1961	1962	1963	1964	1965	1966	1967
min	11	42	73	69	132	118	89	120	61	68	42	68	66

Jahr

Quelle: Eigene Darstellung

in dieser Phase vordergründiges Ziel. Der Kampf um internationale und völkerrechtliche Anerkennung wurde insbesondere in der Auseinandersetzung mit der BRD geführt. Dabei spielte der Sport eine wichtige Rolle, denn der war in diesen Jahren »international erheblich erfolgreicher als die offizielle Diplomatie, die bis zu diesem Zeitpunkt keinerlei staatliche Anerkennung im Westen erreicht hatte« (BUSS/BECKER 2001: 327). Die Friedensfahrt eignete sich besonders für die Verwirklichung dieser Ziele, da sie eines der wenigen sportlichen Ereignisse von internationalem Rang auf dem Gebiet der DDR war. »Die [...] Friedensfahrt muß mithelfen, die Bevölkerung der Deutschen Demokratischen Republik gemeinsam mit den Friedensfahrern zu einer festen Kampffront gegen die Pariser Verträge, für ein einheitliches, demokratisches und friedliebendes und unabhängiges Deutschland und die Erhaltung des Friedens zusammenzuschließen. Die Mannschaft der Deutschen Demokratischen Republik ist politisch und sportlich so vorzubereiten, daß sie fähig ist, den ersten Platz in der Mannschaftswertung für die Deutschen Demokratischen Republik zu erkämpfen.«[13]

13 Deutsches Bundesarchiv. SAPMO DY 30/J IV2/3/ 457. Plan zur Vorbereitung und Durchführung der VIII. Internationalen Radfernfahrt für den Frieden 1955. Anlage Nr. 2 zum Protokoll Nr. 8/55 vom 23.2.1955.

Die Periode von 1955 bis 1967 zeichnet sich durch ein im Vergleich hohes Sendevolumen der Friedensfahrt-Berichterstattung aus. Dies gilt insbesondere für die Jahre 1959, 1960 und 1962. Hier wurden Werte erreicht, die den Höchststand für den gesamten Untersuchungszeitraum bedeuten. Die Sendungen von der Friedensfahrt waren ›Aushängeschild‹ des DEUTSCHEN FERNSEHFUNKS, mit denen auf nationaler und internationaler Ebene bewiesen werden sollte, dass der DFF in der Lage ist, Sportsendungen von hoher Qualität zu produzieren.

Bereits ab 1956 wurde dem Konzept gefolgt, in Direktübertragungen und zusätzlich in Tageszusammenfassungen von der Friedensfahrt zu berichten. Ansonsten ist die Friedensfahrtberichterstattung in dieser Phase durch Experimente gekennzeichnet. Dies gilt sowohl für Sendeformen als auch für die medientechnische Realisierung der Übertragungen.

Der sprunghafte Anstieg der Sendezeit 1959 kann auf politische Einflussfaktoren zurückgeführt werden. In diesem Jahr hatte die Friedensfahrt für die DDR besondere Bedeutung, da das Rennen erstmals in (Ost-)Berlin gestartet wurde. So gab das Sekretariat des ZK der SED am 25.2.1959 folgende Anweisung: »Presse, Funk und Fernsehen erhalten die Aufgabe, die Friedensfahrt im Zusammenhang mit dem politischen Kampf unseres Volkes stärker in ihr Programm einzubeziehen. Die Aufgeschlossenheit der Massen unserer Bevölkerung gegenüber diesem Sportereignis muß zur intensiven Aufklärung genutzt werden.«[14] Diese Anweisung schlug sich deutlich im Sendeumfang nieder, wobei sich die durchschnittliche Sendezeit 1959 gegenüber dem Vorjahr um 91 Prozent erhöhte und damit fast verdoppelte. Auch wenn die staatliche Einflussnahme auf die Programminhalte zu diesem Zeitpunkt noch nicht überbewertet werden sollte,[15] wird trotzdem deutlich, dass die Popularität und Ausstrahlungskraft der Friedensfahrt von der SED erkannt wurde und auch im Fernsehen politisch genutzt werden sollte.

---

14 Deutsches Bundesarchiv. SAPMO DY/30/J IV 2/3/ 633. Protokoll Nr. 6/59 der Sitzung des Sekretariats des ZK am 25.2.1959.
15 Einerseits spricht u. a. Weickert davon, dass sich die staatliche Einflussnahme erst ab Mitte der 1960er-Jahre verstärkt bemerkbar machte (vgl. WEICKERT 2002: 8). Andererseits waren 1959 in der DDR erst 593.500 Fernsehgeräte angemeldet (vgl. HOFF 1993: 257); es verfügten zu diesem Zeitpunkt also nur rund 10 Prozent der DDR-Haushalte über ein Fernsehgerät, womit mögliche Wirkungspotenzen schon aus diesem Grund noch beschränkt waren.

Für die Direktübertragungen wurden Mittel erprobt, welche die Sendemöglichkeiten der Friedensfahrt stetig verbesserten. Zu nennen sind an dieser Stelle insbesondere der Einsatz von auf Pkw und Hubschraubern montierten Kameras sowie die Entwicklung des Laboratoriumswagens, der die rasche Entwicklung des verwendeten Filmmaterials gestattet. Diese Neuerungen erweiterten nicht nur die Möglichkeiten der Direktübertragungen im Sport, sondern waren auch für die allgemeine Programmtätigkeit des DFF von Bedeutung, da sie auch für andere Bereiche die Produktionsmöglichkeiten verbesserten.

Der hohe Sendeumfang und der große Produktionsaufwand stehen sowohl mit der großen Popularität des Rennens in der Bevölkerung als auch mit seiner sportpolitischen Bedeutung für die noch junge DDR im Einklang. Der Betonung der (sport)politischen Bedeutung wurde ein relativ breiter Raum zugesprochen. Dabei waren hauptsächlich folgende Aspekte von Bedeutung:

- Herstellen einer Verbindung der sportlichen Erfolge zum sozialistischen System und damit Beweis der Überlegenheit des sozialistischen Sports,
- Betonung der durch die Friedensfahrt geförderten friedlichen und freundschaftlichen Beziehungen der DDR zu anderen Ländern, hauptsächlich mit der UdSSR, der ČSSR und Polen,
- Darstellung des Aufbaus von Städten, Dörfern und Betrieben in der DDR und
- Herausstellung der wachsenden internationalen Anerkennung der DDR.

4.2 Stillstand – Die Jahre 1968 - 1984

Die Periode von 1968 bis 1984 ist sowohl von einem Rückgang der Übertragungszeiten als auch durch einen stark verminderten Aufwand für die Berichterstattung von der Friedensfahrt gekennzeichnet. Im Gegensatz zu den 1950er- und 1960er-Jahren wurde zumeist auf umfangreiche Direktübertragungen verzichtet. Weiterentwicklungen hinsichtlich der Übertragungsformen oder technischen Neuerungen sind nicht festzustellen. Die Konzepte folgten – wenn überhaupt – lediglich den Anfang der 1960er-Jahre entwickelten Formen.

Die Ursachen dafür liegen vermutlich in einer Schwerpunktverschiebung in der Live-Berichterstattung von sportlichen Großereignissen begründet. Während die Friedensfahrt von 1955 bis 1967 eines der wenigen Sportereignisse von internationalem Rang und großer sportlicher Bedeutung war, an dem die DDR mit einer eigenen Mannschaft teilnehmen konnte, hatte sie ab 1968 nun auch bei international bedeutenderen sportlichen Großveranstaltungen die Möglichkeit, sich durch die Beteiligung mit einer souveränen Mannschaft zu profilieren. Insbesondere die Olympischen Spiele sind hier zu erwähnen. Die sportliche Integration der DDR in die Weltengemeinschaft, die eines der Hauptziele der politischen Instrumentalisierung in der Vorphase war, war nun erreicht. Da das DDR-Fernsehen über stark limitierte finanzielle und technische Ressourcen verfügte, aber gerade die Übertragungen von den Olympischen Spielen hohen Aufwand erforderten, mussten vermutlich für die Friedensfahrt trotz ihrer großen Popularität in der Bevölkerung Kompromisse eingegangen werden, die zum Rückgang der Berichterstattung führten.

Auch wird deutlich, dass der politische Aspekt der Friedensfahrtberichterstattung – zumindest in den Unterlagen – mehr in den Hintergrund trat. Zwar wurde noch immer die Bedeutung der Friedensfahrt für die Vertiefung des Friedens und der Sicherheit in Europa sowie für die sogenannte ›sozialistische Integration‹ betont, dennoch fanden diese Aspekte weder den breiten Raum wie noch von 1955 bis Mitte der 1960er-Jahre. Dessen ungeachtet gehörte die Friedensfahrt noch immer zu den Säulen der DFF-Sportberichterstattung, was hauptsächlich der Sendeplatz der täglichen Zusammenfassungen in der Hauptsendezeit um 19:00 Uhr deutlich macht, der sowohl die sportliche Bedeutung als auch die Popularität der Friedensfahrtsendungen unterstreicht.

4.3   *Neubelebung – Die Jahre 1985 - 1989*

Die Jahre 1985 bis 1989 sind geprägt von einer verstärkten politischen Einflussnahme auf die Friedensfahrt. Nachdem die Friedensfahrt in den letzten Jahren eher ein ruhiges Dasein fristete, erreichte sie nun in mehrfacher Hinsicht ›neue Dimensionen‹ und wurde sogar zum Thema von Auseinandersetzungen auf der großen internationalen politischen Bühne. Initialzündung war der Parteibeschluss der KPdSU der UdSSR von 1984, an der Friedensfahrt 1985 als viertes Ausrichterland zu partizipieren und die Fahrt in Moskau starten zu lassen. Diese Entscheidung sollte auch für alle kommenden Austragungen gelten. Offiziell begründet wurde der Be-

ABBILDUNG 3
Sendevolumen in Phase 2 (Stillstand)

1968 - 1984 Sendeminuten pro Tag (ohne Wdh.)

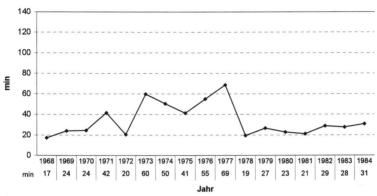

	1968	1969	1970	1971	1972	1973	1974	1975	1976	1977	1978	1979	1980	1981	1982	1983	1984
min	17	24	24	42	20	60	50	41	55	69	19	27	23	21	29	28	31

Jahr

Quelle: Eigene Darstellung

schluss damit, dass so »ein würdiger Beitrag des Sports zum 40. Jahrestag der Befreiung und des Sieges über den Hitlerfaschismus geleistet werden kann.«[16] Diese Bestimmung wurde von der SED-Führung mit großem Unmut aufgenommen und führte zu einer Reihe von Konfrontationen, hauptsächlich mit der UdSSR und Polen.[17]

Nach der großen internationalen Kritik an der Austragung der Friedensfahrt in Kiew, nur wenige Tage nach dem Reaktorunglück von Tschernobyl, wurde in den Folgejahren aber von einer weiteren Beteiligung der UdSSR abgesehen, auch weil befürchtet wurde, wieder mit einer Absageflut westlicher Mannschaften konfrontiert zu werden. Bereits 1987 aber gab es Pläne, das traditionelle Friedensfahrt-Korsett zu durchbrechen und sie in neue sportliche sowie sportpolitische Dimensionen zu heben. Auf Vorschlag der französischen Zeitung L'Humanité, die damals von der dortigen kommunistischen Partei herausgegeben wurde, sollte die Fahrt 1989 von Paris nach Moskau führen und dabei sowohl Frankreich als auch die BRD, ČSSR, DDR, Polen und die UdSSR durchqueren. Auch bei Erfolg

---

16 Deutsches Bundesarchiv. SAPMO DY 30/5097. Bericht des Präsidenten des DTSB der DDR vom 22.10.1984.

17 Deutsches Bundesarchiv. SAPMO DY 30 / IV 2 / 2.2039 / 259. Büro Egon Krenz. Sowie: Ebd. DY 30/5097.

sollte dieses Konzept keine Einmaligkeit bleiben. Das Vorhaben fand in der DDR wiederum zunächst keine Unterstützung, denn »offensichtlich soll die Fahrt Paris-Moskau 1989 dazu genutzt werden, diese Strecke künftig als Friedensfahrt zurückzulegen und die traditionelle Friedensfahrt zu liquidieren«, so Egon Krenz in einem Brief an Erich Honecker.[18]

Eine Ausweitung der Fahrt auf eine Strecke von Paris nach Moskau hätte auch eine Kommerzialisierung der Friedensfahrt bedeutet. Die DDR allerdings verschloss sich diesen internationalen Entwicklungen und auch den neuen Vorhaben mit der Friedensfahrt, hauptsächlich, weil man befürchtete, durch die Professionalisierung nicht mehr konkurrenzfähig zu sein: »Das größte Amateuretappenrennen der Welt würde dem Professionalismus ausgeliefert mit all seinen Folgen. So würde auch einigen sozialistischen Ländern erlaubt werden, ihre im Westen lebenden und dem Kapitalismus dienenden Profis wieder in ihre Nationalmannschaften einzubeziehen und ihnen so größere Chancen einräumen, die DDR aus ihrer Spitzenfunktion zu verdrängen.«[19]

Letztendlich konnte das Rennen von Paris nach Moskau nicht verwirklicht werden. Der Plan scheiterte insbesondere an der Ablehnung durch die Internationale Radsport-Union UCI, die eine Einordnung der Friedensfahrt als ›open‹ nicht zustimmte. Danach schlugen Polen und die ČSSR sportliche und ökonomische Änderungen vor, deren Umsetzung sie zur Bedingung für die weitere Teilnahme als Mitveranstalter des Rennens machten. Neben der Erhöhung der sportlichen Attraktivität sollte für die Friedensfahrt u. a. mit der BRD oder Österreich ein viertes Veranstalterland hinzugezogen werden, um Sponsoren anzulocken, Werbekolonnen zu ermöglichen und dadurch die finanziellen Möglichkeiten zu erweitern. Durch diese Öffnung folgten sie den internationalen Trends. Die DDR allerdings verschloss sich Entwicklungen, sodass die Veränderungsvorschläge für die Friedensfahrt – soweit sie überhaupt durchführbar gewesen wären – sich für die DDR als nicht akzeptabel erwiesen.

Zwar wurden offensichtlich noch Mittel und Wege gefunden, die Fahrt zumindest noch für 1990 zu sichern, ein Ende der Friedensfahrt in der bisherigen Form und Konstellation der Veranstalter deutete sich jedoch an.

---

18 Deutsches Bundesarchiv. SAPMO DY 30/5098. Brief Egon Krenz an Erich Honecker vom 14.03.1988.
19 Deutsches Bundesarchiv. SAPMO DY 30/5098. Brief des DTSB der DDR an Egon Krenz vom 17.11.1987.

ABBILDUNG 4

Sendevolumen in Phase 3 (Neubelebung)

1985 - 1989 Sendeminuten pro Tag (ohne Wdh.)

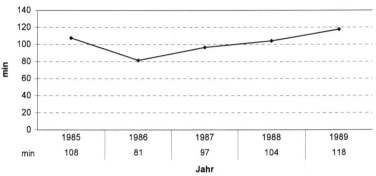

	1985	1986	1987	1988	1989
min	108	81	97	104	118

Jahr

Quelle: Eigene Darstellung

Die Friedensfahrt-Berichterstattung in den Jahren von 1985 bis 1989 zeichnete sich durch einen gegenüber der vorherigen Periode stark gestiegenen Sendeumfang und erhöhten Aufwand der Übertragungen aus. Neue Formate und Sendekonzepte gab es allerdings nicht. Von beinahe jeder Etappe wurden ca. zweistündige Direktübertragungen ausgestrahlt, die in ihrem Umfang und Aufwand den Übertragungen Anfang der 1960er-Jahre ähneln. Die einzigen wesentlichen Neuerungen sind der Einsatz von Motorradkameras und von beweglichen Kameras in den Hubschraubern. Indes konnte der DFF immer weniger den internationalen Standards von Sportübertragungen entsprechen.

Der politische Aspekt der Friedensfahrtberichterstattung war schon in der Vorperiode von untergeordneter Rolle, nun ist er zumindest in den Planungsunterlagen von keiner großen Relevanz. Die Betonung der Bedeutung der Friedensfahrt für Frieden und Völkerfreundschaft hatte eher rituellen Charakter. Allerdings konnte und sollte mit den Übertragungen die Stärke der DDR als Sportnation herausgestellt werden. Entscheidender für den DFF war es aber, auch mit der in der Bevölkerung immer populären Friedensfahrt die Zuschauer durch umfangreiche Übertragungen an das eigene Programm zu binden. Dabei stellten ausgedehnte Sportdirektübertragungen ein Mittel der *alternativen Programmgestaltung* (vgl. DITTMAR/VOLLBERG 2004) dar.

4.4   *Das Ende – 1990*

Nachdem Polen und die ČSSR schon vor der im Oktober 1989 beginnenden politischen ›Wende‹ nur noch wenig Interesse an der Friedensfahrt zeigten, brachten die neuen Umstände bereits 1990 größere Veränderungen für die Friedensfahrt, die sich hauptsächlich in einer veränderten Streckenführung manifestierten. Zwar führte das Rennen noch immer über das Gebiet der DDR, ČSSR und Polens, aber die Hauptstädte Prag und Warschau wurden nicht mehr in die Fahrt einbezogen.[20] Noch im August 1989 wurde in der Sportredaktion des DDR-Fernsehens von einer Friedensfahrtübertragung mit gleichem Aufwand und Umfang wie in den Vorjahren ausgegangen. Die politischen Umwälzungen machten jedoch diese Überlegungen zum größten Teil zunichte. Dennoch wurde am üblichen Konzept festgehalten. Wie immer wurden wochentags Tageszusammenfassungen um 19.00 Uhr im 1. Programm ausgestrahlt. Des Weiteren wurden vom DDR-Fernsehen erneut Direktübertragungen realisiert, die nun allerdings nur ca. die letzten 20 Kilometer der Etappe erfassten. Der DFF konnte zudem nur Direktübertragungen vom Gebiet der DDR ausstrahlen. Sowohl TVP als auch ČST zeigten kein Interesse an größeren Übertragungen und verzichteten sogar vollständig auf sie. Daher erreichte das Sendevolumen der Sondersendungen über die Friedensfahrt 1990 nur insgesamt 480 Sendeminuten. Das ergibt eine durchschnittliche tägliche Sendedauer von 31 Minuten ohne Wiederholungen, womit der Umfang um 74 Prozent gegenüber dem Vorjahr sank und wieder das Niveau der frühen 1970er-Jahre erreichte. Im Grunde bedeutet diese Zahl nur, dass eine tägliche Zusammenfassung mit einer Länge von 25 Minuten und insgesamt nur zwei Direktübertragungen von je ca. einer Stunde Länge ausgestrahlt wurden. Mit den politischen Veränderungen verringerte sich auch das Zuschauerinteresse. Konnten die Tagesberichte 1987 noch eine Sehbeteiligung von 30,7 Prozent erreichen, wurden die Zusammenfassungen 1990 nur noch von 12 Prozent aller Zuschauer verfolgt.[21] Mit diesen Übertragungen fand die Berichterstattung von der Friedensfahrt, die bis dahin zu den tragenden Säulen der Sportberichterstattung im

---

20 Stattdessen fuhr man jetzt die Strecke Berlin – Slušovice – Bielsko Biała.
21 Schriftgutbestand des DRA. Ordner: W 70. Programmdirektion Zuschauerforschung 24. Mai 1990. Zum Programm vom 10.05.-17.05.1990.

DDR-Fernsehen gehörte, ihr Ende. Im letzten Jahr des DFF, 1991, wurden keine Sondersendungen mehr über das einst bedeutendste Amateurstraßenradrennen der Welt ausgestrahlt.

Für das DDR-Fernsehen lässt sich die Friedensfahrt als deutlicher Programmhöhepunkt kennzeichnen – allerdings mit erheblichen Schwankungen zwischen den skizzierten Phasen. Eine Besonderheit soll abschließend erwähnt werden. Als Fahrt durch drei Länder bedurfte die Friedensfahrt eines erheblichen Abstimmungsaufwandes. Das betraf die Ausrichter (die Zentralorgane der führenden Parteien der drei Länder, mithin die politischen Führungen), die eigentlichen Veranstalter (die Sportverbände) und schließlich auch die Berichterstattung durch drei Fernsehstationen (ab 1960 im Rahmen der INTERVISION). Probleme dieser Abstimmungen, die in den Akten teilweise nachvollzogen werden können, drangen ebenso wenig an die Öffentlichkeit wie die politischen Diskussionen über die die UdSSR einschließenden Streckenführungen von 1985 und 1986 oder das nur symbolische Berühren des tschechoslowakischen Territoriums durch die Fahrt von 1969, wenige Monate nach Niederschlagung des ›Prager Frühlings‹. Dazu hatte das DDR-Fernsehen nicht das Mandat. Ihm oblag es, Bilder des friedlichen und fairen Wettstreits zum Ruhme höherer Werte zu vermitteln.

TABELLE 2

Chronik der Friedensfahrtübertragungen

1955	Erste Filmberichte von der Friedensfahrt (02.05.) jeweils um 20:00 Uhr, Länge 4-29 min, Abtastung vom 16-mm-Negativfilm, vermutlich nicht tagesaktuell
1956	Erste Direktübertragungen von der Friedensfahrt: Starts und Zielankünfte aus Berlin (08./09.05.) und Leipzig (09./10.05.), Übertragungen ausschließlich aus dem Zielstadion
1957	Erste Direktübertragung aus Prag durch eine direkte Verbindung von Prag und Berlin (02.05.), erstmals tagesaktuelle Etappenzusammenfassungen
1958	Erste Direktübertragung aus Warschau (02.05.)
1959	Erste Aufnahmen aus der Vogelperspektive mit dem Hubschrauber, die letzten 5-10 km der Etappe können so live übertragen werden, Einsatz eines Laboratoriums- bzw. Filmwagens, der es erlaubt, bereits während der Fahrt Filmmaterial zu kopieren und zu schneiden; Höchststand des Übertragungsvolumens: 2235 min (durchschnittlich 132 min pro Tag, ohne Wdh.)
1960	Gemeinsame Friedensfahrt-Sendungen vom DFF, CST und TVP im Rahmen der INTERVISION; alle Zieleinkünfte werden live übertragen, stationäre Kameras an der Strecke, sodass die letzten Kilometer der Fahrt erstmals >vom Boden< direkt übertragen werden können
1961	Einsatz einer Kamera für Direktübertragungen, die auf Pkw montiert wurde, stationäre Kameras entlang der Strecke; die letzten 40 bis 50 km der Strecke können live übertragen werden
1963	Anordnung des Friedensfahrt-Organisationskomitees, nach der die Fernsehberichterstattung in allen drei Ländern nach einheitlichem Modus vorzunehmen ist: Berichterstattung geht sowohl quantitativ als auch qualitativ zurück
1968	Keine Direktübertragungen; Rückgang des Sendevolumens auf durchschnittlich 17 min pro Tag: Tiefststand
1973	Wieder Direktübertragungen der letzten 30 km der Etappe; Tageszusammenfassungen erhalten einen Sendeplatz um 19:00 Uhr im 1. Programm und haben eine Länge von 25 min; dieses Prinzip wird bis 1990 beibehalten; erstmals Einsatz einer elektronischen Zeitlupenanlage Einsatz von Handkameras
1978	Nur noch die Zieleinkunft wird live übertragen (etwa 10 bis 15 min)
1985	Wieder umfangreiche Direktübertragungen von ca. 2 h Länge; Sendevolumen steigt auf durchschnittlich 108 min pro Tag; erstmals bewegliche Kameras in den Hubschraubern
1986	Einsatz von Motorradkameras
1990	Letztmalige Berichterstattung von der Friedensfahrt in Sondersendungen; Direktübertragungen nur noch auf dem Gebiet der DDR

TABELLE 3

Übersicht über das Sendevolumen der Friedensfahrtberichterstattung

Jahr	Etappen	Sendezeitraum in Tagen	Sendezeit ges. in min	Sendezeit ges. in min (o. Wdh.)
1955	13	17	310	186
1956	12	14	581	581
1957	12	15	1214	1097
1958	12	14	1320	960
1959	12	15	2235	1975
1960	13	16	2130	1890
1961	13	16	1420	1420
1962	14	17	2185	2035
1963	15	18	1225	1095
1964	14	16	1080	1080
1965	15	16	675	675
1966	15	18	1360	1230
1967	15	17	1120	1120
1968	14	16	275	275
1969	15	14	335	335
1970	15	15	365	365
1971	15	16	845	665
1972	15	16	500	325
1973	17	18	1275	1075
1974	14	16	1055	805
1975	14	16	785	660
1976	15	18	1140	990
1977	13	14	1110	960
1978	13	15	315	290
1979	15	16	525	425
1980	15	16	515	365
1981	15	15	465	315
1982	13	15	530	430
1983	13	15	590	415
1984	12	15	635	460
1985	13	15	1715	1615
1986	16	18	1665	1465
1987	15	16	1920	1545
1988	14	15	2035	1560
1989	12	13	2030	1530
1990	12	10	480	305

Anmerkung: Der Sendezeitraum umfasst den gesamten Zeitraum von der ersten bis zur letzten Sondersendung. Die Unterschiede zur Etappenanzahl (einschl. Prolog) ergeben sich durch Ruhetage und durch sogenannte ›Halbetappen‹. Halbetappen sind Streckenabschnitte, von denen an einem Tag jeweils zwei gefahren wurden, aber die als jeweils eigenständige Etappe galten.

TABELLE 4
Übersicht über Sendeformate und Sendezeiten

| Jahr | Formate | | | | Sendezeit BvT | | Umfang in min | | | | | DÜ/ |
	DÜ	ZA	BvT	Wdh.	Uhrzeit	min	ges.	DÜ	ZA	BvT	Wdh.	Etappen
1955			x	x	20:00	4 - 29	310			186	124	
1956	x		x		?	ca. 10	581	479		102		2/12
1957	x		x	x	22:15	5 -22	1214	909		188	117	5/12
1958	x		x	x	22:15	30	1320	570		390	360	9/12
1959	x		x	x	22:15	20 - 45	2235	1565		410	260	12/13
1960	x		x	x	22:15	20	2130	1610		280	240	13/13
1961	x		x		21:50	30	1420	1360		60		10/13
1962	x		x	x	nach 21:30	15	2185	1765		270	150	14/14
1963	x		x	x	nach 21:40	10 - 15	1225	955		140	130	13/15
1964	x		x		nach 22:20	5 - 10	1080	1055		25		14/14
1965	x						675	675				11/15
1966	x		x	x	nach 22:00	10 - 20	1360	1055		175	130	13/15
1967	x		x		unregelmäßig	10 - 30	1120	865		255		13/13
1968			x		19:00	25	275			275		
1969			x		nach 21:00	15 -30	335			335		
1970		x	x		nach 22:00	20	365		145	220		
1971		x	x	x	nach 21:50	20	845		405	260	180	
1972		x	x	x	nach 22:00	25	500		200	125	175	
1973	x		x	x	19:00	25	1275	745		330	200	12/17
1974	x		x	x	19:00	25	1055	515		290	250	12/14
1975	x		x	x	19:00	25	785	460		200	125	12/14
1976	x		x	x	19:00	25	1140	765		225	150	14/15
1977	x		x	x	19:00	25	1110	760		200	150	13/13
1978	x		x	x	19:00	25	315	115		175	25	7/13
1979	x		x	x	19:00	25	525	225		200	100	9/15
1980	x		x	x	19:00	25	515	150		215	150	8/15
1981	x		x	x	19:00	25	465	165		150	150	4/15
1982	x		x	x	19:00	25	530	255		175	100	8/13
1983	x		x	x	19:00	25	590	240		175	175	9/13
1984	x		x	x	19:00	25	635	285		175	175	8/12
1985	x	x	x	x	19:00	25	1715	1340	75	200	100	8/13
1986	x		x	x	19:00	25	1665	1140		325	200	11/16
1987	x		x	x	19:00	25	1920	1295		250	375	15/15
1988	x		x	x	19:00	25	2035	1310		250	475	13/14
1989	x		x	x	19:00	25	2030	1255		275	500	12/12
1990	x		x	x	19:00	25	480	105		200	175	2/12

Erläuterung:
DÜ   = Direktübertragung
ZA   = Sendung einer Aufzeichnung der Zielankunft
BvT   = Bericht vom Tage, Tageszusammenfassung
Wdh.   = Wiederholung
DÜ / Etappen   = Verhältnis der in Direktübertragungen ausgestrahlten
                        Etappen zur Zahl der Gesamtetappen-

TABELLE 5

Durchschnittliche Sendezeit pro Tag (ohne Wiederholungen)

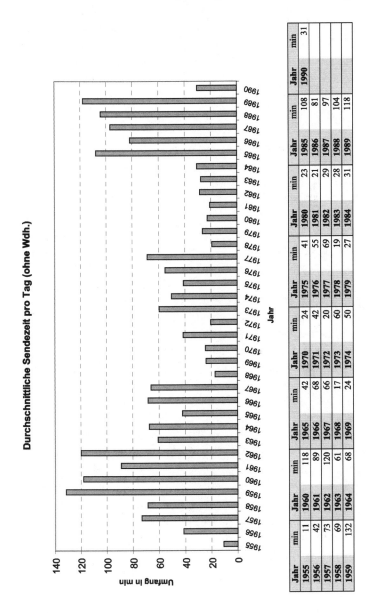

Jahr	min
1955	11
1956	42
1957	73
1958	69
1959	132
1960	118
1961	89
1962	120
1963	61
1964	68
1965	42
1966	68
1967	66
1968	17
1969	24
1970	24
1971	42
1972	20
1973	60
1974	50
1975	41
1976	55
1977	69
1978	19
1979	27
1980	23
1981	21
1982	29
1983	28
1984	31
1985	108
1986	81
1987	97
1988	104
1989	118
1990	31

Literatur

BUSS, W.: Taeve Schur – Radsportidol und Kind des frühen DDR-Sport-systems. Unveröffentlichtes Manuskript. Englischsprachig veröffentlicht unter dem Titel: Taeve Schur – A Cycling Idol and a Product of the early GDR Sport System. In: *The Annual of CESH 2001*, Volume II, 2001, S. 17-28

BUSS, W.; P. BECKER (Hrsg.): *Der Sport in der SBZ und frühen DDR. Genese – Strukturen – Bedingungen.* Bonn 2001

DITTMAR, C.; S. VOLLBERG. (Hrsg.): *Die Überwindung der Langeweile? Zur Programmentwicklung des DDR-Fernsehens 1968 bis 1974.* Leipzig 2002 (= MAZ; Bd. 4)

DITTMAR, C.; S. VOLLBERG (Hrsg.): *Alternativen im DDR-Fernsehen? Die Programmentwicklung 1981 bis 1985.* Leipzig 2004 (= MAZ; Bd. 13)

HOFF, P. : Organisation und Programmentwicklung des DDR-Fernsehens. In: HICKETHIER, K. (Hrsg.): *Geschichte des Fernsehens in der Bundesrepublik Deutschland. Band 1: Institution, Technik und Programm. Rahmenaspekte der Programmgeschichte des Fernsehens.* München 1993

HUHN, K. U.: *Die Geschichte der Friedensfahrt.* Berlin 2002

KELLER, J.: Interview mit dem früheren Friedensfahrt-Directeur, Dr. Klaus Huhn. In: *Junge Welt*, 9. Mai 2001, o. S

MIKOS, L.; H.-J. STIEHLER: Sport-Politik-Fernsehen. Rahmenüberlegungen zur Programmgeschichte des DDR-Sportfernsehens. In: FRIEDRICH, J. A.; L. MIKOS, H.-J. STIEHLER (Hrsg.): *Anpfiff. Erste Analysen zum DDR-Sportfernsehen.* Leipzig 2003, S. 13-38 (= MAZ; Bd. 7)

WARNICKE, L.: Die Archivrecherche des Teilprojekts »Sportfernsehen der DDR«, die Bestände und deren grundlegende Inhalte. In: FRIEDRICH, J. A.; L. MIKOS; H.-J. STIEHLER (Hrsg.): *Anpfiff. Erste Analysen zum DDR-Sportfernsehen.* Leipzig 2003, S. 39-68 (= MAZ; Bd. 7)

ULLRICH, KLAUS: *Jedes Jahr im Mai.* Berlin 1987

WEICKERT, S. : *Das Sportfernsehen der DDR. Überblick über die Standardsendungen und empirische Untersuchung der Standardsendung SPORT AKTUELL.* Magisterarbeit eingereicht an der Universität Leipzig 2002

ZENTRALES ORGANISATIONSBÜRO DER DDR FÜR DIE XXV. INTERNATIONALE FRIEDENSFAHRT BERLIN-PRAG-WARSCHAU (Hrsg.): *Informator. XXV. Internationale Friedensfahrt 1972.* Berlin 1972

GISELHER SPITZER

Doping und Öffentlichkeit in Deutschland

1. Einleitung

Das nachfolgende Kapitel besteht aus zwei Texten. Im ersten entwickelt Elk Franke aus sportphilosophischer Sicht neue Begründungen für Moralität im Sport am Beispiel des Dopings. Sie beruhen auf langjährigen Vorarbeiten ebenso wie auf der fruchtbaren Kooperation mit der Doping-Analytik und besonders mit den Rechtswissenschaften. Das Stichwort lautet: ›Vertragsethik‹. Als Sportethiker und Professor für Sportpädagogik fragt Franke in zwei Schritten: Wo liegt überhaupt die Verteidigungswürdigkeit des Sports? Was ist nötig, um das Gut ›Sport‹ zu schützen und damit Doping zu verhindern? Diese erstmals von Franke auf der Kölner Tagung öffentlich skizzierte sportethische Ableitung bildete die Grundlage der Forschungstätigkeit in dem an der Humboldt-Universität zu Berlin angesiedelten *Teilprojekt A: Geisteswissenschaftliche Übersetzungsleistung: Sportwissenschaftliches-philosophisches Verbundprojekt*. Das Teilprojekt selbst gehört zu einem Verbundprojekt *Translating Doping – Doping übersetzen*. Das Projekt wird vom *Bundesministerium für Bildung und Forschung* BMBF im Rahmen des Programms *Die Übersetzungsfunktion der Geisteswissenschaften* gefördert. Die Projektleitung haben Elk Franke und Hanno Strang vom Berliner Institut für Sportwissenschaft und der Verfasser, der zugleich auch die Aufgaben des Verbundkoordinators erfüllt und den 2012 vorzustellenden Schlussbericht betreut. Verbundpartner ist das *Teilprojekt B Philosophie* mit einer

Arbeitsgruppe am Institut für Philosophie, Wissenschaftstheorie und Technikgeschichte an der TU Berlin.[1]

Translating Doping hat als interdisziplinäres Verbundprojekt das Ziel, das Wissen über Doping-Risiken für die Gesellschaft durch geisteswissenschaftliche Übersetzungsleistung verständlich und anwendbar zu machen. Schwerpunkte des Projektes sind:

- die *Vergegenwärtigung* der aktuellen rechtlichen Grundlagen des Dopings und des naturwissenschaftlichen Wissens über Doping im Hinblick auf praktizierte Anwendungen und Prognosen (Phase A, 2009),
- die *Verständigung* über Rahmen und Grenzen einer disziplinübergreifenden Doping-Diskussion. Berücksichtigt werden wissenschaftstheoretische Hintergründe und ethische Implikationen des Dopings unter Bezug auf die Sportpraxis und ihre Akteure (Phase B, 2010),
- die zielgruppenspezifische *Übertragung* der Resultate an Sportler, Politiker, Medien, Lehrer, Schüler und Studenten sowie die Öffentlichkeit (Phase C, 2011-2012).

Ausgangspunkt ist die Definition der *Welt-Anti-Doping-Agentur* (WADA), die Doping grundsätzlich als Verwendung verbotener Wirkstoffgruppen oder die Anwendung verbotener Methoden im Spitzensport begreift. Die Anti-Doping-Liste der WADA (die sogenannte *Prohibited List*) führt die verbotenen Substanzen und Methoden auf und definiert sie für bestimmte Sportarten. *Doping ist also zurzeit anhand einer rechtlichen Grundlage definiert, die sich auf einen biomedizinischen Wissensstand stützt.* Dieser Befund wirft viele Fragen auf und erschwert Prävention, was ausführlich in der Projektarbeit thematisiert wurde und der Öffentlichkeit nun zur Verfügung steht (SPITZER/FRANKE 2010). Der erste Band der Reihe *Doping, Enhancement, Prävention in Sport, Freizeit und Beruf* zum Thema *Sport, Doping und Enhancement – Transdisziplinäre Perspektiven* will deshalb dieses Feld erschließen. Er dient der *Vergegenwärtigung* der aktuellen rechtlichen Grundlagen und des naturwissenschaftlichen Wissens im Hinblick auf praktizierte Anwendungen und Prognosen.

Die folgenden Bände sollen zur Problemlösung beitragen, soweit das durch reflexive interdisziplinäre Projektarbeit in drei Jahren überhaupt

---

1   Das Förderkennzeichen des BMBF lautet 01UB0921A; Antragsteller und Verbundleiter E. Franke. Siehe ausführlich zu den Möglichkeiten der Übersetzungsleitung und dem Aspekt des Enhancement die Beiträge in Spitzer/Franke (2010).

geleistet werden kann: *Sport, Doping und Enhancement – Sportwissenschaftliche Reflexionen sowie Präventive Möglichkeiten.* Wir sehen jedoch eine gute Ausgangsposition, Fehlstellen zu füllen und zur Umsetzung des neu gewonnenen Wissens in der zielgruppenspezifischen ›Übertragung‹ zu verhelfen. Sie antworten auch auf den im interdisziplinären Dialog erarbeiteten Befund, dass *Doping ein gesellschaftliches Problem mit wachsender Bedeutung* ist. Der Missbrauch von pharmazeutischen Produkten zur Leistungssteigerung ist nicht nur ein Problem des Wettkampfsports, sondern betrifft, quantitativ bei Weitem bedeutsamer, einen großen Teil der technisierten Welt. Leistungssteigerung durch pharmazeutische Produkte stellt nach unserer Bestandsaufnahme eine unreflektierte, vom Gefahrenpotenzial her kaum abschätzbare Handlungsweise in der Gesellschaft dar. Zunehmend ist dabei auch die *Jugendkultur* betroffen. Erste empirische Daten aus der Berufswelt verweisen auf *Leistungssteigerung mit Mitteln und Methoden des Dopings.* Der oft sorglose Einsatz von entsprechenden Wirkstoffen, insbesondere um vermeintliche oder oft nur vorübergehend bestehende körperliche oder geistige Beeinträchtigungen zu kompensieren, ist in unserer Gesellschaft weit verbreitet und wird inzwischen unter dem Begriff *Enhancement* diskutiert. Nötig ist daher die intensive Auseinandersetzung mit medizinischen und rechtlichen Konfliktfällen im Sportsystem ebenso wie in der Gesellschaft. Welche Rolle spielen dabei ›Grenzwerte‹ sowie Vorstellungen wie die vom menschlichen Körper und das Menschenbild insgesamt? Weiter ist zu bestimmen, was ›Leistungssteigerung‹ darstellt und ob sie als ›natürlich‹ bzw. ›künstlich‹ definiert werden kann, auch in Abgrenzung des Dopings von medizintherapeutischen Maßnahmen. Die wissenschaftstheoretischen und ethischen Probleme sind zu bestimmen, wozu auch die Frage gehört, ob Doping überhaupt ›verboten‹ oder moralisch ›geächtet‹ werden sollte.

Hier ist die geisteswissenschaftliche Übersetzungsleistung gefordert, die noch komplexer wird, da wir uns im sportwissenschaftlich-philosophischen Teilprojekt an der Humboldt-Universität zu Berlin dazu entschlossen haben, nicht nur die Situation autonom entscheidender Erwachsener zu berücksichtigen, sondern auch die Lage der von Doping und *Neuro-Enhancement* (populär: *Hirn-Doping*) besonders gefährdeten Minderjährigen. So fragen wir, ob bei der Thematisierung der Doping-Frage in Fällen von Kindern und Jugendlichen besondere Kriterien beachtet werden sollten, die für Erwachsene keine Rolle spielen. Hieraus ergibt sich die Frage, wie sich eine adäquate Information über Doping für Kinder und Jugendliche gestalten lässt. Dazu gehört eine Selbstvergewisserung der Instrumente, über welche die Doping-Prävention im Bereich der Schule, der jugendlichen Sportverbände und der Erziehung verfügt.

Der zweite Text dieses Kapitels lautet *Eine doppelte Übersetzungsleistung. Das Thema Doping im Prozess der deutschen Einigung.* Auf der Kölner Tagung sollten Herbert Fischer-Solms (DLF) und Robert Hartmann (FAZ, SZ) zu ihren Erfahrungen in der Berichterstattung zum Thema befragt werden. Einem Wintereinbruch war es jedoch geschuldet, dass Robert Hartmann nicht anwesend sein konnte. Seine für die Präsentation vorgesehenen Statements gehen aber in diesen Text ein, ebenso wie die protokollierten Äußerungen von Fischer-Solms sowie von Theo Rous, der als Zuhörer zur Tagung gereist war und nun als Zeitzeuge einsprang. Rous war Mitinitiator der entschiedenen Anti-Doping-Politik im *Deutschen Leichtathletik-Verband* (DLV) und trug zur Thematik Gewichtiges und zugleich Überraschendes von hohem Neuigkeitswert bei.

In diesem Beitrag wird exemplarisch die doppelte Übersetzungsleistung genutzt: Sportjournalisten und ein im Anti-Doping-Bereich hervorgehobener Sportfunktionär einer der wichtigsten deutschen Sportverbände berichten über das Thema *Doping* im Prozess des deutschen Einigungsprozesses. Hier ein aktueller Hinweis: Fortgesetzt wird die Thematik voraussichtlich mit einem Round Table im November 2011 bei einem vom Verbund initiierten Symposium.[2]

Literatur

KNÖRZER, W.; G. SPITZER; G. TREUTLEIN: *Dopingprävention in Europa*. Aachen 2006

NICKEL, R.; T. ROUS (Hrsg.): *Das Anti-Doping-Handbuch*. Band 1. Grundlagen. 2., überarbeitete Auflage. Aachen 2009

SEPPELT, H.-J.; H. SCHÜCK (Hrsg.): *Anklage: Kinderdoping. Das Erbe des DDR-Sports*. Berlin 1999

---

2   Wir bitten um Beachtung der Internetseiten des Teilprojektes unter: Website: http://www2.hu-berlin.de/translating-doping.

SINGLER, A.; G. TREUTLEIN: *Doping im Spitzensport. Sportwissenschaftliche Analysen zur nationalen und internationalen Leistungsentwicklung* (Teil 1). Aachen 2000

SINGLER, A.; G. TREUTLEIN: *Doping – von der Analyse zur Prävention*. Aachen 2001

SPITZER, G.: *Wunden und Verwundungen. Sportler als Opfer des DDR-Dopingsystems. Eine Dokumentation*. Köln 2007

SPITZER, G. (Hrsg.): *Doping and Doping Control in Europe. Performance enhancing drugs, elite sports and leisure time sport in Denmark, Great Britain, East and West Germany, Poland, France, Italy.* Oxford, Aachen 2006

SPITZER, G.: *Doping in der DDR. Ein historischer Überblick zu einer konspirativen Praxis. Genese – Verantwortung – Gefahren* (3. Auflage). Köln 1998, 2004

SPITZER, G.; E. FRANKE (Hrsg.): *Sport, Doping und Enhancement. Transdisziplinäre Perspektiven; Sportwissenschaftliche Reflexionen; Präventive Möglichkeiten. 3 Bände. Köln 2010 -2012.* Band 1 bereits erschienen; Band 2 und 3 in Vorbereitung

ELK FRANKE

Zwischen individueller Verantwortung und systematischer Kontrolle – Möglichkeiten einer Ethikposition in der Doping-Debatte[1]

Es gibt gesellschaftliche Probleme, die wesentlich von geisteswissenschaftlichen Strukturen geprägt sind, für die es jedoch in zunehmendem Maße nur noch naturwissenschaftliche Bewältigungsstrategien gibt. So können zunächst als unauflösbar erscheinende Paradoxien entstehen. Dazu gehören die weit über den Bereich des Sports hinauswirkenden Fragen des Dopings. Doping gilt gemeinhin als Betrug, als gravierende Verletzung der moralischen Grundsätze des Sports. Seine zeitgemäße Bearbeitung ist jedoch kaum noch eine Herausforderung an die Ethik, sondern ist zu einer Frage der Medizin und Justiz geworden. Da nur noch gefragt wird, wann, wie und wo ein mögliches Doping-Vergehen vorliegt, wird die geisteswissenschaftliche Frage, warum Doping zu verbieten sei, zunehmend von naturwissenschaftlicher Faktizität überlagert und zusehends vergessen. Im konkreten Sportbetrieb führt dies zu einer widersprüchlichen Situation, bei der Handlungen durch Verbotslisten geächtet werden, die in der Alltagswelt nicht nur toleriert, sondern oft auch prämiert werden. Die ethische Lücke im Legitimationsdiskurs des Dopings verweist damit in doppelter Weise auf die Übersetzungsbedeutung der Geisteswissenschaften:

1 Der Beitrag orientiert sich an Arbeiten, die u. a. im vom BMWF geförderten Projekt ›Translating Doping‹ entstanden sind. Vgl. dazu auch: Spitzer/Franke (2010).

- Zum einen entsteht eine paradoxe Situation durch die Transformation von ethischen Handlungsimplikationen in medizinische und juristische Handlungsfolgen;
- zum anderen kann dem Sport nur dann auch in Zukunft seine spezifische gesellschafts- und wirtschaftspolitische Bedeutung zugesprochen werden, wenn es gelingt, ihn zu legitimieren.

1. Der Doping-Begriff – ein Wort mit Karriere

Durch die ›Verschränkung‹ von sportlicher Leistung und gesellschaftlichem Nutzen verlor der Sport in den letzten Jahrzehnten seinen traditionellen Anspruch auf einen Sonderstatus als besondere Spiel-/Sport-Welt mit eigenen Regeln in der ihn umgebenden Alltagswelt. Diese Trennung in zwei unterschiedliche Handlungswelten gilt vielen inzwischen als antiquiert. Naheliegender ist es, wenn man nicht mehr versucht, Unterschiede oder Besonderheiten des sportlichen Handelns in einer sogenannten ›Eigenweltlichkeit‹ des Sports gegenüber der Alltagswelt zu betonen, sondern eher auf die vielfältigen Übereinstimmungen zur Berufswelt zu verweisen. Leistungssport, insbesondere als Profisport betrieben, ist aus dieser Perspektive Arbeit! Eine oft sehr gut bezahlte Arbeit, die trotz ihrer Besonderheiten gleichzeitig vergleichbar ist mit vielen anderen anstrengenden Tätigkeiten im Alltagsleben. Die Gemeinsamkeit ergibt sich danach aus den Handlungsprinzipien Leistung, Optimierung und Maximierung, die kennzeichnend geworden sind für moderne Gesellschaften. Der moderne Hochleistungssport erscheint damit als Wegbereiter, als das überschaubare, transparente Modell für jenes Überbietungsdenken, das inzwischen viele Bereiche unseres Lebens bestimmt.

Entsprechend ist es auch nicht verwunderlich, wenn ein ursprünglich sportspezifischer Begriff wie der des Dopings zunehmend eine allgemeinere Anwendungsbedeutung erhält und seine Semantik eine erkennbare Ausweitung erfährt. Gehirn-Doping, Neuro-Doping, Lifestyle-Doping oder allgemein Berufs-Doping sind nur Beispiele für die Bandbreite, über die sich der ursprünglich moralisch gekennzeichnete Begriff zu einem deskriptiven Begriff veränderte. Anders als im ursprünglichen Anwendungsfeld des Sports wird dabei nicht mehr ein Vorgang oder Verhalten bewertet, sondern ein Zustand oder Prozess nur noch beschrieben. Gehirn-Doping bezeichnet in einer solchen Sprachverwendung ohne erkennbare Wertung die Zuführung bzw. Einnahme von in der Regel pharmazeutisch hergestellten Medikamenten, die eine Leistungssteigerung des Gehirns bewirken sollen. Das Neuartige an dieser Entwicklung ist, dass die eingesetzten Mittel, die aus der medizinischen Therapie stammen und deren Aufgabe die Wiederherstellung von Gesundheit in Krankheitsfällen ist, von gesunden, leistungsbereiten Menschen mit dem Ziel eingenommen werden, eine Verbesserung kognitiver und emotionaler Fähigkeiten bei Tätigkeiten zu erreichen, die Konzentration, Erinnerungsvermögen oder Kreativität verlangen.

Unter dem Schlagwort ›Enhancement‹ hat sich inzwischen eine Diskussion entwickelt, in die neben Naturwissenschaftlern und Medizinern auch Sozialwissenschaftler, Juristen und Philosophen eingebunden sind. In einem ersten Zwischenbericht eines umfangreichen, vom BMWF-geförderten Verbundprojektes zur Neuro-Enhancement-Problematik beziehen die Autoren bei der zentralen Frage einer Abgrenzung traditioneller Therapievorstellungen zu modernen Optimierungsvorstellungen pointiert Stellung: »Wir vertreten die Ansicht, dass es keine überzeugenden grundsätzlichen Einwände gegen eine pharmazeutische Verbesserung des Gehirns oder der Psyche gibt. Vielmehr sehen wir im pharmazeutischen Neuro-Enhancement die Fortsetzung eines zum Menschen gehörenden geistigen Optimierungsstreben mit anderen Mitteln. [...] Es gibt gute Gründe, das offenbar schon heute vorhandene Bedürfnis nach pharmakologischer Unterstützung der Psyche zu enttabuisieren: Pharmaunternehmen müssten gesunde Menschen nicht länger krankreden, um deren Bedürfnis nach NEPs [Neuro-Enhancement-Präparate, E. F.] bedienen zu dürfen. Enhancement-Interessen müssten sich nicht länger krank stellen [...]. Das solidarische Gesundheitswesen müsste nicht länger für solche scheinbaren Heilbehandlungen bezahlen« (GALERT/BUBLITZ et al. 2009: 47). Auch wenn in dem Text auf einige einschränkende Bedingungen verwiesen wird, ist die Tendenz sichtbar: die Leistungssteigerung von Gesunden unter Verwendung pharmazeutischer Mittel! Gleichzeitig wird aber auch deutlich, warum es immer schwerer wird, Doping-Kontrollen an 365 Tagen im Jahr, Urin-Untersuchungen unter z. T. bedenklichen Umständen, Blutuntersuchungen unter Umgehung des dazu grundsätzlich notwendigen freiwilligen Einverständnisses von Athleten, zu rechtfertigen – bei gleichzeitiger wachsender Unsicherheit gegenüber der Wirksamkeit von Doping-Untersuchungen. Das heißt, die Anerkennung von leistungssteigernden Mitteln zur Erfolgsmaximierung in der Konkurrenzgesellschaft, sowie die zunehmende Verwendung des ›moralfreien‹ Doping-Begriffs in der Alltagswelt haben nicht nur zu einem neuen Legitimationsdiskurs über die Rechtmäßigkeit und Nützlichkeit von Doping-Kontrollverfahren geführt, sondern auch das Doping-Verbot generell infrage gestellt. Entsprechend ist es auch nicht verwunderlich, wenn nicht nur liberale Individualisten, sondern auch einzelne Fachkollegen aus der Sportwissenschaft (wie z. B. Arnd Krüger, Professor an der Universität Göttingen und langjähriger Redakteur der Zeitschrift *Leistungssport*) oder den Sozial- und Rechtswissenschaften inzwischen für eine Freigabe des Dopings unter bestimmten Rahmenbedingungen eintreten.

Im Folgenden wird skizziert, warum ein Doping-Verbot im Wettkampfsport nicht nur wünschenswert und sinnvoll, sondern – trotz der einleitend skizzierten Umstände – auch gut begründet werden kann. Dabei werden weniger die vielfältigen Anwendungsbereiche, konkreten Umstände und Widersprüchlichkeiten klassifiziert und interpretiert, sondern die in der aktuellen Diskussion kaum oder nur begrenzt berücksichtigten strukturellen Voraussetzungen wettkampfsportlichen Handelns mit ihren nicht zufälligen ethischen Implikationen analysiert sowie auf die daraus sich ergebenden Konsequenzen für zukünftige Doping-Kontrollen verwiesen.

2. Das ›Wesen‹ des Sports – abgeleitet aus der Moral seiner Akteure

Fragt man, wodurch sich eine sportliche Handlung von anderen Tätigkeiten unterscheidet, lässt sich auf eine traditionsreiche Deutungsgeschichte verweisen. Ihr zentrales Kennzeichen ist das Bemühen, die Besonderheit des Sports bzw. des sportlichen Wettkampfes und seiner Leistungsermittlung über die moralische Einstellung, die sportive Haltung der Athleten zu bestimmen. »›Olympismus‹ ist kein System, sondern eine geistige Haltung« schrieb P. Coubertin zum Neubeginn der Olympischen Bewegung vor über 100 Jahren (COUBERTIN 1967: 65). Auch für Carl Diem galt der sportliche Wettkampf noch vor 50 Jahren als die »Veredlung menschlicher Beziehung untereinander« (DIEM 1960: 17), wobei für ihn ein Wert, das Prinzip des Fair Play, von besonderer Bedeutung ist. Auch noch vor 20 Jahren, schon im Wissen um die Gefährdungen eines einvernehmlichen Sportverständnisses, betonte der damalige Bundespräsident Richard von Weizsäcker: »Es kommt nicht darauf an, ein idealistisches Mäntelchen um die ernsten Probleme zu hängen, sondern aus einem einheitlichen Geist und Ethos des Sports heraus konkrete Lösungsmöglichkeiten zu finden. Wie immer solche Regelungen ausfallen mögen, sie sollten von einem Geiste getragen sein, in dem Wert und Würde des Sports beschlossen sind und bleiben: dem Geist ›Fair play‹. Er trifft den unzerstörbaren Sinn der Jugend aller Völker für menschlichen Anstand [...] nie werden geschriebene Regeln die menschliche Haltung des ›Fair play‹ ersetzen können« (v. WEIZSÄCKER 1986: 107). Der Sport und speziell der Wettkampfsport sind danach nicht nur eine besondere Art menschlicher Tätigkeit (vom Angeln bis hin zum Wasserspringen), sondern auch durch eine spezifische Einstellung gekennzeichnet.

Die moralische Einstellung in und zu einer Handlung wurde damit zum konstitutiven Merkmal einer ›sportlichen‹ Tätigkeit. Gleichzeitig bot diese prinzipielle ethische Voraussetzung des Sports auch vielfältige Möglichkeiten zu seiner moralischen Instrumentalisierung. Sportliche Handlungen galten nicht nur als zweck- und zielgebundene Tätigkeiten, vergleichbar mit Holzhacken oder Autofahren, sondern sie erhielten ihren Status des ›Sportlichen‹ letztlich nur dann, wenn sie auch aus einem bestimmten Geist, einer besonderen Einstellung und Haltung betrieben wurden.

Konstitutiv für sportliche Handlungen war also ein bestimmtes Sport-Ethos. Eine Voraussetzung, die auch in hohem Maße anschlussfähig war, für viele Formen pädagogischer Maßnahmen, durch die der Sport oft ungeprüft zur ›moralischen Erziehungsanstalt‹ wurde.

Wie ein Blick in die sogenannte ›Wirklichkeit‹ des Sports zeigt, gibt es auch heute noch einerseits diesen ›Glauben‹ an ein qualitatives moralisches Potenzial sportlichen Handelns – allerdings zunehmend beschränkt auf normative Sonntagsreden, Lehrplanversprechungen für den Sportunterricht oder Imagekampagnen wie die zum Fair Play durch den DSB vor einigen Jahren. Andererseits zeigt sich aber auch zunehmend eine ungeschminkte Skepsis und Kritik an einer solchen moralisierenden Sonderstellung des Sports. ›Wer Fair Play spielt, ist dumm‹ lautet in vielen Umkleidekabinen die Parole, was auch breiter angelegte empirische Untersuchungen inzwischen belegen. Dies bedeutet, dass die wertethische Ausgrenzung einer sogenannten ›Eigenweltlichkeit‹ des Sports über die Handlungsmoral der Akteure ihre Legitimationsbasis verloren hat.

Konsequenzen, die sich auch in den veränderten Doping-Definitionen widerspiegeln: Wurde noch in den 1970er-Jahren das Doping-Verbot global unter Bezugnahme auf zentrale Sportwerte (vgl. u. a. DIEM 1960; LENK 1972) gerechtfertigt, konzentrierten sich die Bestimmungen gegen das Doping anschließend auf die Beschreibung verbotener Vorgänge mit Verweis auf eine Liste von Mitteln und Umständen, bei denen die ›genuinen‹ Sportwerte nur noch als Alibi erschienen.[2] Dies führte dazu, dass es immer unklarer wurde, warum bestimmte Handlungen im Wettkampfsport als Doping gelten, die der Alltag problemlos toleriert.

Im Folgenden soll gezeigt werden, warum beide Positionen, das Festhalten an den traditionellen Wertbezügen wettkampfsportlichen Handelns und das Ignorieren spezifischer sportrelevanter Moralvorgaben, ungeeignet sind, die ethische Rechtfertigungslücke bei Doping-Kontrollen zu schließen, da sie im ersten Fall unrealistisch und im zweiten Fall unangemessen sind (vgl. LENK 1996; SINGLER/TREUTLEIN 2000).

Beispielhaft für den ersten Fall kann auf den aktuellen WADA-Code (2004) verwiesen werden. Neben seinen ›International Standards‹ und ›Models of Best Practice‹ und den daraus abgeleiteten Details für Kontrollverfahren und verbotene Methoden wird meist übersehen, dass es auch weiterhin Bemühungen gibt, der Kontrollpraxis ein ethisches Fundament zu geben.

> »Anti-Doping-Programme sind darauf ausgerichtet, die wahren, mit dem Sport ursprünglich verbundenen Werte zu erhalten. Dieser wahre Wert wird häufig als ›Sportsgeist‹ bezeichnet; er macht das Wesen des Olympischen Gedankens aus; er entspricht unserem Verständnis von Fairness und ethischer sportlicher Gesinnung. Der Sportsgeist ist die Würdigung von Geist, Körper und Verstand der Menschen und zeichnet sich durch folgende Werte aus: Ethik, Fairness und Ehrlichkeit, Gesundheit, Charakter und Erziehung, Spaß und Freude, Teamgeist, Einsatzbereitschaft und Engagement, Anerkennung von Regeln und Gesetzen, Respekt gegenüber der eigenen Person und gegenüber anderen Teilnehmern, Mut, Gemeinschaftssinn und Solidarität. Doping steht im Widerspruch zum Geist des Sports« (Welt-Anti-Doping Code 1. Januar 2004: 7f.).[3]

Bemerkenswert ist, dass die Beachtung der gesamten Werte-Liste den ›Sportsgeist‹ realisieren soll und ihre Missachtung Doping kennzeichnet – wobei in der additiven Aufstellung von sogenannten ›Sportwerten‹ unklar bleibt, ob die Zusammenstellung zufällig, ergänzungsbedürftig oder

---

2   Siehe dazu den detaillierten nachfolgenden Beitrag. Dazu auch Gebauer (2002: 242); Fischer (2001).

3   Vgl. dazu auch die Auffassung von Diel (1997); Kuchler (1969: 156f.); Grupe (1997); dagegen differenziert Lenk (1985b); Pilz (1988); Pilz/Werner (1987).

vollständig ist, die Werte eine Hierarchie darstellen und in welcher Weise ihre Missachtung (z. B. von ›Freude und Spaß‹, ›Mut‹ oder ›Erziehung‹) zwangsläufig zum Doping führt, bzw. ihre Beachtung im konkurrenzorientierten, medienrelevanten Wettkampfbetrieb eine realistische moralische Handlungsgrundlage sein kann (vgl. dazu DIGEL 1994; FRANKE 1995; FRANKE 2010).

3. Die Wettkampfwelt versus Alltagswelt – eine Strukturfrage

Häufig übersehen wird bei dieser eher resignierenden Zwischenbilanz,[4] dass Befürworter und Gegner einer Berücksichtigung traditioneller Sportwerte von einer gemeinsamen Position aus urteilen: Sie entwickeln die besonderen Handlungsbedingungen des Wettkampfes, also eine Sport-Ethik über die moralischen Handlungsvorgaben der Akteure im Wettkampf, also eine Sportler-Ethik (vgl. FRANKE 1989; DIGEL 1997). Erst das Scheitern solcher Versuche, über die Individualmoral der Akteure die Spezifik einer Sport-Ethik zu begründen, hat in den letzten Jahren zur Entwicklung einer gegenstandsangemessenen Sport-Ethik geführt.[5] Da ihre Besonderheit – einschließlich der Konsequenzen für die Doping-Diskussion – nur verständlich wird, wenn strukturelle Spezifika des Wettkampfsports skizziert werden, sollen diese zunächst kurz angesprochen werden.[6] Dabei beschränkt sich die Explikation auf zwei konstitutive Aspekte des sportlichen Wettkampfes: die strukturelle Sonderweltlichkeit (1) und das agonale Prinzip (2).

3.1 Strukturelle Sonderweltlichkeit

In Abgrenzung zur eingangs skizzierten ›Eigenweltlichkeit‹ des Sports, der die Spezifik über die moralische Haltung der Akteure zugesprochen

---

4 Vgl. dagegen Grupe (1989).
5 Vgl. dazu Suits (1972: 20ff.); de Wachter (1983: 286); Franke (1989); Gerhardt (1993); Drexel (1994); Court (1990, 1995, 1996); Pawlenka (2002: 54ff.).
6 Zum Sport als ›Sonderwelt‹ vgl. Gebauer (1971, 1983); Franke (1976: 284f.); de Wachter (1983: 280); Lenk (1985); Heringer (1990: 157); Bockrath/Bahlke (1996: 88f.); Güldenpfennig (1996a: 131f.).

wurde, bezieht sich die folgende Analyse der sogenannten ›Sonderwelt des Sports‹ auf die strukturellen Voraussetzungen, unter denen Menschen handeln, deren Tätigkeit man ›sportlich‹ bzw. im engeren Sinne ›(wettkampf)sportlich‹ nennt.

Das Bild vom 400m-Lauf, bei dem der Läufer dort wieder ankommt, wo er losgelaufen ist, wird gern als Einstieg benutzt, um die besondere Sinndimension des Wettkampfsports zu veranschaulichen. Galten lange ›das Spiel‹ und seine verschiedenen Deutungsangebote als ein qualitatives, abgrenzendes Interpretationsmuster, hat sich in den letzten Jahren die Argumentationsperspektive verändert.

Ähnlich wie in der modernen Kunst, in der häufig Gegenstände des Alltags zum Kunstobjekt werden, indem sie als Œuvre aus dem Gebrauchskontext raum-zeitlich ausgegrenzt werden und in ihrer ›neuen Sinnlosigkeit‹ zweckfrei auf sich selbst verweisen,[7] ist es auch mit Handlungen in der Wettkampfwelt. Ihr Handlungssinn ergibt sich zunächst nur aus der grundsätzlichen Anerkennung der ausgrenzenden regelhaften Raum-Zeitvorgaben des Wettkampfs, wobei sich eine zweifache Bedeutungsrelation ergibt. So verhindert eine zunächst alltagsweltlich gedeutete ›sinn-lose‹ Gebrauchsinterpretation von Kunstobjekten, abstrakten Kunstwerken und Wettkampfhandlungen nicht, dass sie u. U. einen Marktwert erhalten können. Die Sportphilosophie unterscheidet deshalb in Konstitutions-Bedeutung (A) und Verwertungs-Bedeutung (B) sportlicher Handlungen.

(A) Die Konstitutions-Bedeutung ergibt sich aus der bewussten Ausgrenzung von Handlungen aus dem nützlichkeitsorientierten Gebrauchskontext des Alltags. Sie ist konstitutiv, wenn eine Handlung als wettkampfsportliche Handlung gedeutet wird. Analog zur ›Zweckmäßigkeit ohne Zweck‹, die Immanuel Kant ästhetischen Œuvres zuschreibt, haben damit Handlungen in der Wettkampfwelt eine Sinnhaftigkeit in der Sinnlosigkeit bei gleichzeitiger Reflexivität dieser Handlungen, im Sinne einer Rückverweisung des Handlungssinns auf den Handlungsvorgang selbst.

(B) Eine Verwertungs-Bedeutung ergibt sich dadurch, dass die auf diese Weise konstituierten sinn-losen Wettkampfhandlungen unter alltagsweltlichen Nützlichkeitserwägungen durchaus sinnvoll sein können. Analog zur Zweckfreiheit von Kunstwerken, die gleichzeitig einen

---

7 Vgl. dazu u. a. die Readymade-Kunst von Duchamp (Fahrradfelge, Sanitärbecken etc.).

Kunstmarkt schaffen, auf dem sie eine merkantile Verwertungsbedeutung erhalten können, kann dies auch für Wettkampfhandlungen gelten. Entscheidend ist bei dieser doppelten Bedeutungszuweisung, dass beide Perspektiven, wie noch deutlich werden wird, nicht vermischt werden dürfen. Das heißt, die Bedingungen der konstitutiven Sinnzuweisung von ästhetischen und athletischen Œuvres müssen beachtet werden, damit eine Verwertungsbedeutung wirksam werden kann (vgl. dazu vor allem GEBAUER 1971; FRANKE 1978, 1994; LENK 1985). Wird dagegen die Verwertungsbedeutung handlungsleitend, wie beim Plagiat, Wettskandal im Fußball oder gedopten Wettkampfsieg, verlieren das Kunstobjekt und die Wettkampfleistung ihre konstitutive Spezifik, durch die sie nicht nur ihre besondere (interne) Sinnhaftigkeit, sondern auch ihren (externen) Marktwert erhalten.

3.2   *Agonales Prinzip*

Wesentlich für die Konstitutions-Bedeutung sind die Wettkampfregeln. Ihre Funktion ist immer eine zweifache: Zum einen konstituieren sie die spezifischen Handlungsbedingungen mit besonderen Zielvorgaben, zum anderen regulieren sie die Handlungsabläufe innerhalb der auf diese Weise konstituierten Wettkampfwelt vgl. DIGEL 1980; GEBAUER 1983; SCHWIER 1992).

Insbesondere durch die erste Funktion erhalten die Wettkampfregeln nicht nur eine formal-ästhetische (Ausgrenzungs-)Bedeutung für die durch sie konstituierten Wettkampfhandlungen, sondern sie besitzen immer auch eine strukturell bedingte ethische Bedeutung. Sie zeigt sich im sogenannten ›agonalen Prinzip‹. Es wird erkennbar in dem gleichsam ›schizophrenen Handlungsauftrag‹ innerhalb der Wettkampfwelt an die Akteure: einerseits, sich permanent zu bemühen, besser zu sein als die anderen und gleichzeitig diesen anderen Gerechtigkeit widerfahren zu lassen – ein Tatbestand, der den Wettkampfsport als ein ethisch relevantes Handlungssystem kennzeichnet, das auch unabhängig von der individuellen, moralischen Einstellung der Akteure ethische Implikationen besitzt. Einerseits schafft das in besonderer Weise geregelte System in weitem Maße Möglichkeiten, persönliche Leistungen zum Nachteil anderer (explizit) herauszustellen und favorisiert damit den Eigennutz und andererseits nimmt es für sich in Anspruch, weitgehend Chancengleichheit und Gerechtigkeit für jeden

Teilnehmer garantieren zu können und verlangt damit Sozialverantwortung (vgl. HERMS 1986; MEINBERG 1991; COURT 1995).

4.   Die Wettkampf-Ethik als Vertrags-Ethik – eine andere Sport-Ethik

Bei der Frage, unter welchen Umständen bzw. aus welchen Motiven Wettkampfregeln beachtet werden, lassen sich in der sportwissenschaftlichen Diskussion zunächst zwei extreme Positionen erkennen:

- Wettkampfregeln lenken und begrenzen nicht nur das Verhalten, sie schulen und setzen auch besondere (innere) Haltungen (Fairness, Mut, Solidarität) voraus (DIEM 1960; KUCHLER 1969 u. a.). Wie deutlich wurde, ist dies eine wesentliche Grundlage des traditionellen Sportverständnisses, die auch noch die aktuelle Doping-Diskussion (u. a. WADA-Code) beeinflusst.
- Wettkampfregeln haben nur eine formale verhaltenslenkende Bedeutung analog zu Verkehrsregeln (de Wachter; Heringer; Bockrath u. a.). Aus dieser Position erscheint jede weitergehende qualitative bzw. moralisierende Interpretation von Regelvorgaben als eine unangemessene Wertaufladung.

Aus ethischer Sicht ergibt sich daraus die Frage: Impliziert die Beachtung konstitutiver und regulativer Wettkampfregeln im Handlungsvollzug immer auch eine bestimmte Form von Handlungsmoral oder schaffen die Regeln nur einen normativ-formalen Rahmen, innerhalb dessen das Handeln nach externen sozialisierten Wertmustern abläuft und bewertet wird?

Bezugnehmend auf die oben skizzierten Strukturanalysen wettkampfsportlichen Handelns wird deutlich, dass beide Regelinterpretationen in ihrer extremen Positionierung einen wesentlichen Aspekt nicht beachten: die spezifische Konstituierung der Wettkampfwelt in der Alltagswelt über die Anerkennung eigentlich sinnloser Handlungsbedingungen. So ist es zwar einerseits richtig, wenn de Wachter und andere darauf verweisen, dass allein durch die Beachtung von Wettkampfregeln keine generalisierbare Handlungsmoral entwickelt werden kann, wie es noch die klassische Sportpädagogik bis in die 1970er-Jahre unterstellte. Andererseits erscheint es als unangemessen, wenn z. B. de Wachter die Rechtfertigung der Spielregeln als Tautologie bezeichnet und daraus schlussfolgert, das Regel-Befolgen habe keine ethische Dimension. Diese Deutung verweist in der Prämisse zu Recht auf die geringe Wirkungsmöglichkeit regelorientierten Wettkampfhandelns in Bezug auf eine situationsübergreifende moralische Urteilsbildung, missachtet aber in der Konklusion die ethischen Implikationen, die in dem Akt der Anerkennung der spezifischen Handlungsbedingungen und Umstände des institutionalisierten Wettkampfes involviert sind (vgl. APEL 1988).

Wettkampsportliches Handeln ist damit anders als Tätigkeiten des Alltags wie Einkaufen oder Autofahren, die oft ebenfalls innerhalb bestimmter tradierter Regeln stattfinden. Die Bereitschaft, die im wörtlichen Sinne z. T. nutz- und sinnlosen Regeln gegenüber den Erwartungen der Alltagswelt (z. B. 400-m-Lauf) als handlungsleitend und prinzipiell verbindlich für das eigene Handeln anzuerkennen, ist damit eine werthafte Wahlentscheidung für und gegen sehr spezifische Handlungsbedingungen unter Anerkennung der damit verbundenen Folgen.

Die Tatsache, dass man die Wettkampfregeln nicht immer wieder neu erschaffen, sondern sie nur beachten muss bzw. dies schon tut, wenn man aktiv an einem Wettkampf teilnimmt, verdeckt den dabei implizit involvierten ›Vertrags-Akt‹, den jeder vornimmt, der bereit ist, einen als ›Aus‹ gegebenen Ball oder einen ›dritten Fehlstart‹ für sich in Hinsicht auf diese Handlungen als sinnvoll zu akzeptieren (vgl. dazu SEARLE 1971: Kap. 2, 2.7 und 8).

Daraus folgt, dass Athleten sich mit der Einhaltung der Regeln nicht nur innerhalb einer Art Leitplanke, die der Wettkampf vorgibt, ›richtig‹ oder ›falsch‹ verhalten, sondern die Bereitschaft, die Bedingungen einer Tätigkeit als sportliche Handlung anzuerkennen, stellt immer auch den Abschluss einer Art ›Sozialvertrag‹ dar. Er gilt immer dann, wenn die spezifische Sinnhaftigkeit der konstitutiven Regel-Normenvorgaben grundsätzlich akzeptiert wird und damit eine Sinnhaftigkeit in der Sinnlosigkeit eines Wettkampfes als gegeben angenommen wird und die daraus erwachsenen Handlungsauflagen vom Akteur und Rezipient als berechtigt angesehen und respektiert werden. Kennzeichnend für diesen ›Vertrag‹ ist, dass er die einzelne Person nicht nur über bestimmte Normenvorgaben an die Institution Wettkampfsport bindet, sondern dass diese Normen erst vor dem Hintergrund von allgemeinen Vertragswerten und wettkampfrelevanten Werten ihren Sinn erhalten (vgl. DREXEL 1990; BOURDIEU 1993: 123f.). Dabei erscheint die Tatsache als wichtig, dass durch die prinzipielle (konstitutive) ›sinnlose Sinnhaftigkeit‹ des geregelten Wettkampfsports aus alltagsweltlicher Sicht, jede Beachtung von Wettkampfvorgaben durch einen Akteur, auch immer dessen De-facto-Zustimmung zu dieser speziellen Handlungswelt impliziert – sie also einen freiwilligen Vertragsakt darstellt.

Für die Institutionen, die diese teilweise Umkehrung alltagsweltlicher
Sinnhaftigkeit organisieren wie Fach- und Dachverbände des Sports – ergeben sich daraus weiter reichende Konsequenzen, als systemtheoretische
oder organisationssoziologische Deutungsangebote erkennen lassen. So
stellt z. B. der DOSB auf der Ebene der (politischen) Organisationen einerseits eine Institution dar, die – ähnlich wie der ADAC Autofahrer und ihre
Interessen im gesellschaftspolitischem Leben vertritt – die besondere
Belange ›des Sports‹ wahrnimmt. Andererseits ergeben sich durch die
verschiedenen Gegenstände ›Autofahren‹ und ›sportliche Handlung‹ (als
formal-ästhetisch konstituiertes Ereignis mit vertragsethischen Implikationen) aber auch weiter reichende Möglichkeiten und Verpflichtungen für
Institutionen, die für die Konstituierungsmöglichkeiten des Ereignisses
›sportliche Handlung‹ die Verantwortung tragen.[8] Daraus folgt: Erst die
konstitutiven Bedingungen der ›spezifischen Lebensform‹ des Wettkampfes
ermöglichen durch die Tatsache, dass die Sinnhaftigkeit der Sinnlosigkeit
nicht erzwungen werden kann, sondern einen subjektbestimmten Vertrags-
akt darstellt, die Erfahrung von spezifischen Gerechtigkeitsvorstellungen.

5. Bedingungen: Handlungsprinzipien als Prüfinstanzen – Merkmale von Glaubenswürdigkeit

Kennzeichnend für den wettkampfsportlichen Sozialvertrag ist, dass er
nicht nur ein handlungseinschränkendes Zugeständnis an ein Regelwerk
darstellt, sondern immer auch an die zunächst prinzipielle Anerkennung
von mindestens drei Handlungsperspektiven gebunden ist: die Sieg-Nie-
derlage-Perspektive (1), die Leistungs-Erfolgs-Dialektik (2) und die Natürlichkeit als Echtheitszertifikat (3).

1. Im Überbietungsgebot verankert stellt das Sieg-Niederlage-Prinzip
ein zentrales Merkmal der Wettkampfwelt dar.[9] Es schafft anschauliche
Ordnung, garantiert eine klare Geometrie des Wettbewerbs für eine überschaubare Anzahl von Aktiven und erlaubt eine relativ eindeutige Wert-
bestimmung im Wettkampf. Dabei können sich Akteur und Rezipient mit

---

8   Das Beispiel verdanke ich meinem Kollegen G. Spitzer.
9   Vgl. u. a. auch Becker (1987); Stichweh (1990).

dem Handlungsgeschehen in archetypischer Weise, also unter Bezug auf sehr ursprüngliche, dichotome Lebensbedingungen identifizieren (wie Anstrengen – Versagen, Freude – Trauer, Hoffen – Scheitern etc.), mit der Folge, dass über die qualitative Ausgestaltung jener ›zweiwertigen‹ Handlungslogik des Wettkampfsystems eigene Lebensdramen vom Akteur und Zuschauer in das aktuelle Wettkampfgeschehen gleichsam eingewoben werden können. Dies ergibt sich daraus, dass der Wettkampfsport durch seine besonderen Raum-, Zeit- und Handlungsregeln auf den ersten Blick mit jenen anderen Sonderwelten, wie z. B. der Kunst oder dem Theater, verwandt ist – jedoch mit einem wesentlichen Unterschied: Sportliche Handlungen ›transportieren‹ während des Wettkampfablaufes keine eigene, spezifische Botschaft, wie z. B. ein Theaterstück oder Gedicht, sondern die Dramatik des Geschehens ist quasi ›inhaltsfrei‹. Konkret bedeutet dies zweierlei:

a) Der Wettkampfsport erfüllt die wesentlichen Bedingungen eines Dramas, erhält seine Dramatik jedoch nicht über einen spezifischen Inhalt, sondern über die Form der durch die Regeln geschaffenen Bedingungen.

b) Die Dramatik der Handlungen im Wettkampfsport ist nicht fiktiv, sie ist keine gespielte Präsentation von Wirklichkeit wie in einem Theater- oder Kriminalstück, sondern sie ist real und beansprucht, nicht nur vorgetäuscht, sondern wirklich zu sein. Dies bedeutet: Die prinzipielle Doppelfunktion wettkampfsportlichen Geschehens, die Inhaltsfreiheit bei gleichzeitiger Realitätsgarantie in einer œuvrehaften Sonderweltlichkeit[10] ist die Basis dafür, dass der Wettkampfsport zu einer besonderen Art von Imageträger werden kann. Da die Bedingungen der Dramatisierung allein durch die Ausführungsformen garantiert werden und der Inhalt des ›Dramas Wettkampfsport‹ frei ist, können individuelle Wünsche und Hoffnungen des eigentlich passiven Zuschauers in das Wettkampfgeschehen verlagert werden, ohne dass sich dies dadurch verändert oder fehlgedeutet werden würde, mit der Folge: Jeder einzelne kann selbst zum Teilnehmer innerhalb des formal-dramatischen binär strukturierten Geschehens werden.

Der Sieg in einem Wettkampf gilt offiziell als der Lohn für eine ›authentische Leistung‹. Anders als in der Alltagswelt, in der oft nicht getrennt werden kann zwischen populärem Erfolg und selbst erbrachter Leistung,

---

10 Trotz ihrer situativen Prozesshaftigkeit können auch sportliche Ereignisse einen tradierbaren ›Werkcharakter‹ erhalten, der durch Legendendiskurse stabilisiert wird, wie z. B. das Endspiel der Fußball-WM 1954.

wird der Wettkampfsport gedeutet als ein System, das gekennzeichnet ist durch Eigenleistungen hinsichtlich des physischen und psychischen Gesamteinsatzes. Entsprechend gibt es für Akteure deshalb auch kein ›Stellvertreterhandeln‹ (vgl. LENK 1983). In einer Gesellschaft, in der es immer schwerer wird, individuelle Leistungen in komplexen Handlungszusammenhängen kenntlich zu machen, ergibt sich daraus der besondere Reiz eines solches Leistungssystems – wobei diese Zuschreibung, insbesondere in technologisch vorbestimmten Geräte-Sportarten (Formel 1, Motorsport allgemein, Bobsport etc.) immer davon abhängig ist, wie viel Eigenleistung einem Akteur im Gesamtgeschehen dieser Sportart (noch) zugeschrieben werden kann. Besteht die Gefahr, dass der Aktive wie der Jockey im Pferderennsport nur noch als Beiwerk des Sportgeräts erscheint, wird meistens versucht, über Regeländerungen den Anteil des Menschen an der Gesamtleistung wieder zu erhöhen. Wie weit dies gelungen ist, zeigt dann in der Regel die öffentliche Diskussion. Ein Anschauungsbeispiel sind die ständigen Regeländerungen im Rennsport der Formel 1.

Obwohl das moderne Wettkampfsystem in vielen Bereichen längst durch ein differenziertes medizinisch-technisches Trainingssystem gestützt und über ein ausgefeiltes Mediensystem nicht nur präsentiert, sondern auch inszeniert wird, gilt ein Merkmal weiterhin als Messlatte der Glaubwürdigkeit des agonalen Wettkampfes in Abgrenzung zur inszenierten Show: das Natürlichkeitsversprechen des Sports (vgl. dazu BIRNBACHER 2006; PAWLENKA 2010, 2008; BAYERTZ 2005). Es wird bisher (noch) als Garant für den Realitätscharakter des Wettkampfes angesehen und ermöglicht die Umsetzung der moralischen Vorstellung von Chancengleichheit, bei gleichzeitiger Anerkennung der individuellen Ungleichheit der Teilnehmer. Nur wenn allgemein davon ausgegangen werden kann, dass im Wettkampf letztlich die natürlichen Veranlagungen das Handeln bestimmen, ist auch jene sinnstiftende Identifizierung mit dem Athleten möglich. Anders als in der Kunst und im Theater, die über den fiktionalen Inhalt die Dramatisierung des Œuvres entwickeln, benötigt das Wettkampfsystem zur Stabilisierung seiner dramatischen Form den Glauben an die ›Wirklichkeit‹ und damit an die ›Natürlichkeit‹ der Handlungen.[11] Die Diskussion um Doping und unerlaubte Mittel ist deshalb nicht nur eine Frage

---

11 D. h., beide Begriffe sind keine ›Seinsaussagen‹, sondern Begriffe in einem konstitutiven Zuschreibungsprozess.

der Gesundheit oder Chancengleichheit der Athleten, sondern tangiert vor allem zentrale Strukturbedingungen des Systems Wettkampfsport (vgl. auch GEBAUER 2002: 239f.).

Entscheidend für weiterführende Diskussionen ist, dass diese drei konstitutiven Prinzipien ihre Wirksamkeit nur so lange er- bzw. behalten, wie alle Beteiligten auch von ihrer Gültigkeit ausgehen können. Sie müssen als normativ richtig und inhaltlich wahr angesehen werden können sowie von allen wahrhaftig vertreten werden, was bedeutet: Der Wettkampfsport kann als Modell für eine Interaktionsform gelten, bei der sich wichtige Handlungs- und Entscheidungsspielräume gerade erst aus der Beachtung institutioneller Regelvorgaben ergeben. Sie ermöglichen im Sinne Seels (1993) die organisatorische Sicherstellung einer spezifischen Lebensform zwischen ›sinnstiftenden Gemeinschaften‹ und ›subjektbestimmenden offenen Gesellschaften‹. Kennzeichnend für diese ›spezifischen Lebensformen‹ innerhalb der pluralen Gesellschaften ist für Seel, dass sie bestimmte partikulare Existenzformen eröffnen, die sich – und dies zeigt sich besonders deutlich am Beispiel des Wettkampfsports – durch zeitliche, räumliche, wissens- oder könnensmäßige Mitgliedsbedingungen von anderen ›spezifischen Lebensformen‹ abgrenzen. »Universale Lebensformen kann es nicht geben; ihnen wäre das Telos abhanden gekommen, aus dem sich die Bindung an eine bestimmte Lebensform ergibt« (SEEL 1993: 246).

Entscheidend ist vielmehr, dass sich Gerechtigkeitsvorstellungen nur entwickeln können, wenn sich die Akteure in solchen ›spezifischen Lebensformen‹ deren Spezifik bewusst sind und sie nicht zu einer globalen sinnstiftenden Lebensvorstellung erweitern, wie es z. B. für die ›Gesinnungs-Gemeinschaften‹ des traditionellen Sportvereins typisch ist. Nur wenn die ›spezifischen Lebensformen‹ als partielle Interaktionsformen verstanden werden, die Akteure sich deren Relativität bewusst sind und die eigene Existenz als Koexistenz mit anderen Lebensformen begreifen, ergibt sich jene prinzipielle Freiheit, aus der sich auch die Bedingungen für das Gute und Gerechte entwickeln.

»Das Telos moderner Lebensformen liegt in der Eröffnung von Freiheit nicht allein in ihren Formen, sondern zugleich gegenüber allen ihren Formen« (SEEL 1993: 250). Ein Prüfstand für den ›Grad an Freiheit‹ ist dabei nicht die Frage, ob es für den einzelnen eine permanente, situationsunabhängige Handlungsfreiheit in einer Lebensform gibt, denn dies würde jede Art von Institutionalisierung ausschließen, sondern es ist eine Frage der Teilnahme des Einzelnen an einer Lebensform. Im Unterschied zu offenen Lebensgemeinschaften, denen man in der Regel nach einer gewissen Zeit in umfassender Weise angehört, ist die Bindung an eine zeitlich, räumlich etc. ausgegrenzte Lebensform immer nur eine besondere Form von ›Zugehörigkeit‹. Man nimmt zwar meist über typische Handlungen an dieser Lebensform teil, bleibt aber nur in einer gleichsam äußerlichen Weise zugehörig. Dabei ist von Bedeutung, dass jene freiheitsstiftende Lebensform nur so lange garantiert ist, wie sie sich gerade nicht in Form einer Gesinnungsgemeinschaft etabliert, das heißt, so lange wie distanzformierend so etwas wie eine ›Abstandspraxis‹ bewusst kultiviert wird. »In der Position der abstandnehmenden Zugehörigkeit werden sich ihre Mitglieder der Besonderheit ihres Angehörigseins zu einer historischen, konsistenten, von Alternativen umgebenden Lebensform gewahr« (SEEL 1993: 249). Bezogen auf die Ethikdiskussion im Wettkampfsport bedeutet das gleichsam eine Umkehrung traditioneller Interpretationen. Nicht das Einklagen einer gesinnungsethischen Sportlergemeinschaft mit bestimmten werthischen Idealen wie Ritterlichkeit, Fairness und Toleranz garantiert auch Gerechtigkeitsvorstellungen in der ausgegrenzten Lebensform des modernen Wettkampfbetriebs, sondern das Umgekehrte gilt: Erst wenn die Institution keine gesinnungsethischen Gemeinschaftsrituale einklagt, sondern der Eintritt in die Sonderweltlichkeit des Wettkampfes und damit die Akzeptanz der Sinnhaftigkeit der Sinnlosigkeit des eigenen Handelns prinzipiell als ein subjektiv freiwilliger, jederzeit korrigierbarer Akt angesehen wird, können sich situativ geprägte Gerechtigkeitsvorstellungen entwickeln, die auch die partielle Einschränkung von allgemeinen Freiheitsvorstellungen zugunsten eines höheren Gutes (z. B. dopingfreier Wettkampfsport für alle Beteiligten) einschließen. Für die Legitimation von Doping-Kontrollen ergeben sich daraus erweiterte Perspektiven, die nicht nur ethisch gerechtfertigt, sondern auch juristisch begründet werden können, worauf abschließend verwiesen wird.

6.   Vertragsethische Fragen und juristische
        Antworten – Möglichkeiten für ein aktuelles
        Sportrecht

Ein erstes Zwischenergebnis im Berliner Forschungsprojekt bestätigt einzelne Untersuchungen der Doping-Forschung, wonach Blutanalysen von Aktiven aussagekräftiger sind als Urin-Untersuchungen. Blutproben sind geeigneter, da sie Prozessanalysen ermöglichen und auch für die zukünftigen Forschungsentwicklungen ein größeres Untersuchungspotenzial darstellen.

Als ein wesentliches Hindernis für eine grundsätzliche Einführung der Blutuntersuchungen im Leistungssport erweist sich bisher jedoch die offizielle (alltagsweltliche) Rechtslage. Blutproben stellen aus juristischer Sicht eine Körperverletzung dar, die nur nach Zustimmung einer Person oder nach einer Straftat (z. B. Verdacht auf Alkohol am Steuer) auf richterliche Anordnung möglich sind. Werden Blutproben von Aktiven als Voraussetzung einer Wettkampfteilnahme verlangt, stellt dies nach geltendem Recht zunächst eine Verletzung fundamentaler Menschenrechte dar, wie es der Sportwissenschaftler Arnd Krüger (Universität Göttingen) nicht müde wird, zu betonen: »Ich bin gegen Sonderrechte für den Sport, [...] schon 1679 wurde in der Habeas Corpus Akte in England das Gesetz festgeschrieben, was sich heute in allen freiheitlichen Grundordnungen wiederfindet, dass der einzelne vor der Willkühr des Staates zu schützen ist. [...] Der Sport hat eine Vorbildfunktion. Mir graust vor diesem Vorbild. Hier werden unter dem Beifall der Massenmedien und scheinbar großer Teile der Bevölkerung elementare Grundrechte im Spitzensport publikumswirksam aufgehoben. Sollen wir uns daran gewöhnen, [...] stehen wir vor dem Ende von Habeas Corpus?« (KRÜGER 2000: 7). Wird darüber hinaus, bei konsequenter Rechtsauslegung, die angeordnete Blutprobe durch einen Fachverband für alle Sportler verlangt, kann dies als eine Vorverurteilung potenzieller Doping-Täter interpretiert werden, analog zum Verdacht einer alkoholisierten Autofahrt.

Diese bis heute die Kontrollprogramme verunsichernde Rechtsposition könnte sich entscheidend verbessern, wenn zwei teilweise schon genannten Aspekte stärker berücksichtigt werden:

Weil die Konkretisierung und Legitimation der Sonderwelt des Wettkampfsports über eine private Gesinnungs-Ethik – wie sie noch im WADA-Code von 2004 versucht wird – längst unglaubwürdig geworden ist, entfällt zunächst auch die Möglichkeit für Sportverbände, Blutproben verpflichtend durchzusetzen. Der Wettkampfsport erscheint nach dieser Deutungstradition als eine spezialisierte Fähigkeit, wie andere Handlungsbereiche auch, die Anstrengung und Konzentration verlangen (wie z. B. eine medizinische Operation), die nur dadurch zum Sport werden, dass sie aus einer bestimmten Einstellung in einem besonderen Sportsgeist durchgeführt werden.

Diese Rechtsposition verändert sich jedoch maßgeblich, wenn man die Teilnahme am Wettkampfsport immer auch als Anerkennung durch eine Person im Sinne einer Vertrags-Ethik mit besonderen Handlungsbedingungen deutet, durch die erst die besondere Sportwelt in der Welt konstituiert wird. Das heißt, der Sportler akzeptiert mit seiner Teilnahme nicht nur eine irgendwann und irgendwo geschaffene Sportwelt, sondern konstituiert sie immer wieder neu durch seine Anerkennung der eigentlich sinnlosen Regelhaftigkeit. Auf diese Weise ist durch ihn und für ihn ein verteidigungswürdiges Gut entstanden, für das es sich auch lohnt bzw. lohnen kann, einige der allgemeinen Rechtsgüter zu relativieren: ein schutzbedürftiges Gut, für das die Institutionen des Sports eine wesentliche Verantwortung tragen, woraus sich auch organisatorische Verpflichtungen ergeben, die über jene einer (politischen) Interessenvertretung (analog zum ADAC) hinausgehen, denn Dach- und Fachverbände wie z. B. DOSB, DFB etc. stellen nicht nur den organisatorischen Rahmen sicher, innerhalb dessen nach sportlichen Regeln gehandelt wird, sondern sie sind auch verantwortlich dafür, dass das Ereignis sportliche Handlung mit seinen spezifischen, skizzierten Konstitutionsbedingungen stattfinden kann. Dementsprechend ergibt sich für Sportverbände die Verpflichtung, innerhalb der allgemeinen Rechtsprechung einen Weg zu entwickeln, der einerseits die allgemeine Menschenwürde nicht verletzt, aber andererseits auch sicherstellt, dass das hohe Gut Wettkampfsport nachhaltig geschützt wird.

Wie dies u. U. möglich sein kann, zeigt die Rechtsauslegung des an der Humboldt-Universität zu Berlin lehrenden Strafrechtlers Martin Heger mit seinen Aussagen zum Blut-Doping. Er skizziert damit an einem konkreten Beispiel, wie sich der organisierte Sport auch in Zukunft für verbesserte Kontrollverfahren im Doping-Kampf einsetzen kann, ohne sich der Verletzung der Habeas-Corpus-Akte schuldig zu machen, wie es der streitbare Sportwissenschaftler Arnd Krüger unterstellt. »Eingriffe in die körperliche Unversehrtheit und informelle Selbstbestimmung eines Sportlers erfordern eine Rechtsgrundlage; ein Gebot der Fairness ist als Grundlage nicht ausreichend [...] Wenn sich aber mangels Überprüfbarkeit von Doping der Wettkampfsportcharakter als solches nicht sicherstellen lässt, kann der Sportler normativ gesehen nur wünschen, dass eine Überprüfbarkeit erreicht wird; die Freiheit, an einem wirklichen Wettkampf teilnehmen zu können erkauft er sich durch die minimale Einschränkung seiner Handlungsfreiheit [...] Gleichwohl ist ein Sportler zur Abgabe einer Urinprobe und/oder Duldung einer Blutentnahme verpflichtet; und dies selbst dann, wenn er nicht im Verdacht eines Dopingverstoßes steht. Lässt sich nur durch eine Mitwirkung aller Sportler an den Dopingproben sicher stellen, dass niemand durch verbotene Substanzen einen Vorteil im sportlichen Wettkampf erlangt und dieser somit seinen Wettkampfcharakter bewahrt, muss es das natürliche Interesse eines jeden Wettkämpfers sein, dass seine auf Wettkampfteilnahme gerichtete Aktivität nicht in die Leere gehen kann, weil andere der Sportveranstaltung den Wettkampfcharakter genommen haben könnten« (HEGER 2010: 143). Woraus man das Fazit ziehen kann: Die Sonderwelt des Sports, konstituiert durch vertrags-ethische Bedingungen, ermöglicht den Sportverbänden, auf der Basis allgemeiner Rechtsprinzipien einschränkende Kontrollmaßnahmen zur Sicherstellung der Glaubwürdigkeit des Wettkampfsports (z. B. Blutentnahme) zu veranlassen.

7.   Ausblick

Durch Martin Heger wird damit aus juristischer Perspektive eine Position skizziert, die im Sinne der Vertrags-Ethik dem Einzelnen mit seiner Teilnahme am Wettkampf auch eine Verantwortung für die Sicherstellung und Bewahrung des hohen Gutes dopingfreier Sport zuweist, wobei – und dies ist die weiterführende Perspektive – dadurch einerseits eine (graduelle) Einschränkung von allgemeinen Bürgerrechten durch ein Sportverbandsrecht möglich ist (z. B. Blutuntersuchungen im Rahmen der Doping-Prävention). Andererseits kann diese Relativierung allgemeiner Rechtspositionen aber nur das Ergebnis einer Güterabwägung im wörtlichen Sinne sein. Das heißt, sie muss sich als die bessere Methode im Kampf gegen Doping-Praxen erweisen – die diese einschränkenden Untersuchungsmethoden im Sinne des hohen Gutes dopingfreier Sport als gerechtfertigt und verantwortbar erscheinen lässt. Allerdings – und hier zeigt sich die Verpflichtung zu interdisziplinärer Zusammenarbeit – kann dies nur vor dem Hintergrund einer anspruchsvollen Doping-Analytik angemessen entschieden werden. Zeigt sich, dass individuelle Untersuchungsparameter eine höhere Nachweisqualität besitzen, ist die Voraussetzung für die angedeutete Güterabwägung aus ethischer und juristischer Sicht gegeben.

Literatur

APEL, K. O.: Die ethische Bedeutung des Sports in der Sicht einer univer-
salistischen Diskursethik. In: FRANKE, E. (Hrsg.): *Ethische Aspekte des
Leistungssport*. Clausthal-Zellerfeld 1998, S. 105-134

BAYERTZ, K. (Hrsg.): *Die menschliche Natur. Welchen und wieviel Wert hat sie?*
Paderborn 2005

BAYERTZ, K.: Die menschliche Natur und ihr moralischer Status. In: BAY-
ERTZ, K. (Hrsg.): *Die menschliche Natur. Welchen und wieviel Wert hat sie?*
Paderborn 2005, S. 9-31

BECK, U.: *Risikogesellschaft. Auf dem Wege in eine andere Moderne.*
Frankfurt/M. 1986

BECKER, P. (Hrsg.): *Sport und Höchstleistung.* Reinbek b. Hamburg 1987

BECKER, P.: Steigerung und Knappheit. Zur Kontingenzformel des
Sportsystems und ihre Folgen. In: BECKER, P. (Hrsg.): *Sport und Höchstleistung.* Reinbek b. Hamburg 1987, S. 17-37

BICKEL, C.: *Ferdinand Tönnies: Soziologie als skeptische Aufklärung zwischen
Historismus und Rationalismus.* Opladen 1991

BIRNBACHER, D.: *Natürlichkeit.* Berlin, New York 2006

BOCKRATH, F.; S. BAHLKE: *Moral und Sport im Wertbewußtsein Jugendlicher.
Über den Zusammenhang von leistungsbezogenen Freizeitaktivitäten mit mo-
ralrelevanten Einstellungs- und Urteilsformen.* Köln 1996

BOCKRATH, F.; E. FRANKE: Is there any Value in Sports? About the Ethical
Significance of Sport Activities. In: *International Review for the Sociology
of Sport*, 3/4, 1995, S. 283-310

BOURDIEU, P.: *Sozialer Sinn. Kritik der theoretischen Vernunft.* Frankfurt/M.
1993

BRUMLIK, M.; H. BRUNKHORST (Hrsg.): *Gemeinschaft und Gerechtigkeit.*
Frankfurt/M. 1993

COUBERTIN, P.: *Der Olympische Gedanke. Reden und Aufsätze.* Schorndorf b.
Stuttgart 1967

COURT, J.: Pragmatisierte Ethik zwischen Gesinnungs- und. Verantwor-
tungsethik. In: *Theorie und Praxis der Körperkultur*, 6, 1990, S. 368-376

COURT, J.: *Kritik ethischer Modelle des Leistungssports.* Köln 1995

COURT, J.: Sport und Ethik. In: HAAG, H. (Hrsg.): *Sportphilosophie. Ein
Handbuch.* Schorndorf 1996, S. 230-250

DIEL, P.; FRIEDEL, U.: *Gendoping. Techniken, potentielle biologische Ziele und
Möglichkeiten des Nachweises.* Bericht des Ausschusses Bildung, For-

schung und Technikfolgenabschätzung (18. Ausschuss) gemäß §56a
der Geschäftsordnung. Berlin, Drucksache 16/9552, 1997

DIEM, C.: *Wesen und Lehre des Sports und der Leibeserziehung.* Berlin 1960

DIGEL, H.: Regeln im Sport. In: GRUPPE, O. (Hrsg.): *Sport. Theorie in der
gymnasialen Oberstufe.* Schorndorf 1980, S. 305-349

DIGEL, H.: Doping als Verbandsproblem. In: BETTE, K.-H. (Hrsg.): *Doping im Leistungssport. Sozialwissenschaftlich beobachtet.* Stuttgart 1994,
S. 131-152

DIGEL, H.: Citius, altius, fortius – wohin treibt der olympische Spitzensport? In: GRUPPE, O. (Hrsg.): *Olympischer Sport. Rückblick und Perspektiven.* Schorndorf 1997, S. 85-98

DREXEL, G.: Bewegung im Wettkampfsport als »performative
Handlung – ein Rahmenkonzept zur Erzeugung realer sowie moralisch defekter Bewegungs-Welten im Wettkampfsport. In: CACHEY,
K.; G. DREXEL; E. FRANKE (Hrsg.): *Ethik im Sportspiel.* Clausthal-Zellerfeld 1990, S. 127-166

DREXEL, G.: »Sportiver Egoismus«. Zur Ethik wettkampfsportlichen
Handelns. In: HECK, T. L. (Hrsg.): *Das Prinzip Egoismus.* Tübingen 1994,
S. 505-528

FISCHER, K.; S. GÜLDENPFENNIG; D. KAYSER (Hrsg.): *Gibt es eine eigene
Ethik olympischen Sports?* Köln 2001

FRANKE, E.: Imagebildung und Sozialisation im Wettkampfsport. Ein
idealtypischer oder extremer Vorgang zur Alltagswelt? In: *Sportwissenschaft,* 3, 1976, S. 277-290

FRANKE, E.: *Theorie und Bedeutung sportlicher Handlungen – Voraussetzungen und Möglichkeiten einer Sporttheorie aus handlungstheoretischer Sicht.*
Schorndorf 1978

FRANKE, E.: Sportler-Ethik als Charakter-Ethik oder Handlungsfolgen-
Ethik? Skizze für den medienrelevanten Hochleistungssport. In:
ALLMER, H.; N. SCHULZ (Hrsg.): *Sport und Ethik-Grundpositionen Brenn-
punkte der Sportwissenschaft,* 3, 1989, S. 34-53

FRANKE, E.: Semiotik des Sports – Eine übersehene Variante in der Theo-
riediskussion In: FRIEDRICH, G.; E. HILDENBRANDT; J. SCHWIER
(Hrsg.): *Sport und Semiotik.* St. Augustin 1994

FRANKE, E.: Dopingdiskurse: Eine Herausforderung für die Sportwissenschaft. In: BETTE, K.-H. (Hrsg.): *Doping im Leistungssport – sozialwissenschaftlich betrachtet.* Stuttgart 1994, S. 67-100

FRANKE, E.: Sportverbände – Relikt oder Voraussetzung für einen Sport der Moderne? Betrachtungen aus institutionenethischer Sicht. In: HINSCHING, J.; F. BORKENHAGEN (Hrsg.): *Modernisierung und Sport.* Jahrestagung der dvs-Sektion Sportsoziologie vom 14.-16.9.1994 in Greifswald. St. Augustin 1995, S. 207-223

FRANKE, E.: Gerechtigkeit und Fair play – oder wie der Wettkampfsport zum Modell wird. In: MOKROSCH, R.; A. REGENBOGEN (Hrsg.): *Was heißt Gerechtigkeit? Ethische Perspektiven zu Politik, Erziehung und Religion.* Donauwörth 1999, S. 196-214

FRANKE, E.: Doping im Wettkampfsport. Eine sportethische Herausforderung. In: *Zeitschrift für Kulturphilosophie,* 1, 2010, S. 17-28

FRANKE, E; F. BOCKRATH,: Special Issue. Ethies and Sport. In: *International Review for Sociologie of Sport,* 3/4, 1995, S. 244-456

GALERT, T. u.a.: Das optimierte Gehirn. In: *Gehirn&Geist,* 11, 2009, S. 40-48

GEBAUER, G.: Wie regeln Spielregeln das Spiel? In: GRUPE, O.; H. GABLER; U. GÖHNER (Hrsg.): *Spiel, Spiele, Spielen.* Schorndorf 1983, S. 154-161

GEBAUER, G.: Der Sport in der Kunst – die Kunst im Sport. (Zu: Pierre Frayssinet, Le Sport parmi les Beaux-Arts). In: *Sportwissenschaft,* 1, 1991, S. 75-84

GEBAUER, G.: Der Angriff des Dopings gegen die europäische Sportauffassung. Überlegungen zu ihrer Verteidigung, in Japan niedergeschrieben. In: GAMPER, M.; J. MÜHLETHALER; F. REIDHAAR (Hrsg.): *Doping. Spitzensport als gesellschaftliches Problem.* Zürich 2000, S. 113-129

GEBAUER, G.: *Sport in der Gesellschaft des Spektakels.* St. Augustin 2002

GERHARDT, V.: Fairneß – Die Tugend des Sports. In: GERHARDT, V.; MANFRED LÄMMER (Hrsg.): *Fairness und Fair play. Eine Ringvorlesung an der Deutschen Sporthochschule Köln.* St. Augustin 1993, S. 5-24

GRUPE, O.: Hat der Spitzensport (noch) eine Zukunft? Versuch einer Standortbestimmung – Bericht des 23. Magglinger Symposiums. In: ANDERS, G.; G. SCHILLING (Hrsg.): *Hat der Spitzensport (noch) eine Chance?* Magglingen 1985

GRUPE, O.: Doping und Leistungsmanipulation: Zehn Gründe für konsequente Kontrollen. In: *Olympisches Feuer,* 1, 1989, S. 10-13

GRUPE, O. (Hrsg.): *Olympischer Sport. Rückblick und Perspektiven.* Schorndorf 1997

GRUPE, O.: Olympismus und olympische Erziehung. Abschied von einer großen Idee? In: GRUPE, O. (Hrsg.): *Olympischer Sport. Rückblick und Perspektiven*. Schorndorf 1997, S. 223-243

GÜLDENPFENNIG, S.: *Sport Autonomie und Krise. Soziologie der Texte und Kontexte des Sports*. St. Augustin 1996

GÜLDENPFENNIG, S.: *Sport: Kunst oder Leben? Sportsoziologie als Kulturwissenschaft*. St. Augustin 1996

HEGER, M.: Doping – von der moralischen Frage zum juristischen Problem. In: FRANKE, E. (Hrsg.): *Ethik im Sport*. Schorndorf 2010, S. 132-145

HERINGER, H. J.: Regeln und Fairneß. In: *Sportwissenschaft*, 1, 1990, S. 27-42

HERMS, E.: Ist Sportethik möglich? In: DEUTSCHER SPORTBUND (Hrsg.): *Die Zukunft des Sports. Materialien zum Kongress »Menschen im Sport 2000«*. Schorndorf 1986, S. 84-110

HOMANN, K.; J. PIES: Wirtschaftsethik in der Moderne: Zur ökonomischen Theorie der Moral. In: *Ethik und Sozialwissenschaften*, 1, 1994, S. 3-108

KANT, I.: Kritik der Urteilskraft. Erster Teil: Kritik der ästhetischen Urteilskraft. In: *Kants gesammelte Schriften*. Berlin 1908. Zitiert nach Abdruck Akademie-Textausgabe (Bd. V). Berlin 1968

KLOPPENBERG, J.: The Virtues of Liberalism: Christianity, Republicanism and Ethics in Early American Political Discourse. In: *Journal of American History*, 74, 1987, S. 9-33

KNÖRZER, W.; G. SPITZER; G. TREUTLEIN: *Dopingprävention in Europa*. Aachen 2006

KRÜGER, A.: *Ethische Fragestellungen im Leistungssport am Beispiel des Dopings*. Vortragsskript, evangelische Akademie, Sport und Gesellschaft – Kirche und Sport 15./16. September, 2000

KUCHLER, W.: *Sportethos*. München 1969

LEINEMANN, J.: Deutsche bleiben deutsch. In: *Spiegel spezial*, 6, 1996, S. 18-23

LENK, H.: *Leistungssport: Ideologie oder Mythos?* Stuttgart, Berlin, Köln, Mainz 1972

LENK, H. (Hrsg.): *Aktuelle Probleme der Sportphilosophie. Kongreßbericht des Workshops über Sportphilosophie in Verbindung mit der 8. Jahrestagung der Philosophic Society for the Study of Sport*. Schorndorf 1983

LENK, H.: *Eigenleistung. Plädoyer für eine positive Leistungskultur*. Zürich 1983

LENK, H.: Aspekte einer Pragmatisierung der Ethik – auch für die Sport-
ethik. In: CACHAY, K.; H. DIGEL; G. DREXEL (Hrsg.): *Sport und Ethik*.
Clausthal-Zellerfeld 1985, S. 1-20

LENK, H.: *Die achte Kunst. Leistungssport – Breitensport*. Osnabrück, Zürich
1985

LENK, H.: Auf der Suche nach dem verlorenen olympischen Geist. In:
GEBAUER, G. (Hrsg.): *Olympische Spiele – die andere Utopie der Moderne.
Olympia zwischen Kult und Droge*. Frankfurt/M. 1996, S. 101-130

MEINBERG, E.: *Die Moral im Sport. Bausteine einer neuen Sportethik*. Aachen
1991

PILZ, G. A.: Fairness – im Sport – eine fiktive oder reale Handlungsmoral?
In: FRANKE, E. (Hrsg.): *Ethische Aspekte des Leistungssports*. Clausthal-
Zellerfeld 1988, S. 23-34

PILZ, G. A.; W. WEWER: *Erfolg oder Fair play? Sport als Spiegel der Gesellschaft*.
München 1987

PAWLENKA, C: *Utilitarismus und Sportethik*. Paderborn 2002

PAWLENKA, C: Das Dopingverbot im Sport – eine Kontroverse im Schnitt-
punkt von Sportethik und Bioethik. In: FRANKE, E. (Hrsg.): *Ethik im
Sport*. Schorndorf 2010 (im Druck)

RAWLS, J.: *Eine Theorie der Gerechtigkeit*. Frankfurt/M. 1975

REHBERG, K. S.: Gemeinschaft und Gesellschaft – Tönnies und Wir. In:
BRUMLIK, M.; H. BRUNKHORST (Hrsg.): *Gemeinschaft und Gerechtigkeit*.
Frankfurt /M. 1993, S. 244-260

RÖSCH; E.: *Sport ohne Ethos?* Mainz 1979

SCHULZE, G.: *Die Erlebnisgesellschaft. Kultursoziologie der Gegenwart*. Frank-
furt/New York 1995

SCHWIER, J.: Regeln, Moral und informelle Fairness. In: *Sportwissenschaft*,
2, 1992, S. 215-218

SEARLE, J. R.: *Sprechakte. Ein sprachphilosophischer Essay*. Frankfurt/M. 1971

SEEL, M.: Ethik und Lebensform. In: BRUMLIK, M.; H. BRUNKHORST
(Hrsg.): *Gemeinschaft und Gerechtigkeit*. Frankfurt/M. 1993, S. 244-260

SINGLER, A.; G. TREUTLEIN (Hrsg.): *Doping im Spitzensport. Sportwissenschaftliche Analysen zur nationalen und internationalen Leistungsentwicklung (Teil 1)*. Aachen 2000

SINGLER, A.; G. TREUTLEIN: *Doping – von der Analyse zur Prävention*. Aachen
2001

SONTHEIMER, K.: Fair miteinander leben. In: DSB (Hrsg.): *Deutscher Sportbund 1982-1986. Bericht des Präsidiums*. Frankfurt/M. 1986, S. 136-145

SPITZER, G.; E. FRANKE (Hrsg.): *Sport, Doping und Enhancement – Transdisziplinäre Perspektiven. Enhancement, Prävention in Sport, Freizeit und Beruf*; Bd. 1. Köln 2010

STICHWEH, R.: Sport – Ausdifferenzierung, Funktion, Code. In: *Sportwissenschaft*, 4, 1990, S. 373 - 389

SUITS, B.: What is a game? In: GERBER, E. W.; W. J. MORGAN (Hrsg.): *Sport and the body. A philosophical symposium*. Philadelphia 1972, S. 16 - 22

TÖNNIES, F.: *Soziologische Studien und Kriterien*. 1. Sammlung. Jena 1925

TREBELS, A.: Zur moralischen Relevanz von Spielethos und Fair Play. In: CACHEY, K.; G. DREXEL.; E. FRANKE (Hrsg.): *Ethik im Sportspiel*. Clausthal-Zellerfeld 1990, S. 43 - 63

TREUTLEIN, G.: Doping bei Minderjährigen. In: *Sportpädagogik*, 15, 1991, S. 6 - 14

TREUTLEIN, G.: *Zwischen Wertorientierung und Zweckrationalität. Handlungsdilemmata im Leistungssport – sozialwissenschaftlich betrachtet*. Aachen 1994

WACHTER, F. D.: Spielregeln und ethische Problematik. In: LENK, H. (Hrsg.): *Aktuelle Probleme der Sportphilosophie. Kongreßbericht des Workshops über Sportphilosophie in Verbindung mit der 8. Jahrestagung der Philosophic Society for the Study of Sport*. Schorndorf 1983, S. 278 - 294

WALZER, M.: The Communitarian Critique of Liberalism. In: *Political Theory*, 19, 1990. S. 6 - 23

WORLD ANTI-DOPING AGENCY: *World Anti-Doping Code*. 2003, S. 7 - 8. URL: http.//www.wada-ama.org/rtcontent/document/code-v3.pdf [1. August 2010]

WEIZSÄCKER, R. V.: Grundsätze und Grenzen des Sports. Ansprache des Bundespräsidenten Richard von Weizsäcker vor der Hauptversammlung des Nationalen Olympischen Komitees am 16. November 1985. In: DEUTSCHER SPORTBUND (Hrsg.): *Deutscher Sportbund 1982 - 1986. Bericht des Präsidiums*, 1986, S. 101 - 107

WITTGENSTEIN, L.: *Philosophische Untersuchungen*. Frankfurt/M. 1967

GISELHER SPITZER

Eine doppelte Übersetzungsleistung: Das Thema *Doping* im Prozess der deutschen Einigung

Einleitung

Bevor Sportjournalisten und Sportfunktionäre über Doping diskutieren, sei ein kurzes geschichtliches Streiflicht an den Anfang gestellt. In den Nachkriegsjahren war Doping lange Zeit kein Thema, nur ganz vereinzelt finden sich Beiträge. Eine zentrale Rolle für die mediale Auseinandersetzung mit Doping in der Nachkriegszeit spielte erst Brigitte Berendonk, die sich 1969 und 1977 mit zwei Aufsehen erregenden und Widerspruch erntenden Artikeln zu Wort meldete. Berendonk, Jahrgang 1942, war als DDR-Jugendmeisterin im Vierkampf mit ihrer Familie 1958 in die Bundesrepublik geflüchtet. Die ehemalige DDR-Sportlerin wurde im Westen deutsche Meisterin, 1971 im Diskuswerfen und 1973 im Kugelstoßen. Sie war zweimalige Olympia-Teilnehmerin und unterrichtete als Oberstudienrätin in Heidelberg Englisch und Sport. Ihr Beitrag in der Wochenzeitung *Die Zeit* trug am 5. Dezember 1969 die Überschrift *Züchten wir Monstren? Die hormonale Muskelmast.* Er war eine Generalanklage, in der es hieß: »Seit Mexiko und Athen kann man es auch beim besten Willen nicht mehr vornehm vertuschen: Die Hormonpille (oder -spritze) gehört anscheinend ebenso zum modernen Hochleistungssport wie Trainingsplan und Trikot, wie Spikes und Spesenscheck. Nach meiner Schätzung treffen sich bei großen Wettkämpfen bald mehr Pillenschlucker als Nichtschlucker. Olympia nach dem Motto: Dianaboliker aller Länder, vereinigt euch!« (BERENDONK 1969).

Die Sportlerin wartete mit genaueren Angaben auf und teilte kräftig in alle Richtungen aus – nach Osten und Westen. Zwei Olympiaden später bilanzierte Berendonk (1977) erneut. Unter der Überschrift *Der Sport geht über den Rubikon. Hormon-Monster statt Athleten: Der Betrug an der ehrlichen Leistung* zeichnete sie in der *Süddeutschen Zeitung* ein düsteres Bild vom Doping, das sich im organisierten Sport durchgesetzt habe:»Der Betrug selbst ist aber eher noch größer geworden, die verabreichten Hormonmengen nahmen ebenso zu wie die Kenntnisse um ihren optimalen Einsatz. Die Hormon-Monster mit ihren charakteristischen Merkmalen wie den überdimensionalen Stickstoff- und Wasser-Retentions-Muskel, der Anabolika-Akne und dem knörenden Frauenbaß sind uns allen inzwischen vertraute Gestalten geworden; selbst Meldungen über Selbstmorde, Selbstmordversuche, Amokläufe und sexuelle Ausbrüche von Anabolikaabhängigen sind längst Routine«(BERENDONK 1977).

Ursachen für das Engagement gegen Doping. Wendepunkte: DDR-*Zwangsdoping* und journalistische Aufarbeitung durch Berendonk?

Der nachfolgende Abschnitt dokumentiert das Gespräch mit zwei Sportjournalisten. Robert Hartmann und Herbert Fischer-Solms haben über vier Jahrzehnte hinweg über diese Form des Sportbetrugs berichtet. Die Fragen, die mit ihnen diskutiert werden sollen, besitzen sowohl eine historische als auch eine sportpolitische Perspektive.

Robert Hartmann wurde 1940 in Fulda geboren, er stellte sich selbst mit den Worten vor:

> »Ich betrieb in der Jugend den Mittelstreckenlauf. 1959 war ich 6. über 1500 m bei den deutschen Juniorenmeisterschaften. Nachdem ich bei der *Fuldaer Volkszeitung* mein zweijähriges Volontariat abgeschlossen hatte und dort eine Zeitlang Redakteur war, ging ich 1963 zur Frankfurter Boulevardzeitung *Abendpost-Nachtausgabe*. 1969 wurde ich freiberuflicher Sportjournalist. Das wollte ich, weil ich großen Wert auf absolute Unabhängigkeit legte. Ich denke, dass sich diese Vorgehensweise zwar nicht unbedingt ausgezahlt, jedoch gelohnt hat. Selbst als ich für die *Frankfurter Allgemeine Zeitung* für sieben Jahre und danach für die *Süddeutsche Zeitung* 29 Jahre lang schrieb, wollte ich wegen meiner Unabhängigkeit auch keinen schriftlichen Vertrag. Nie sollte ein Redakteur mir sagen können: ›Sie müssen das und

das schreiben, schließlich haben Sie bei uns einen Vertrag.‹ So blieb es bis zu meiner Pensionierung 2005. Mein Arbeitsschwerpunkt war eindeutig die Leichtathletik, die wenigstens damals in vielen Dingen die führende Sportart war, auch in der Medizin. So wurde ich geradezu zwangsläufig mit dem betrügerischen Doping vertraut. Manchmal entwickelte sich die Berichterstattung darüber geradezu zu einer eigenständigen Sportart. An Ehrungen habe ich nicht viel aufzuweisen. Ich beteiligte mich auch nie an irgendwelchen sportjournalistischen Wettbewerben. Die Zeitschrift *Sport intern* wählte mich 1992 zum deutschen Sportjournalisten des Jahres. Das war wirklich nett.«

Im Gespräch wird deutlich, dass im Zusammenhang mit den Problemen seines Hauptarbeitsgebiets, der Leichtathletik, auch Recherchen auf dem Gebiet des Dopings nötig waren. So hielt Hartmann engen Kontakt zu Brigitte Berendonk und zu Werner Franke, ihrem Ehemann und einem der führenden Molekularbiologen und Krebsforschern. Gleichwohl war es schwierig, das Thema in der Presse aufzugreifen. Diese Einschätzungen bestätigte der Kollege Herbert Fischer-Solms. Er verwies darauf, dass – abgesehen von der zitierten Ausnahme – in der *Zeit* vor 1989 kompetente Artikel zur Doping-Problematik dünn gesät waren.

Fischer-Solms, Jahrgang 1946 und damit etwas jünger als Hartmann, stellte sich seinerseits vor:

»Ich erlebte also den Zweiten Weltkrieg nicht mehr, verließ mit meiner Familie als Jugendlicher die DDR zur Zeit des Mauerbaus. Der Weg führte zunächst in den Westteil des geteilten Berlins und dann mit einem der vorerst letzten zivilen Flüge von Tempelhof in den Westen. Als zunächst schreibender und zunehmend im Hörfunk tätiger Journalist gehörte ich zu der kleinen Zahl kritischer Wegbegleiter des Sports.«

Herbert Fischer-Solms war trotz seiner Kritik ein gesuchter Interviewpartner in der Sportpolitik. Auf die Frage zum ›Epochenwechsel‹ durch die Auswirkungen der Analysen des systematischen DDR-Dopings antwortete der Journalist mit einer zurückliegenden Episode, bei der ein gehaltvoller dopingbezogener Artikel einer überregionalen deutschen Zeitung ›angeboten worden‹ sei. Es erfolgte damals jedoch überraschenderweise kein Abdruck. Diese Zeitung

»hat damals keinen Anlass gesehen, das zu veröffentlichen – es habe ja ein paar Jahre vorher bereits eine entsprechende Veröffentlichung in der *Zeit* gegeben. – Wir hatten in der Bundesrepublik noch eine andere Zäsur, und die betraf 1976 die Olympischen Sommerspiele in Montreal. Da ist zum ersten Mal etwas bekannt geworden und herausgegeben worden über das, was medizinisch im bundesdeutschen Sport stattfindet. Wir haben schon von der Aktion ›Luftpumpe‹ auf dieser Tagung gesprochen, die hier in Köln ausprobiert worden ist, als man den Schwimmern Luft in den Darm gegeben hat. Das Bundesministerium hat unsere Steuergelder dafür verwendet, dies zu testen und es soll auch zu guten Ergebnissen geführt haben. Nur – man hat doch Abstand nehmen müssen, weil einfach in der Zeit, zwischen der Vorbereitung der Athleten und der Zeit, zu der sie eigentlich starten mussten, die Luft wieder entwich. Insofern war der Erfolg nicht so gegeben. Das war damals ein ›ganz wissenschaftlicher‹ Versuch mit Unterstützung des Bundesministeriums des Inneren. Wir haben aber damals zum Beispiel erlebt, wie der für eine olympische Goldmedaille favorisierte Ruderer Peter Michael Kolbe von einem finnischen Feuerwehrmann namens Pertti Karppinen etwa 400 Meter vor dem Ziel ›gnadenlos niedergemacht‹ wurde. Kolbe ›versagte‹ aus Sicht der deutschen Presse und er hat nachher gesagt, dass seine Niederlage darauf zurückzuführen sei, dass er eine spezielle Spritze vor dem Start bekommen habe, gegen die er sich gewehrt hätte. Er wollte es nicht, aber die Mediziner hatten ihn überzeugt, er solle es doch machen lassen. Jedenfalls haben wir dann eine große sportmedizinische Debatte gehabt. Es gab eine Grundsatzerklärung der Sportmediziner, in der alle Mediziner – auch die einschlägig als Doper bekannten – unterschrieben haben, dass sie gegen Leistungsmanipulation sind. Sie haben alle einen Meineid geleistet, das gab es also auch sehr wohl hier in der Bundesrepublik – und wir wissen das durch Aktenfunde im Ministerium für Staatssicherheit –, dass die bundesdeutsche Sportführung und auch die Politik sehr wohl darüber informiert waren, wie in der DDR im Spitzensport manipuliert wird. Wir wissen das unter anderem durch den Doktor Alois Mader, der aus Halle dann in die Bundesrepublik gewechselt war. Er hatte alles erzählt, was es an Wirkungsweisen und Arbeitsweisen in der DDR-Sportmedizin im Hochleistungssport gab. Dies ist festgehalten worden, aber die Bundesregierung hat sich dazu entschlossen, auch die deutsche Sportförderung, dies der Öffentlichkeit nicht mitzuteilen.«

So weit die Charakterisierung der Spiele von 1976, die Herbert Fischer-Solms unter zwei Aspekten als bedeutsam verstand: ›Alternativen‹ zum Doping mit Anabolika durch nicht verbotene Methoden wie Luft-Insufflation in den Darm oder eine durch einen Arzt gesetzte Spritze scheiterten im Wortsinn ›spektakulär‹, vor den Kameras oder in der medialen Aufarbeitung eingeplanter, aber nicht erreichter Medaillen. Der Hintergrunddiskurs über dopingähnliche Praktiken wurde damals im deutschen Sportjournalismus nicht so offensiv geführt, wie man angesichts der Bedeutung hätte erwarten können. Dies belegt die Zurückhaltung der Mehrheit der deutschen Sportjournalisten ebenso wie das Ausbleiben einer Informationskampagne über die geflohenen hochrangigen Sportmediziner und die Enthüllung des DDR-Doping-Systems.

Was ist Doping? Wie eignete sich ein Fachjournalist seinerzeit das nötige Hintergrundswissen an?

Robert Hartmann hatte pointiert formuliert: »Manchmal entwickelte sich die Berichterstattung darüber geradezu zu einer eigenständigen Sportart.« Die Suche von Beratern und Beratung war die eine Seite, die andere Seite war die sehr geringe Nachfrage bzw. die fehlende Akzeptanz der Thematik *Doping*, speziell in traditionellen Feldern wie der Fußball-Bundesliga. Diese ›Nachrichtenverknappung‹ in der bundesdeutschen Sportmedizin wurde von Herbert Fischer-Solms noch einmal thematisiert.

Auf die Nachfrage, wie man diese internen Informationen recherchieren konnte, wie man Personen fand, die Auskunft über das interne Geschehen im Hochleistungssport geben konnten oder wollten, antwortete Fischer-Solms:

> »Das war damals nicht anders als heute. Der Journalist, der nah an Athleten dran war, der hat natürlich seine Quellen gehabt. Er hat damals schon ein gewisses Netzwerk gehabt. Auch wir können heute in diesem Feld nur vorankommen, wenn wir eben solche Netzwerke haben wie das *Sportnetzwerk*. Wir helfen uns gegenseitig, Informationen zu suchen und auf diesem Felde weiter zu kommen. Natürlich ist heute schwieriger geworden, weil auf der einen Seite die Athleten natürlich ›dicht halten‹. Früher wurde ja sehr offen, auch unter Athleten, über eine Freigabe von Doping gesprochen. Auf der anderen Seite haben wir es heute leichter, weil wir heute mehr Wissenschaftler auf unserer Seite haben. Das galt früher auch für einige Sportmediziner. Also es geht gar nicht anders, als mit einer sehr intensiven Beschäftigung mit dem Thema. Bei uns Sportjournalisten wird man dann eine Entscheidung fällen: Will man lieber zum 1. FC Köln gehen oder möchte man lieber zu Mario Thevis gehen [= Professor in Köln mit Schwerpunkt Doping-Analytik und -prävention in Rufweite des Fußball-Stadions auf dem Gelände der Sporthochschule; G. S.].«

Die Defizite von damals werden deutlich, ebenso wie die schwierige Entscheidung, nachgefragte aktuelle Sportberichterstattung oder ›Hintergründe‹ zu recherchieren.

Theo Rous, Mitinitiator der entscheidenden Anti-Doping-Politik im *Deutschen Leichtathletik-Verband* (DLV), äußerte sich mit einem überraschenden Statement zu den Konflikten, die bei der Netzwerkbildung entstehen konnten:

> »Dann möchte ich noch ein Wort sagen zu den Netzwerken. Mit Robert Hartmann beispielsweise habe ich viel korrespondiert. Der hat sich natürlich auch an die Verbände gewandt und wir haben bei den Doping-Fällen nahezu täglich korrespondiert. Aber wir hatten auch ein Dilemma. Ich habe am linken Ohr den Hörer mit dem Robert Hartmann und am rechten Ohr hatte ich die Mitteilung des Sprechers über die Mitteilung des Kontrollsystems mit allen Einzelheiten, und dann ich dazwischen! Das ist so wirklich einige Male passiert. Und ich saß da wirklich dazwischen in einem laufenden Verfahren. Welche Informationen konnte ich geben? Es hat sich sehr viel an Konfrontation aufgebaut, weil man den Journalisten nicht alles mitteilen konnte. Ich möchte ja auch den Athleten des Dopings überführen und bestraft wissen. Das ist ein immer ein Dilemma gewesen: Einerseits die Journalisten, die sehr viel Detailwissen wollten, andererseits die Rolle des Verbandes. Und das war, wenn ich das im Nachhinein sehe, sehr belastend, diesen Spagat durchzustehen.«

Einerseits wollte Rous den kritischen Journalismus nach Kräften unterstützen, andererseits konnte er keine vertraulichen Informationen als für Doping-Fälle zuständiger Funktionär weitergeben. Dies war ein wirkliches Dilemma. Rous erinnerte sich aber auch an den umgekehrten Weg: Ein des Dopings Verdächtiger nahm Kontakt mit Sportjournalisten auf:

> »Ich kann mich sehr gut erinnern an den Abend, an dem Baumann informiert worden ist, dass wir ein Doping-Verfahren gegen ihn einleiten. Er hat sich am nächsten Morgen um sechs an einen ihm nahe stehenden Journalisten gewandt. Baumann hat ihm gesagt ›Ich soll gedopt haben. Jetzt müssen wir was machen!‹ Dass Baumann sich mit so einer Fragestellung an einem Journalisten wendet, zeigt, dass es im Westen Bataillone gab, die Baumann verteidigt haben. Es gab im Osten welche, die Ost-Athleten verteidigt haben. Dies hat sich im Laufe der Zeit geändert, zum Beispiel durch Journalisten oder kritische Wissenschaftler, die sich darum bemüht haben, die Strukturen des Dopings hier im Westen aufzuzeigen. Es ist viel schwieriger als im Osten. Viel weniger erfolgreich, obwohl im Westen genauso gedopt wird. Aber inzwischen ist das ausgeglichener geworden, die Konfrontationen

sind nicht mehr da, ob nun im Osten oder im Westen mehr gedopt worden ist. Das ist nicht so entscheidend.«

An dieser Stelle ist auf eine der weniger exponierten Stellungnahmen eines Massenblattes gegen Doping vor 1989 zu verweisen. Es war die *Bild*-Zeitung, die sich eines der wenigen Sportmediziner mit Anti-Doping-Statements versicherte, um in einem Namensartikel sehr kritisch zu Doping im Frauensport Stellung zu beziehen. Der Titel lautete *Schweigegebote und Aufklärer? Der Umgang mit dem Thema in Sport, Öffentlichkeit und politischem Raum* und erschien am 2. Juni 1972, also unmittelbar im Vorfeld der Olympischen Sommerspiele 1972 in München. Der Autor Klaus Stampfuss führte folgendermaßen in die Problematik ein:

> »Eine wuchtige Figur, ein Bart und eine tiefe Stimme – ist das der letzte Ausweg für westliche Spitzensportlerinnen, wenn sie eine olympische Medaille gewinnen wollen? Nach dem gewaltigen Diskusweltrekord (65,42 Meter) der Russin Faina Melnik (26) vorgestern in Moskau stellt sich nicht nur Gerd Osenberg diese Frage. Der erfolgreichste Trainer der deutschen Frauen-Leichtathletik gibt düstere Prognosen: ›Gegen Weltrekorde dieser Art haben wir keine Chance, weil wir den Weg des bedingungslosen östlichen Krafttrainings nicht mitgehen können. Ich kann es den Frauen gegenüber nicht verantworten.‹ Den Hintergrund eines scheinbar umwerfenden Weltrekordes deckt Dr. Dieter Baron auf, Sportmediziner und Olympiaarzt aus Leverkusen: ›Es ist unmöglich, dass sich die Melnik die Kraft durch das Training mit den Eisenhanteln geholt hat. Ich bin fast absolut sicher, daß dabei Anabolika eine entscheidende Rolle gespielt haben.‹ [...] Liesel Westermann, Lehrerin und ehemalige Weltrekordlerin aus Leverkusen, stand vor kurzem noch vor der Gewissensfrage, ob sie sich für den Kampf um olympisches Gold durch Einnahme von Hormonpräparate vorbereiten soll. [...] Wenig später fragte Liesel Westermann Dr. Dieter Baron um Rat. Antwort des Sportmediziners war eindeutig: ›Ich habe sie darauf hingewiesen, daß Anabolika eine Frau verschandeln. Eine tiefe Stimme und Bartwuchs sind nur Nebenerscheinungen. Die Schäden, die hervorgerufen werden, sind später nicht mehr reparabel.‹ Liesel Westermann verzichtete und bereitet sich nun ohne medikamentöse Hilfsmittel auf olympischen Diskuswettbewerb vor [...]« (STAMPFUSS 1972).

Der Sportmediziner Baron bezog aus ärztlicher Sicht früh und eindeutig gegen Anabolika Stellung, was ihn aus der großen Zahl der an Sportinstituten tätigen Sportmediziner heraushebt. Obwohl der Kreis der Anti-Doping-Aktivisten und Journalisten-Unterstützer bis zur Gründung der Welt-Anti-Doping-Agentur (WADA) äußerst klein war, sei hier noch der langjährige Gießener Lehrstuhlinhaber für Sportmedizin, Universitätsprofessor Dr. med. Paul E. Nowacki, erwähnt. Er nahm nicht nur praktisch, sondern auch in viel beachteten Veröffentlichungen Stellung gegen Doping.

Wer dopt? Sind ›schwarze Schafe‹ oder Strukturen verantwortlich und warum reagierte der Sport nicht?

Es gibt eine Schere in der Berichterstattung, denn lange Jahre wurde im Sport Doping als individuelle Schwäche, als Fehlverhalten Einzelner gedeutet. Nach dieser Logik wäre überhaupt kein Regelungsbedarf vorhanden gewesen. Eine Wende hätte die Auseinandersetzung mit dem folgenden Vorfall sein können. Am 26. März 1977 hatte der ehemalige Hammerwurf-Weltrekordler Walter Schmidt öffentlich im *Aktuellen Sportstudio* des ZDF Anabolika-Einnahme zugegeben. Schmidt erhielt jedoch eine Strafmilderung – wegen einer angenommenen Mitschuld seines Verbandes DLV und der Aussage eines Mainzer Zeugen, eines Apothekers.

Theo Rous:

> »Ja, das ist in den 1970er-Jahren passiert und da wusste ich gar nicht, was Doping war. Ich war so ein schlichter Trainer und Übungsleiter; ich war Vorsitzender im Verein und Doping war auf dieser Ebene kein Thema. Ich kenne zwar Rüdiger Nickel, den Vorsitzenden des Rechtsausschusses des DLV-Landesverbandes Hessen, sehr gut, der lange im Präsidium war, aber dieses Urteil, das heute noch überall rezipiert wird, ist im Laufe der Zeit ›ganz einfach verschwunden‹: Dass man also auch einem Verband einen rechtlichen, einen sportrechtlichen Vorwurf machen kann, darüber hat man sich nicht mehr unterhalten. Die Doping-Diskussion, das zeigt die Ambivalenz dieses Themas, ist entstanden durch Brigitte Berendonk. Dort wurden detailliert die Praktiken im ostdeutschen Sport aufgelistet. Das soll nicht heißen, dass es im westdeutschen Sport kein Doping gab, aber natürlich haben wir dort eine völlig andere Doping-Struktur. Beim DDR-Sport waren ›seriöse‹ Wissenschaftler, die mit ›preußischer Akribie‹ alles aufgeschrieben haben, was geschehen ist. Dies wurde nun veröffentlicht und ›schlug ein‹ wie eine Bombe. Man war im Grunde nicht darauf vorbereitet, obwohl es natürlich vorher schon Doping-Verbote und Doping-Kontrollen gab. Aber ich will jetzt nur sagen: Ich habe damals mit einer Kommission den Auftrag bekommen, die Verbandsbeschlüsse des Deutschen Leichtathletikver-

bandes zu kontrollieren und umzusetzen. Es war beschlossen, ein System einzurichten, wie man unangemeldete Kontrollen durchführt. Unangemeldete Kontrollen? Unvorstellbar! Als wir begonnen haben, hat man gesagt, unangemeldete Kontrollen seien nicht möglich, aus tausend Gründen: organisatorischen, rechtlichen, finanziellen. Was inzwischen möglich ist, das wissen Sie auch. Inzwischen ist die unangemeldete Trainingskontrolle das Zentrum der Maßnahmen – das geht doch! Die Blutkontrolle ist dazugekommen, nicht nur die Urinkontrolle. Da ist unglaublich viel passiert – das muss man sagen.«

Laut Theo Rous war das ein Erfolg des Journalismus sowie auch der Sponsoren der Jahre nach 1990:

>»Es ist schon ein Druck von außen vorhanden. So ist Druck auf die Verbände ausgeübt worden. Das kann ich an einem Beispiel schildern: Durch Berichte der wenigen kritischen Journalisten begannen in der Öffentlichkeit Diskussionen, danach kam auch Druck von Sponsoren. Zum Beispiel hat der Sponsor [ein bedeutender Autohersteller wird genannt; G. S.] klipp und klar gesagt: Wenn in dieser alten Mannschaft Funktionäre waren, die Doping kannten, nimmt man denen die Ernsthaftigkeit nicht ab.«

Herbert Fischer-Solms widersprach hinsichtlich der bremsenden Rolle der Sponsoren und benannte die internationale Politik als Ursache:

>»In dem Fall haben wir wirklich einmal einen Dissens: Ich sehe da eine große Scheinheiligkeit. Warum hat denn Claudia Pechstein den Großteil ihrer Sponsoren nicht verloren? Warum hat Dieter Baumann seinen Sponsor behalten? Die Sponsoren möchten sich mit den Erfolgen schmücken – ihnen geht der Erfolg über alles. Der wirkliche Druck kam von der Öffentlichkeit, der Druck kam von der Politik. Der wirkliche Wendepunkt war der *Festina*-Skandal bei der Tour de France. Damals hat eine französische, von der kommunistischen Partei kommende Sportministerin das Fahrerfeld kontrollieren lassen, wo wir festgestellt haben, diese wunderbare, großartige Sportveranstaltung Tour de France, die für mich heute noch faszinierend ist, ist eine ›rasende Apotheke‹. Und daraufhin haben die europäischen Sportminister gesagt: Jetzt muss der Sport, jetzt muss das IOC handeln! Wir sind nicht mehr bereit, Steuergelder für solch einen verseuchten Doping-Sport herzugeben. Das war dann der Ansatz, die Welt-Anti-Doping-Agentur (WADA) zu gründen. Heute ist es schon anders beschrieben, denn in den Geschichtsbüchern lobt sich heute das IOC, lobt sich der Sport, für die Gründung der WADA. Das ist ausschließlich auf Druck der Politik geschehen! Das war ein wichtiger Punkt. Es gab inzwischen eine Sensibilität und ich denke

auch eine steigende Sensibilität. In der Folie des Artikels lese ich den Satz ›Dank an H. Kofink‹. Dazu muss man sagen: Hansjörg Kofink war Bundestrainer für Frauenkugelstoßen. Und er hatte drei Athletinnen, die sich für die Olympischen Spiele 1972 in München qualifizierten. Sie sind vom DLV nicht nominiert worden, weil der Verband gesagt hat: Diese Leistung reicht zwar für München – ihr habt euch qualifiziert –, aber ihr habt keine Chance international, also dürft ihr nicht nach München fahren, ihr werdet nicht nominiert. Daraufhin hat Hansjörg Kofink sein Amt zurückgegeben – er ist später Vorsitzender des Sportlehrerverbandes geworden. Er ist heute wieder in die aktive Doping-Bekämpfung zurückgekehrt, er gehört sozusagen zu unserem Netzwerk – ein großartiger Mensch.«

Theo Rous replizierte auf diese Richtigstellung: »Was die Sache nicht ganz korrekt wiedergibt, ist, dass Sie nicht der Bedeutung entsprechend die Zeit berücksichtigen. Kofink war 1972, der *Festina*-Skandal 1999. Dazwischen liegen Welten. Worüber ich spreche, ist ein aktuellerer Anlass im DLV. Am 22. Dezember 1990 war eine Sitzung, in der Weichen gestellt wurden für die Richtungsänderung eines Präsidiums. Aber auf internationaler Ebene gebe ich Ihnen Recht.«

DDR-Aufarbeitung als zweiter Wendepunkt im öffentlichen Bewusstsein von Doping als abzulehnender Praxis oder ›Quotenkiller‹

Die Frage an die Diskussionsrunde ging in die Richtung, ob die DDR-Aufarbeitung nach der ersten Berendonk-Initiative von 1969 als zweiter Wendepunkt im öffentlichen Bewusstsein von Doping als abzulehnender Praxis zu verstehen sei. Dazu gehörte auch die Teilnahme der internationalen Öffentlichkeit in Form der großen Sendestationen bei den Strafprozessen wegen Körperverletzung durch Doping. Ein Ergebnis war, dass das Wort *Kinder-Doping* in das Englische eingegangen ist.

Herbert Fischer-Solms begann:

»Stichwort DDR-Doping. Das ist eine schwärende Wunde. Wir sind das einzige Land, das sich ein Gesetz zur Entschädigung von Doping-Opfern gegeben hat. Das war in Ordnung – das hat lange gedauert, bis die Industrie, auch Jenapharm mitgezogen hat. Aber es gibt in Deutschland etwa 50 Schwerstgeschädigte, für die hat die Politik die Verantwortung abgelehnt hat. Dies ist ein wichtiger Punkt: Doping in der Berichterstattung ist

grundsätzlich unpopulär, die Kollegen vom Fernsehen sagen: Das ist ein
Quotenkiller! Von solchen Medien wie FAZ oder *Süddeutsche Zeitung* erwartet
man, dass die über Doping berichten. Es gibt aber auch in den Redaktionen dort immer wieder mal Debatten. Doping ist ein sportimmanentes
Problem – es bedroht den Sport. Ich sage immer auf die Frage, warum
wir als Redaktion des DEUTSCHLANDFUNKS einen großen Umfang der
Berichterstattung dem Doping-Thema widmen (und zwar nicht nur dem
Thema Doping in der DDR, sondern grundsätzlich), weil wir den Sport
ernst nehmen.«

Theo Rous äußerte sich zur Ost-West-Problematik in der Leichtathletik:

»Die Situation in der Leichtathletik war in den ersten Jahren zwischen Ost
und West unterschiedlich. Durch die Aufarbeitung und Aufklärung durch
Berendonk ist natürlich der Osten in den Fokus gekommen – das hat große
Verbitterung ausgelöst. Dort war dokumentiert, dass im Westen gedopt
wurde, aber die Struktur war eine andere. Im Osten war es staatliches
Doping. Im Westen ist Doping so gelaufen, wie es heute noch üblich ist, als
geheimes Zusammenspiel von Athlet, Trainer und Arzt – und vielleicht
noch mit dem Manager. Das bleibt unter denen. So ist dort ein Ungleich-
gewicht aufgetreten: Im Osten gab es die Prozesse – im Westen kaum. [...]
Dieter Baumann war der erste spektakuläre Fall, wo ein Sportler aus dem
Westen in den Fokus kam, der auch verurteilt worden ist. Da gab es also
im Osten – ich sag' das mal so: nur mühsam verhüllt – die Reaktion, dass
man nun endlich einen Prominenten aus dem Western ›erwischt‹ hatte. Im
Westen gab es dieselben Verteidigungsstrategien zugunsten von Baumann
wie die von der ostdeutschen Presse für ihr Land. Ich will nur noch einmal
den Präsidenten zitieren, der mir gesagt hat: ›Das Buch von Berendonk,
lieber Theo, das ist in 14 Tagen vergessen.‹ Bis heute ist es nicht vergessen.
Er hat mir gesagt: ›Für unsere Nationalmannschaft lege ich die Hand ins
Feuer‹, das war so 1991/1992. Dann hab' ich ihm gesagt, er solle vorsichtig
sein, denn er hätte nur zwei.«

Elk Franke nahm eine Rolle als Zeitzeuge ein, als er anschaulich an die
massive Nachfrage von Sportjournalisten erinnerte, die Bewegung in die
organisierte deutsche Sportwissenschaft gebracht habe. Die Sportmedizin
habe nicht entsprechend reagiert:

»Ich möchte einen historischen Aspekt einbringen, den 22. November 1990.
Acht Wochen vorher fand in Oldenburg der erste gesamtdeutsche Hoch-
schultag der Deutschen Vereinigung für Sportwissenschaft (DVS) statt. Das
war nach der politischen Wende das erste Mal, dass Kollegen aus den Hoch-

schulen in Leipzig dort erschienen sind. Kurz vorher gab es die Publikation über Doping-Praktiken in der DDR. Ich war damals DVS-Präsident. Die Sportjournalisten fragten nun: Was macht die versammelte Sportwissenschaft in dieser Situation? Ironisch gefragt: Diskutieren wir jetzt über die Differenzierung des Sportunterrichts und all‹ die vielen Dinge oder tragen wir zur Aufklärung bei? Jetzt kamen diese aktuellen Fragen auf. Daraufhin haben wir auf DVS-Ebene kurzfristig einen Arbeitskreis zu Doping-Fragen gebildet und seitens des Verbandes eine Resolution verabschiedet, in der explizit die Mitverantwortung der Sportwissenschaft hinsichtlich der Doping-Entwicklung herausgestellt worden ist. Daraus wurden für die Wissenschaft auch Verpflichtungen abgeleitet. Damals hat der Sportärztebund sich eindeutig gegen die Aussagen der DVS verwehrt – hier werde eine Pauschal-Verantwortung für eine Entwicklung unterstellt. Der Sportärztebund hat darauf verwiesen, dass die Sportärzte damit nichts zu tun hätten, sie hätten schließlich den hippokratischen Eid gesprochen: Sie gehörten nicht in diese Gruppe. Das sind nur Beispiele, wie die Deutsche Vereinigung für Sportwissenschaft einen Lernprozess institutionalisiert hat, der nach so wenigen Monaten des Wissens über DDR-Doping stattfinden musste.«

Ergebnis: Adäquate Information als ›Bringschuld‹ der Sportwissenschaft

Sport sells? Doping-Themen nicht. Elk Franke schloss seinen Diskussionsbetrag folgendermaßen: »Die Verbände und die Wissenschaft haben immer ein bisschen länger gebraucht.« Seitdem hat sich viel getan, was hier nicht dokumentiert werden soll: Es gibt Forschungsvorhaben, und eine zunehmende Zahl von Sportwissenschaftlern versucht, interessierten Journalisten Informationen zukommen zu lassen. Im Ergebnis ist festzuhalten: Die Bereitstellung von adäquaten Informationen für interessierte Journalisten ist als ›Bringschuld‹ der Sportwissenschaft zu verstehen. Der Blick in die Vergangenheit – bis in die unmittelbare Vergangenheit! – verdeutlicht, wie mühsam und von Zufälligkeiten bestimmt Informationen eingeholt und bewertet werden mussten.

Auf einer weiteren Ebene verdeutlicht der Aspekt des ›Quotenkillers‹, dass das redaktionelle Ethos in Redaktionen noch weiter entwickelt werden kann: Sportjournalismus hat das 1:0 ebenso zu vermitteln wie die Probleme und Hintergründe im Sport. Nach wie vor entspricht die journalistische Berichterstattung in der Breite und bezogen auf alle Massenmedien nicht der Bedeutung des Problems für den Sport. Auch fällt auf, dass das parallele Thema des Neuro-Enhancements nicht beleuchtet wird. Dies ist bedauerlich, denn Doping ist der Spezialfall des Enhancements. Das anspruchsvolle Projekt *Translating Doping – Doping übersetzen*, das vom *Bundesministerium für Bildung und Forschung* BMBF gefördert wird, wird auch hier mit zielgruppenadäquaten Informationsmaterialien versuchen, eine Lücke auszufüllen.

Literatur

BERENDONK, B.: Züchten wir Monstren? Die hormonale Muskelmast. In: *Zeit*, 5.12.1969

BERENDONK, B.: Der Sport geht über den Rubikon. Hormon-Monster statt Athleten: Der Betrug an der ehrlichen Leistung. In: *Süddeutsche Zeitung*, 26.2.1977

BERENDONK, B.: *Doping-Dokumente. Von der Forschung zum Betrug*. Berlin 1991

STAMPFUSS, K.: Schweigegebote und Aufklärer? Der Umgang mit dem Thema in Sport, Öffentlichkeit und politischem Raum. In: *Bild*, 2.6.1972

RENÉ MARTENS

Social Sport?
Wie sich Berichterstattung und Rechtelage im Zeitalter von Twitter, Flickr und Smartphones verändert haben

Als 2008 in Peking die Olympischen Sommerspiele stattfanden, hatte das soziale Netzwerk Facebook 100 Millionen Nutzer.[1] Als 2010 die Olympischen Winterspiele in Vancouver stattfanden, waren es 400 Millionen (KIRCHBERG 2010). Mittlerweile hat Facebook mehr als 600 Millionen Nutzer.[2] So wurde im Vorfeld der Wettkämpfe von Vancouver viel darüber spekuliert, inwiefern vor allem soziale Netzwerke wie Facebook und Twitter diese Spiele prägen werden. Marc Adams, der Kommunikationsdirektor des Internationalen Olympischen Komitees, sagte: »In Vancouver erleben wir die ersten Social-Media-Spiele« (WEINREICH 2010).

Die rasante Entwicklung der Internet- und Mobilfunktechnik hat die Rahmenbedingungen der Berichterstattung über Sport verändert: Die meisten Journalisten führen heute im Stadion ein Smartphone mit sich, das als Foto- oder Videokamera dienen kann – und ein Großteil der Stadionbesucher ist ebenfalls mit solchen Geräten ausgestattet. Die Grenzen verschwimmen an verschiedenen Fronten, vor allem zwischen dem Berichterstatter und dem bisher passiven Rezipienten. Aber auch die Rolle der Vereine, Verbände und Athleten hat sich in dieser neuen Medienwelt gewandelt. Mittlerweile kann

---

1   http://www.focus.de/digital/internet/facebook-angeblich-100-millionen-mitglieder_aid_327833.html [27.12.2010].
2   http://facebookmarketing.de/news/neuer-rekord-600-millionen-aktive-facebook-nutzer [11.5.2011].

praktisch jeder live von einem Sportereignis berichten – allenfalls um einige Sekunden zeitversetzt, jene paar Sekunden, die man braucht, um bei Facebook oder Twitter eine Mitteilung einzustellen. Mithilfe eines Handys oder eines anderen mobilen Endgerätes kann ein Journalist dort Informationen verbreiten – entweder auf seinem eigenen Profil oder auf den Seiten, die seine Zeitung oder sein Sender eingerichtet haben. Darüber hinaus kann er Fotos oder bewegte Bilder im Internet platzieren. Nicht zuletzt können gewöhnliche Stadionbesucher das auch. Mit anderen Worten: Jedermann im Stadion – oder wo auch immer er das Geschehen verfolgt – kann entfernt zeitungs-, radio- oder fernsehverwandte Kurzbeiträge produzieren, unabhängig davon, in welchem journalistischen Genre er eigentlich tätig ist bzw. ob er überhaupt als Journalist arbeitet.

Längst verwischen in der Praxis die Grenzen: In den US-Profisportligen können sich teilweise bereits Blogger und Social-Media-Journalisten akkreditieren, etwa bei den Golden State Warriors[3] (Basketball) oder dem Baseball-Team Cleveland Indians (CORAZZA 2010). David Schlesinger, der Chefredakteur der Nachrichtenagentur Reuters, geht davon aus, dass bei den nächsten Olympischen Sommerspielen im Jahr 2012 Twitter-Nutzer bei der Übermittlung von Ergebnissen schneller sein werden als Nachrichtenagenturen. Damit ergibt sich für Nachrichtenagenturen und auch für die klassischen Rechteinhaber eine neue Situation (SCHLESINGER 2009). Zumal jeder, ob nun Journalist oder nicht, sich mithilfe von Suchmaschinen über die Twitter-Nachrichten zu bestimmten Ereignissen schnell eine Übersicht verschaffen kann. Wie Sportredaktionen soziale Medien intelligent nutzen können – das heißt, nicht nur als Verbreitungskanal für ohnehin existierende Inhalte –, zeigt ESPN Cricinfo, ein dem Cricket gewidmetes Online-Angebot der TV-Sportsenderkette ESPN. Hier kann man mit dem allgegenwärtigen ›Gefällt-mir‹-Button von Facebook nicht nur Beiträge bewerten, sondern auch Spieler und Teams (BAL 2010). Somit bekommt man immer dann, wenn dieser Akteur oder diese Mannschaft in einem Beitrag von ESPN Cricinfo erwähnt wird, diesen Text automatisch auf der Facebook-Pinnwand angezeigt. Einen ähnlichen Aspekt erwähnt Christian Hernandez Gallardo, Head of International Business Development bei Facebook: Sein Unternehmen glaube daran, »dass das Nutzerengagement rund um Content eine neue Evolutionsstufe des Web hervorbringen wird. Wir bauen Werkzeuge, die noch rele-

---

3   http://www.nba.com/warriors/news/social_media_3point_play.html [27.12.2010].

vanter auf den jeweiligen Content der Seite ausgerichtet sind. Nehmen wir zum Beispiel eine Sportzeitung. Wenn ich als Facebook-Fan auf solch einer Seite mich vorher als Fan von Bayern München bekannt habe, dann könnte die Seite entsprechend personalisiert sein und mir vorwiegend Inhalte anzeigen, die Bayern München betreffen. Diese Geschichten interessieren mich wahrscheinlich mehr« (LANGER 2010). Nutzer könnten also über Facebook Verlagen ihre Interessenprofile mitteilen, sodass das soziale Netzwerk Medienunternehmen dabei hilft, Inhalte auf Nutzer zuzuschneiden.

Sogar eine in vielerlei Hinsicht unmoderne Organisation wie das Internationale Olympische Komitee (IOC) ist in der Lage, auf die neuen Gegebenheiten zu reagieren. Innerhalb gerade einmal eines halben Jahres hat sich das Verhalten des Verbandes verändert. 2009 forderte das IOC den australischen Amateurfotografen Richard Giles auf, Bilder aus der 40 Millionen Mitglieder starken[4] Foto-Community Flickr zu entfernen.[5] Diese hatte er im August 2008 als normaler zahlender Zuschauer in Peking gemacht. Die Begründung des IOC lautete: Bilder der Spiele sowie die Olympischen Ringe dürften ohne dessen ›schriftliche Genehmigung‹ nicht genutzt werden. Nachdem sich Giles entschlossen hatte, den Brief öffentlich zu machen, ernteten die Sportfunktionäre allerdings massiven Protest – deshalb einigte man sich schließlich auf einen Kompromiss (MARTENS 2010b). Der bestand darin, dass Giles die Fotos mit einem Copyright-Vermerk versehen musste. Vorher hatte er die Bilder unter einer Creative-Commons-Lizenz veröffentlicht – das heißt, kurz gesagt, jeder, der eine nicht kommerzielle Website betreibt, hätte diese Fotos kostenlos dort einbinden können. Diese grenzenlose Verbreitung wollte das IOC verhindern.

Bei den Olympischen Winterspielen in Vancouver 2010 verhielt sich das IOC in Sachen Flickr völlig anders (KRUG 2010): Grundsätzlich durften Mitglieder der Plattform bei den Wettbewerben entstandene Fotos ins Netz stellen.[6] Für eine traditionell repressive Organisation wie das IOC ist es gewiss ein großer Schritt, Olympia-Bilder auf einer Plattform für Amateurfotografen zuzulassen. Andererseits ist Flickr auch kein Unternehmen, das die Anarchie im Netz oder Ähnliches propagiert, sondern ein mit strategischer Weitsicht ausgewählter Partner. Die Foto-Community gehört zur

4 . http://wiki-watch.de/index.php?Content=LemmaDetails&LemmaDetailsTitle=Flickr [27.12.2010].
5 http://www.flickr.com/photos/richardgiles/sets/72157606780890410/ [27.12.2010].
6 http://www.flickr.com/groups/olympicphotos/ [27.12.2010].

Yahoo-Gruppe, und Yahoo spielt in der Online-Sportberichterstattung im
angloamerikanischen Raum eine wichtige Rolle. In den USA und Großbritannien verfügt der Konzern bereits über Online-Rechte an Bewegtbildern
für verschiedene Sportarten (MULCH 2010).

1. Das YouTube des Amateurfußballs

Eine deutsche Sportorganisation, die von solchen Lernprozessen weit
entfernt zu sein scheint, ist der Württembergische Fußballverband (WFV).
Unter Sport- und Medienjournalisten relativ bekannt sind die Probleme,
die er den »Hartplatzhelden« bereitet hat – eine Plattform, die man als
»eine Art YouTube des Amateurfußballs« (DREPPER 2010) bezeichnen kann.
Anhänger des Amateur- und Jugendfußballs laden hier kurze Videos mit
spektakulären Szenen aus den unteren Ligen hoch. Oft tun das Freunde
oder Eltern der Kicker. 2008 ging der WFV vor Gericht, weil er durch solche
Videos seine Rechte verletzt sieht. Nachdem er in den ersten beiden Instan-
zen siegreich gewesen war (MARTENS 2010a), musste er aber am 28. Oktober
2010 vor dem Bundesgerichtshof in Karlsruhe eine Niederlage hinnehmen.[7]
Den ›Helden des Hartplatzes‹ war zunächst das Gesetz gegen unlauteren
Wettbewerb (UWG) zum Verhängnis geworden. Ein Fußballspiel sei ›eine
nachahmungsfähige Leistung‹ im Sinne des Paragrafen 4 des UWG, befand
das Oberlandesgericht Stuttgart in seinem Urteil. Der Journalist Jürgen
Kalwa schrieb dazu in seinem Blog *American Arena,* »der eigentliche Skandal,
der leider untergeht, wenn man den anhängigen Streit nur als Auseinandersetzung zwischen den Hartplatzhelden und dem WFV definiert«, sei
das »Konstrukt, wonach Videoaufnahmen, die die Wirklichkeit abbilden«,
eine »Nachahmung« seien (KALWA 2009). Der für Wettbewerbsrecht zuständige I. Zivilsenat des Bundesgerichtshofs (BGH) urteilte dagegen, die
Veröffentlichung von Amateurfußballspiel-Ausschnitten sei »keine unlau-
tere Nachahmung eines geschützten Leistungsergebnisses« im Sinne des
UWG, weil mit solchen Bewegtbildern keine »Waren oder Dienstleistungen
eines Mitbewerbers« nachgeahmt würden. Quintessenz des letztinstanz-
lichen Urteils: Ein Fußballverband müsse es »hinnehmen, wenn kurze
Filmausschnitte von Amateurfußballspielen seiner Mitglieder im Internet

---

7   Pressemitteilung des BGH: http://tinyurl.com/38yhcec [27.12.2010].

öffentlich zugänglich gemacht werden.«[8] Der Anwalt der *Hartplatzhelden* schrieb nach dem BGH-Urteil, es sei nunmehr klar, »dass die Veröffentlichung von privaten Inhalten in Zeiten des Web 2.0 weiterhin weitgehend frei bleibt« (REINHOLZ 2010). Hätten die vorinstanzlichen Urteile Bestand gehabt, hätte sich in der Tat jeder Internet-Nutzer unsicher fühlen müssen, der private Videoaufnahmen von einer öffentlichen Veranstaltung, etwa vom Oktoberfest oder einem Karnevalsumzug, online publiziert. Somit wurde in Karlsruhe tatsächlich weitaus mehr als die Frage »Wem gehört der Amateurfußball?« beantwortet. Der BGH betonte in seiner Entscheidung, der WFV könne sich über seine Vereine eine »wirtschaftliche Verwertung der Fußballspiele in seinem Verbandsgebiet dadurch hinreichend sichern, dass Besuchern [...] Filmaufnahmen unter Berufung auf das Hausrecht untersagt werden.«[9] Es ist aber unrealistisch, dass ein Verein Filmaufnahmen auf seinem Sportplatz verbietet, vielmehr hat er ein großes Interesse an deren Verbreitung. Der Passus mit dem Hausrecht könnte erst dann Bedeutung bekommen, wenn Verbände auf die Vereine direkt Einfluss nehmen, wenn also, wie Jürgen Kalwa im Rahmen einer auf der Facebook-Pinnwand der *Hartplatzhelden* nachzulesenden Diskussion formuliert, Verbände »die Satzung umbasteln werden, um intern den Vereinen gegenüber ihre Allmachtsansprüche festzuschreiben.«[10] Dass Vereine Ordner einsetzen, um den Eltern von Jugendfußballern vor einem Spiel die Mobiltelefone abzunehmen, ist indes auch dann wenig wahrscheinlich.

Ähnlich krass wie die Causa *Hartplatzhelden* mutet ein Vorfall aus dem deutschen Profifußball an. Anfang 2010 interviewte die Online-Plattform eines traditionsreichen deutschen Printtitels Marcel Eger, einen damaligen Spieler des FC St. Pauli – und drehte dabei auch einen kurzen Clip, in dem Eger die zentralen Aussagen noch einmal für die Kamera formuliert hat. Im Rahmen der – branchenüblichen – Autorisierung des Interviews forderte der Pressesprecher des Klubs auch das Video an. Die Redaktion, um ein gutes Verhältnis bemüht, willigte ein. Als der Klubangestellte das Interview zurückschickte – aus dem er, nebenbei bemerkt, auch ein paar Fragen gestrichen hatte, die ihm nicht gefielen – teilte er dem Autor mit, er könne das Video nicht ›freigeben‹. Vor dem besagten Video lief, wie im

---

8   a.a.O.
9   a.a.O.
10   http://on.fb.me/id5xbE (Eintrag vom 2.11.2010) [27.12.2010].

Internet üblich, ein kurzer Werbespot und dieser Film gefiel dem Presse-sprecher gar nicht, weil es sich um Autowerbung handelte. Der gute Mann hatte zwar nur ein Dummy gesehen, also keinen fertigen Clip, gelangte aber dennoch zu der Erkenntnis, der im Film gezeigte Werbepartner kon-kurriere direkt mit einem Sponsor des Vereins. Außerdem reklamierte er irrigerweise, das Interview, das in der Öffentlichkeit, nämlich in einer Kneipe, aufgezeichnet worden war, verletze ›Bildrechte‹, die der Verein an seinen Spieler besitze.[11] Sind Pressesprecher von Fußballklubs dafür zuständig, Videos freizugeben, die Medienunternehmen ins Netz stel-len wollen? Jedenfalls wäre es unvorstellbar, dass ein Profiklub der ARD vorschreibt, welche Werbung in der *Sportschau* laufen darf, oder dass er Einfluss nimmt auf die Anzeigen, die am Montag in der Tageszeitung stehen, wenn die Spielberichte erscheinen. Das Ende der Geschichte: Die Redaktion verzichtete darauf, den Beitrag zu veröffentlichen.

Ein weiteres Beispiel für eine ungewöhnliche Form der Einflussnahme: Die Washington Redskins aus der National Football League (NFL) kamen im September 2010 auf die Idee, ›Guidelines‹ für die Medien zu verabschieden, in denen Journalisten untersagt wird, während des Trainings zu bloggen und zu twittern (WEMPLE 2010). Ähnlich rigoros geht es beim Baseball-Team Denver Broncos zu, wie eine betroffene Journalistin schreibt: »The Broncos prohibit any cell phone activity on the pratice field. No calls. No texts. No Twitter. No Facebook. [...] So when something newsworthy hap-pens on the practice field, it is a race to get outside the gate to be the first to post something« (JONES 2010). Es drängt sich der Eindruck auf, dass die Akteure des Sportgeschäfts auf einem neuen medialen Feld restriktivere Bedingungen durchsetzen und damit Einschränkungen der Pressefreiheit durchzusetzen versuchen.

2.   Die Demokratisierung der Publikationsmittel

Vereine und Verbände reagieren auch deshalb teilweise kontrollwütig, weil sie sich im Internet selbst als Akteur positioniert haben – und nicht mehr nur Gegenstand der Berichterstattung sind. Ob es nun der SC Frei-

---

11   Recherchen des Autors, bisher unveröffentlicht (Stand: Mai 2011).

burg[12] oder der FC Bayern ist: In der Fußball-Bundesliga etwa ist es üblich, dass Vereine eigene kostenpflichtige Online-TV-Angebote unterhalten (HAMANN 2009). Zu sehen gibt es hier Aufzeichnungen der Ligapartien in voller Länge oder Übertragungen von Testspielen. Ein Verein, der etwas auf sich hält, verfügt also gewissermaßen über einen eigenen Pay-TV-Kanal. Die Kernfrage, mit der es sich auseinanderzusetzen gilt, und zwar »nicht juristisch, sondern kulturell und politisch«, hat der Blogger Erik Hauth im April 2008 formuliert: »Sind durch die Demokratisierung der Publikationsmittel, die das Internet und das Web 2.0 mit sich gebracht haben, ›Werkzeuge freier Meinungsäußerung‹ entstanden, oder müsste deren Nutzung lizenzpflichtig sein? Wenn man beispielsweise ein Fußballspiel als eine kollektive kulturelle Handlung begreift, zu deren Teilnahme mich eine Eintrittskarte berechtigt, wer darf mir dann verwehren, von meinem Platz aus per Telefon meine Meinung dazu zu verbreiten«? Es handle sich um »eine Bereicherung, die im Wesen nichts mit einer medialen Verwertung des Produktes Fußball zu tun hat« (HAUTH 2008).

Zusammengefasst lautet die Frage: Wem gehört der Sport? Offensichtlich ist, dass Verbände, Vereine und Ligen auf verlorenem Posten stehen, wenn sie, von einer Kontrollmanie getrieben, auf ihrer Haltung beharren, er gehöre quasi ihnen. Ob die Nutzung von Bildern oder anderen Inhalten, die gegen bisher geltende Konventionen verstößt, grundsätzlich immer Schaden anrichtet, ist keineswegs ausgemacht: Ein Gericht in Tel Aviv wies 2009 eine Klage der englischen Premier League gegen *live-footy.org* ab, eine Plattform, die, wie andere Websites weltweit, kostenlose Live-Übertragungen anbietet. Das Prinzip: Jemand, der ein Abo bezahlt, macht via *live-footy.org* den Live-Stream Nichtzahlern zugänglich. Das »Betrachten von Sportereignissen ist sozial wichtig« und sollte nicht nur denen möglich sein, »die es sich leisten können«, befand die Richterin. Sie bezweifelte, dass *live-footy.org* der Premier League schadet. Dass diejenigen, die bisher kostenlos geguckt hatten, ein Abo bei einem der Partner der Premier League abschließen, wenn ersteres nicht mehr angeboten würde, sei unwahrscheinlich (MASNICK 2009).

Auch an anderen Fronten könnte die Lage unübersichtlich werden: Wie reagieren die Deutsche Fußball-Liga und die Rechteinhaber, wenn zum Beispiel die Plattformen von Tageszeitungen bei der Live-Berichterstattung

---

12 http://www.scfreiburg.tv.

Audio- und Videoelemente nutzen sollten? Ein Zeitungsjournalist kann
mit seinem Smartphone fotografische Randnotizen von der Tribüne liefern.
Mit den in der Saison 2010/2011 geltenden Akkreditierungsbestimmungen
der Deutschen Fußball-Liga (DFL) wäre das nicht vereinbar. Hier findet sich
der Passus, es gelte »insbesondere zu beachten, dass eine Akkreditierung
als Print- /oder Hörfunk- oder Internet-Journalist nicht dazu berechtigt,
›Spielbilder‹ im Sinne der Durchführungsbestimmungen zu erstellen.
Die Mitnahme des entsprechenden technischen Geräts (bspw. Foto- oder
Videokamera) kann vom jeweiligen Heimverein verwehrt werden«.[13] Zu
den Spielbildern gehörten »alle visuellen oder audiovisuellen Aufnahmen
[...], die im Zeitraum zwischen Stadionöffnung und Stadionschließung
im oder vom Stadion-Innenraum (inkl. Zuschauerbereich und Interview-
Zonen) gemacht werden«.[14]

Den klassischen Sportjournalismus sieht Jürgen Kalwa ohnehin in einer ›Identitätskrise‹ – jedenfalls in den USA: »Die aktuellen Informationen
und Statistiken besorgen sich Neugierige im Internet, wo eine Real-Time-
Kultur entstanden ist, die aus allen Rohren schießt. Die ausführlichen
Schriftsätze, für die man qualifizierte Reporter am Ort des Geschehens
haben und meinungsstarke Kolumnisten beschäftigen muss, leisten sich
selbst angesehene Redaktionen nicht mehr« (KALWA 2010). Andere Beobachter des Genres sehen unter den neuen Rahmenbedingungen vor allem
Chancen für den Sportjournalismus. Die Sportressorts trieben in den Zei-
tungsredaktionen die Innovationen voran, analysiert der Blog *The Changing
Newsroom*. Die Autoren zitieren einen Redakteur des *Milwaukee Journal-Sen-
tinel*: »Sports is in the lead in terms of online [...]. Every night in sports is
election night. We are used to that kind of workload. We are used to doing
it late and doing it quick« (BROWN-SMITH/GROVES 2010). In diesem Zusammenhang verweist der Redakteur darauf, dass es für seinesgleichen dank
der Vertrautheit mit schneller Berichterstattung relativ unproblematisch
sei, sich aufs Twittern einzustellen.

---

13 http://static.bundesliga.de/media/native/autosync/anlage1a_akkreditierungsvorlageme-
    dien_1011_neu.pdf [27.12.2010].
14 Die Fotos, die folgenden Blogbeitrag illustrieren, wären möglicherweise nicht zulässig gewe-
    sen: http://renemartens.posterous.com/braun-weisse-zukunft-3 [27.12.2010].

3. Reclaim the games!

Social Media und Echtzeitjournalismus haben die Berichterstattung über Sport auch insofern verändert, als sie Aspekte jenseits des Wettkampfs stärker ins Blickfeld rücken können. Das zeigte sich 2010 bei den Olympischen Winterspielen in Vancouver. Hier gab es erstmals mehrere Medienzentren für nicht hauptberuflich arbeitende Journalisten, für Social-Media-Enthusiasten, Blogger und sogenannte ›Bürgerjournalisten‹. Ein wichtiger Anlaufpunkt für sie war das True North Media House (TMH), das in Downtown Eastside angesiedelt war, einem der ärmsten Bezirke Kanadas. Im TMH standen die Randthemen der Olympischen Spiele im Mittelpunkt. Weibliche Skispringer, die in Vancouver nicht an den Olympischen Wettkämpfen teilnehmen durften, gaben hier Pressekonferenzen, darüber hinaus vor allem regionale Gruppen von Protestlern aus der Anti-Olympia-Bewegung (SILVERMAN 2010). Andy Miah, Professor an der University of West Scotland und mit Forschungen rund um das Thema Olympia und Neue Medien befasst, schrieb dazu: »While this is not the first Olympic Games where such activism exists, the degree to which these communities are now networked and their causes amplified by the tactical deployment of new media, places them in a much stronger position to effect change than has ever been possible at an Olympics« (MIAH 2010a). Während der Spiele betonte der im TMH akkreditierte Blogger Tobias C. van Veen allerdings die Unterschiede zwischen Social Media und bisher bekannten Formen von Gegenöffentlichkeit, etwa dem weltweiten Netzwerk Indymedia: »It does appear that in this particular scenario, right here & right now at the Vancouver 2010 Olympics, social media does not seem to possess the same degree of self-consciousness as to its potential power as previous alternative media networks. Instead, it appears more concerned with reporting what we already know by way of a kind of convivial online chit-chat, and is perhaps more interested in reporting about itself [...]« (VAN VEEN 2010). Ein Team der University of West Scotland um Andy Miah und die Doktorandinnen Ana Adi[15] und Jennifer Jones[16], die über das Thema Social Media und Olympia in Peking 2008 sowie in Vancouver recherchiert haben, wollen die Impulse aus Kanada nun im Vorfeld

---

15 http://anaadi.wordpress.com/short-bio/ [27.12.2010].
16 http://2010vo.posterous.com/ [27.12.2010].

der kommenden Sommerspiele in London nutzen: »Olympic citizen journalists are already taking ownership of their Games and they will need a
structure for the particpation in 2012«. Miah und Co. haben deshalb das
Netzwerk *#media2012* ins Leben gerufen: »#media2012 is an independent
proposal to create a UK wide Underground Media Zone during the London 2012 Games, to assemble the social media people of the world and to
create an open media environment, where culture, sport and local stories
can be told across international zones. The proposal aspires to create an
Underground Media Zone, which will link the United Kingdom in physical
and virtual space [...]« (MIAH 2010c). Offenbar schwingt bei diesem Unterfangen auch die etwas weltfremd anmutende Hoffnung mit, mithilfe von
Social Media den sozialen und humanitären Charakter der Olympischen
Bewegung revitalisieren zu können (MIAH 2010c). Ähnliche Entwicklungen
wie in Großbritannien gibt es im russischen Sotschi (englisch: Sochi), dem
Austragungsort der Olympischen Winterspiele 2014. *Sochi Reporter* heißt
eine seit 2009 existierende Online-Plattform, die die Entwicklungen in der
Austragungsstadt dokumentiert – ein laut Selbstdarstellung »interaktives
Porträt« der Stadt, das die Nutzer auffordert, über ihre Erfahrungen bei der
Entwicklung der Stadt bis zu den Spielen 2014 zu berichten.[17]

4.   Der Sportler als Berichterstatter

Der Medienstrukturwandel hat die Rahmenbedingungen für die Sportberichterstattung noch unter einem weiteren Gesichtspunkt beeinflusst:
Nicht nur das Verhältnis zwischen Journalisten und Rezipienten und zwischen Medien und Vereinen hat sich verändert. Auch Athleten sind nunmehr
in einer anderen Position. »Twitter is creating a whole new crop of sports
journalists. They're on the field and the sideline, in the locker room and
team meetings. They don't need a firsthand account, because this type of
reporter is actually *wearing* the uniform« (JOHNSON 2009). Sportler haben
dank Facebook und Twitter die Möglichkeit, die traditionellen Medien zu
umgehen und sich direkt an die eigenen Fans zu wenden. Der bekannteste
Fall hierzuLande: Fußball-Nationaltorwart Manuel Neuer gab im April
2011 seinen Abschied von Schalke 04 zuerst via Facebook bekannt – we-

---

17   http://sochireporter.ru/en/content/about-sochireporter [27.12.2010].

nige Stunden vor der offiziellen Pressekonferenz. Den Klubs, Ligen und Verbänden gefällt es in der Regel nicht, dass Sportler jetzt die Möglichkeit haben, eigene Ansichten auf schnellem, kaum zu kontrollierendem Wege zu verbreiten. Dieses Missfallen äußert sich in mitunter recht harschen Regeln: Der englische Rugby-Verband untersagt zum Beispiel den Mitgliedern des Nationalteams, 2011 während der WM in Neuseeland Twitter, Facebook und andere soziale Netzwerke zu nutzen (SPORTS CITY 2010). Das Verbot gilt nicht nur während des Turniers, sondern bereits ab August, wenn die Sportler in London ins Flugzeug steigen. Auch bei der »ersten Social-Media-WM«, wie der Sportjournalismus-Professor Thomas Horky von der Macromedia Hochschule für Medien und Kommunikation die Fußball-Weltmeisterschaft in Südafrika bezeichnet, gab es entsprechende Restriktionen für Spieler zahlreicher Teams (HORKY 2010). Der hierzulande bekannteste Fußballprofi, der schon einmal für seine Twitter-Aktivitäten büßen musste, ist der Hoffenheimer Stürmer Ryan Babel. Als er noch für den FC Liverpool spielte, veräppelte er einen Schiedsrichter, was ihn 10.000 Pfund kostete (SPILLER 2011). Bei den Olympischen Winterspielen in Vancouver war es den Athleten untersagt, in Blogs und sozialen Netzwerken über die Wettbewerbe zu berichten. Gestattet waren lediglich Mitteilungen über das persönliche Befinden (WEINREICH 2010).

Zumindest eine Athletin hat sich in Vancouver nicht an die Beschränkungen gehalten. Die US-Skiläuferin Julia Mancuso gab zwischen den beiden Durchgängen im Riesenslalom nicht wie vorgesehen Interviews in der Mixed Zone, sondern twitterte. Sie war sauer, weil sie ihren ersten Lauf hatte abbrechen müssen, nachdem die direkt vorher gestartete Konkurrentin Lindsey Vonn gestürzt war. Mancuso hat diese Meldungen später gelöscht, aber in weitergeleiteter Form sind sie erhalten geblieben.[18] Dass es sich bei solchen Verboten streng genommen um Beschneidungen des Rechts auf freie Meinungsäußerung handelt – diesen Aspekt stellt Eric P. Robinson, Deputy Director des Donald W. Reynolds Center for Courts and Media an der University von Nevada, anhand einiger Beispiele aus dem Collegesport in den USA heraus. Robinson erwähnt unter anderem, dass die University of Miami und die Texas Tech University von den Mitgliedern ihrer Footballteams verlangt hatten, dass sie ihre Twitter-Accounts löschen. Andere Unis verhängten Twitter-Verbote für die Dauer der Saison

---

18 http://www.quoteurl.com/85xxj [27.12.2010].

und die Indiana University suspendierte einen Spieler des Footballteams, nachdem er via Twitter das Trainerteam kritisiert hatte (ROBINSON 2010). Privatwirtschaftliche Organisationen, etwa Profiligen oder auch eine private Uni, hätten das Recht, gegenüber ihren Sportlern jede beliebige Restriktion zu verhängen. »But the situation is more complicated for the public universities. As government entities, their ability to limit speech – including the speech via Twitter of football players – is limited by the First Amendment [...]. Schools may penalize students for specific Tweets or posts [...], but cannot impose a prior restraint on athletes in mere anticipation of such a comment« (ROBINSON 2010).

5.   Transparenz, Beschleunigung, neues Rezeptionsverhalten

Mit all diesen Regeln und Maßnahmen wollen Sportorganisationen die klassischen Rechteinhaber schützen. Ein nach einem Wettkampf geführtes Interview, so ihre Befürchtung, könnte an Bedeutung verlieren, wenn ein Sportler bereits vorher über ein soziales Netzwerk verbreitet hat, wie er seine Leistung einschätzt. Dass Twitter Akteuren des Sportbetriebs dazu dienen kann, Transparenz herzustellen, zeigt ein Beispiel aus der Major League Soccer, der US-amerikanischen Profifußball-Liga. Im August 2010 gestand der Schiedsrichter Alex Prus via Twitter einen Fehler ein. Nachdem er die entsprechenden TV-Bilder ausgewertet hatte, gab er zu, den Spieler Leo Gonzales von den Seattle Sounders zu Unrecht vom Platz gestellt zu haben. Sein Statement, über mehrere Twitter-Meldungen verteilt, lautete: »Even though Gonzales was instigator he did not make a contact above shoulders like I was told by my crew member on the field. Not having the best view of the incident, acted on opinion of my crew members. Saying that I am taking full responsibility for this call [...]. As a head referee I take the blame even though it wasn't really my decision« (PLENDERLEITH 2010). Bemerkenswert ist das vor allem, wenn man bedenkt, dass Fußball-Schiedsrichter sonst selten zur öffentlichen Selbstkritik fähig sind. Eine andere Frage ist natürlich, ob Prus auch so reagiert hätte, wenn er die Fehlentscheidung nicht auf den Schiedsrichterassistenten hätte schieben können.

Wichtig ist zudem auch der Beschleunigungseffekt von Twitter: Nachdem die ZDF-Moderatorin Katrin Müller-Hohenstein 2010 in der Halbzeitpause eines WM-Spiels vermutet hatte, bei Miroslav Klose habe sich aufgrund eines Torerfolgs ein »innerer Reichsparteitag« abgespielt, kochte bei Twitter noch während des Spiels der Unmut über diese Formulierung hoch (MAHR 2010). Das ZDF befeuerte die Reaktionen noch, indem es im Eifer des Gefechts twitterte: »Innerer Reichsparteitag ist eine Redewendung, die bedeutet: mit Stolz erfüllt oder tiefste Befriedigung. That's it!« Schnell fiel den Mainzern dann auf, dass diese Äußerung kaum angemessen ist, weshalb sie den Tweet wieder löschten (FK-WM-TAGEBUCH-TEAM 2010). Letztlich sorgte die intensive Beschäftigung bei Twitter dafür, dass das Thema auch in den etablierten Medien relativ viel Raum bekam. Das Beispiel ›Innerer Reichsparteitag‹ habe »damit deutlich die starke und sich selbst beschleunigende Thematisierungsfunktion von Social Media belegen können« (HORKY 2010).

Mittel- und langfristig wird es spannend sein, zu beobachten, inwieweit nicht nur die Geschwindigkeit, sondern auch andere Eigenschaften der Neuen Medien die Rezeption des Sports verändern. Diese Frage wirft etwa die Augmented-Reality-Technologie auf. Mit ihr lässt sich die Realität im Wortsinn erweitern: Ein Augmented-Reality-Programm ist in der Lage, ein Bild zu erkennen, das man mit der Kamera eines Smartphones einfängt, es fügt diesem dann sogenannte ›Layer‹ mit Zusatzinformationen hinzu. Im Sport dürften das vor allem statistische Daten sein. 2009 und 2010 konnten beim Tennisturnier US Open Nutzer eines iPhones eine App namens *Around Me* nutzen (MALINOWSKI 2010). Wenn sie die Kamera ihres Smartphones in die Richtung von Nebenplätzen hielten, bekamen sie beispielsweise Informationen zu den dort stattfindenden Spielen. »The rise of [...] augmented reality will bring a wave of new experiences to sports fans. As it becomes more widely used, the possibility of adding layers of content to what is happening in the sports field will give rise to a new era of sport spectatorship« (MIAH 2010b).

Literatur

ADI, A.; J. JONES; A. MIAH: The Olympic Games and Web 3.0: Monetizing the Olympic Movement's Digital Assets. In: *Slideshare,* Oktober 2010, http://www.slideshare.net/andymiah/the-olympic-games-and-web-30-monetizing-the-olympic-movements-digital-assets-2010 [27.12.2010]

BAL, S.: New Facebook functionality for ESPN Cricinfo. In: *ESPN
Cricinfo*, 13.10.2010, http://blogs.espncricinfo.com/fromeditor/
archives/2010/10/new_facebook_functionality_for.php [27.12.2010]

BALFOUR, A.: Social media and London 2012. In: *Slideshare*, Juni
2010, http://www.slideshare.net/balf/social-media-influence-ppt,
[27.12.2010]

BROWN-SMITH, C.; J. GROVES: Newsroom Innovation Leaders: The
Sports Department. In: *The Changing Newsroom*, 7.10.2010, http://
changingnewsroom.wordpress.com/2010/10/07/newsroom-
innovation-leaders-the-sports-department/ [27.12.2010]

BUNZ, M.: How journalists can use augmented reality. In: PDA. *The Digital
Content Blog*, 7.1.2010, http://www.guardian.co.uk/media/pda/2010/
jan/06/journalism-augmented-reality [27.12.2010]

CORAZZA, R.: Tribe opens up to social media users. In: ESPN. *The
Life*, 23.4.2010, http://sports.espn.go.com/espn/thelife/news/
story?id=5120106 [27.12.2010]

COSTER, J.: Preparing for Community Media Week. In: *The Soar Magazine*,
5.11.2010, http://www.soarmagazine.co.uk/2010/11/05/john-coster-
blog-preparing-for-community-media-week/ [27.12.2010]

DREPPER, D.: Eine Art YouTube des Amateurfußballs. In:
ZDF *Sport*, 27.10.2010, http://fussball.zdf.de/ZDFsport/in-
halt/2/0,5676,8124546,00.html?dr=1 [27.12.2010]

FK-WM-TAGEBUCH-TEAM: You'll never trööt alone. In: *Funkkorrespondenz*,
24/10, S. 14

HAMANN, B.: Erstligisten entdecken Club-TV. In: *Spiegel Online*, 25.8.2008,
http://www.spiegel.de/sport/fussball/0,1518,571632,00.html
[27.12.2010]

HAUTH, E.: Wem gehört der Fußball? In: *ring 2 hamburg*, 29.4.2008,
http://www.ring2.de/archives/wem-gehort-der-fusball-dfl-st-pauli-
und-ein-grundrecht/ [27.12.2010]

HORKY. T.: *Südafrika 2010 – die erste Social Media-WM. ›Reichsparteitag-Debatte‹,
Stammtisch-Erregung und Fifa-Marketing: Die Fußball-Weltmeisterschaft bei
Twitter und Facebook.* Manuskript 2010, im Erscheinen

JOHNSON, C.: NFL Flirts With Twitter Ban. In: *Switched*, 5.8.2009,
http://www.switched.com/2009/08/05/nfl-flirts-with-twitter-ban/
[27.12.2010]

JONES, L.: The Sports Tweet. New Routines on an old Beat. In: *Nieman Lab,* 23.12.2010, http://nieman.harvard.edu/reports/article/102525/The-Sports-Tweet-New-Routines-on-an-Old-Beat.aspx [28.2.2011]

KALWA, J.: Urteil gegen Hartplatzhelden: Nicht zur Nachahmung empfohlen. In: *Carta,* 21.3.2009, http://carta.info/6667/hartplatzhelden-urteil/ [27.12.2010]

KALWA, J.: Sportjournalismus und Klatsch – Die teuerste Nebensache der Welt. In: *Frankfurter Allgemeine Zeitung,* 10.1.2010

KIRCHBERG, D.: Zwitschern in Vancouver. In: *Hannoversche Allgemeine Blog.* 13.2.2010, http://kirchberg.haz.de/2010/02/zwitschern-in-vancouver/ [27.12.2010]

KRUG, K.: IOC Loosens Citizen Photog Restrictions, Launches Flickr Group. In: *Mediashift,* 26.2.2010, http://www.pbs.org/mediashift/2010/02/ioc-loosens-citizen-photog-restrictions-launches-flickr-group057.html [27.12.2010]

LANGER, U.: »Facebook hat einen neuen Mechanismus der Nachrichtenverteilung hervorgebracht.« In: *Medial Digital,* 18.10.2010, http://medialdigital.de/2010/10/18/facebook-hat-einen-neuen-mechanismus-der-nachrichtenverteilung-hervorgebracht/ [27.12.2010]

MAHR, G.: Der Reichsparteitag in dir – ZDF blamiert sich. In: *Wortreich,* 13.6.2010, http://wortreich.in/der-reichsparteitag-in-dir-zdf-blamiert-sich/ [27.12.2010]

MALINOWSKI, E.: US Open Experience Gets Augmented Upgrade. In: *Playbook. The Wired World of Sports,* 30.8.2010, http://www.wired.com/playbook/2010/08/us-open-augmented/ [27.12.2010]

MARTENS, R.: Wem gehört der Sport? Journalismus, TV-Rechte und die Kontrolle der Bilder im Zeitalter von Twitter. In: *Funkkorrespondenz,* 50, 2009, republiziert In: *jensweinreich.de* am 9.2.2010a, http://tinyurl.com/2wwgxpo [27.12.2010]

MARTENS, R.: Online-David gegen Offline-Goliath. In: *Zeit Online,* 19.10.2010b, http://www.zeit.de/digital/internet/2009-10/ioc-cc-giles [27.12.2010]

MASNICK, M.: Israeli Judge: Watching Streaming Games Online Is Fair Use. In: *Techdirt,* 3.9.2009, http://www.techdirt.com/articles/20090903/1114596096.shtml [27.12.2010]

MEDIENHANDBUCH SPORT (ohne Autorenangabe): *Neuer verkündet Abgang auf Facebook,* 20.4.2011, http://www.medienhandbuch-sport.de/

index.php/item/885-neuer-verkundet-abgang-auf-facebook.html
[22.5.2011]

MIAH, A.: The Vancouver 2010 Olympic Games: Predicting The First
Major Controversy – New Media Activism. In: *The Huffington
Post*, 8.2.2010a, http://www.huffingtonpost.com/andy-miah/the-
vancouver-2010-olympi_b_453081.html [27.12.2010]

MIAH. A: Augmented reality and Olympic Sport. In: *The Huffington Post*,
16.2.2010b, http://www.huffingtonpost.com/andy-miah/augmented-
reality-and-oly_b_463464.html [27.12.2010]

MIAH, A: #media2012: Blueprint for #london2012. In: *Slideshare*, Juli
2010c, http://www.slideshare.net/andymiah/media-blueprint-for-
london-2012 [27.12.2010]

MULCH, J.: Yahoo hat Interesse an Bundesliga-Rechten. In: *horizont.net*,
29.10.2010, http://www.horizont.net/aktuell/marketing/pages/
protected/Yahoo-will-um-Bundesliga-Rechte-mitbieten_95947.html
[27.12.2010]

PARR, B.: A New Record: 3,085 Tweets Created Per Second During NBA
Finals. In: *Mashable*, 18.6.2010, http://mashable.com/2010/06/18/a-
new-record-3085-tweets-created-per-second-during-nba-finals/
[27.12.2010]

PARRACK, D.: Beijing 2008 Olympics On YouTube – in 77 Territories
Where Online Rights Unsold. In: *Web TV Wire*, 5.8.2008, http://www.
webtvwire.com/beijing-2008-olympics-on-youtube-in-77-territories-
where-online-rights-unsold/ [27.12.2010]

PATALONG, F.: YouTube wird zum Sportkanal. In: *Spiegel Online*, 12.3.2010,
http://www.spiegel.de/netzwelt/web/0,1518,683170,00.html
[27.12.2010]

PLENDERLEITH, IAN: Football figures express themselves via Twitter. In: *When Saturday Comes* 10/2010, http://www.wsc.co.uk/content/
view/5822/38/ [27.12.2010]

REINHOLZ, F.: Spiel gedreht – Hartplatzhelden gewinnen vor dem BGH.
In: *haerting.de*, 28.10.2010, http://www.haerting.de/de/3_lawraw/
index.php?we_objectID=1710&pid=228 [27.12.2010]

RILEY, JACK: New ›like‹ features on independent.co.uk. In: *Independent
Blogs*, 11.1.2011, http://blogs.independet.co.uk/2011/01/11/
dissassembling-the-monolith/ [28.2.2011]

ROBINSON, E.: Intentional Grounding: Can Public Colleges Limit
Athletes' Tweets? In: *Citizen Media Law Project*, 9.11.10, http://www.

citmedialaw.org/blog/2010/intentional-grounding-can-public-colleges-limit-athletes-tweets [27.12.2010]

SCHLESINGER, D.: Rethinking rights, accreditation, and journalism itself in the age of Twitter. In: *Reuters Editors*, 24.6.2009, http://blogs.reuters.com/reuters-editors/2009/06/24/rethinking-rights-accreditation-and-journalism-itself-in-the-age-of-twitter/ [27.12.2010]

SILVERMAN, C.: True North Media House, W2 Provide Citizen Media Hub at Olympics. In: *Mediashift*, 22.2.2010, http://www.pbs.org/mediashift/2010/02/true-north-media-house-w2-provide-citizen-media-hub-at-olympics053.html [27.12.2010]

SPILLER, C.: Die Beleidigungen der twitternden Fußballer. In: *Zeit Online,* 3.2.2011, http://www.zeit.de/sport/2011–02/ryan-babel-twitter-holty-strafe [28.2.2011]

SPORTS CITY (ohne Autorenangabe): RFU outlines World Cup commercial crackdown, 13.10.2010, http://www.sports-city.org/news_details.php?news_id=13312&idCategory=52 [27.12.2010]

VAN VEEN, T. C.: Social media & its discontents. In: *Fugitive Philosophy,* 24.2.2010, http://fugitive.quadrantcrossing.org/2010/02/social-media-its-discontents/ [27.12.2010]

WEMPLE, E.: Washington Redskins: Down on Twitter. In: TBD, 16.9.2010, http://www.tbd.com/articles/2010/09/washington-redskins-down-on-twitter-11633.html [27.12.2010]

WEINREICH, J.: Persönliche Botschaften. Das IOC stellt Regeln für den Umgang der Olympioniken mit Twitter & Co. auf. In: *Berliner Zeitung,* 8.2.2010

WHITTALL, R.: Football, Blogs and Newspapers Unite? (Part 2). In: *Pitch Invasion*, 21.10.2010, http://pitchinvasion.net/blog/2010/10/21/football-blogs-and-newspapers-unite-part-two/ [27.12.2010]

ZOLOTAREV, A.: The Marriage of Social Media and the Olympics Is Inevitable. In: *Mediashift Idea Lab*, 15.10.2010, http://www.pbs.org/idealab/2010/10/the-marriage-of-social-media-and-the-olympics-is-inevitable283.html [27.12.2010]

Eine ständig aktualisierte Linkliste mit Literaturhinweisen zum Thema findet sich hier: http://www.delicious.com/renemartens/sportundmedien

Verzeichnis der Autoren und Herausgeber

DIETER ANSCHLAG, geb. 1958, Studium der Publizistik, Niederlandistik und Politikwissenschaft an der Westfälischen Wilhelms-Universität Münster, Magister-Abschluss mit einer Arbeit über den deutsch-niederländischen Journalisten und Zeitungswissenschaftler Kurt Baschwitz; Chefredakteur des Branchendienstes *Funkkorrespondenz* (Bonn), bei dem er seit April 1991 angestellt ist; zuvor mehrere Jahre freier Mitarbeiter und Sportredakteur bei einer Regionalzeitung in Bocholt; Mitglied im Herausgebergremium des *Jahrbuchs Fernsehen*; Veröffentlichungen: *Die Fernsehproduzenten. Rolle und Selbstverständnis* (Hrsg., zus. mit Lutz Hachmeister), Konstanz: UVK 2003; *Die WM-Show. Wie wir die beste Fußball-WM aller Zeiten am Bildschirm erlebten* (Hrsg.), Konstanz: UVK 2006.

ELK FRANKE, geb. 1942, Prof. em. Dr., Sportpädagogik/Sportphilosophie (Humboldt-Universität zu Berlin), Studium Geschichte, Politikwissenschaft, Soziologie und Philosophie, Promotion in Philosophie/Sportwissenschaft. Forschungsschwerpunkte Handlungstheorie, Ethik und Ästhetik des Sports. Bildungstheorie. Aktuelles Projekt: *Translating Doping* (BMWF bis 2012). Publikationen: *Ästhetische Bildung* (2003; Hrsg. mit Bannmüller); *Körperliche Erkenntnis* (2008; Hrsg. mit Bockrath und Borschert); *Sport, Doping und Enhancement – interdisziplinäre Perspektiven* (2010; Hrsg. mit Spitzer).

JASPER ANDRÉ FRIEDRICH, geb. 1965, Dr. phil., Kommunikations- und Medienwissenschaftler, Leiter mehrerer Forschungsprojekte, u. a. der empirischen Forschung zum Projekt *Ringier-Publikumszeitschriften in den Jahren 1933-1945*; 2001-2007 wissenschaftlicher Mitarbeiter, Forschung und Lehre,

Universität Leipzig, Institut für Empirische Kommunikations- und Medienforschung, DFG-Forschungsprojekt ›Programmgeschichte des DDR-Fernsehens‹. Seit 2007 als Publizist, Wissenschaftler und Dozent an versch. Einrichtungen tätig. Er ist geschäftsführend tätig bei *comstrat – medienbüro leipzig*. Er berät Unternehmen bezüglich interner und externer Kommunikation, Marketing und PR. Als Projektmanager leitet er Marktforschungsprojekte und Analysevorhaben verschiedener Unternehmen mit dem Fokus auf Medienresonanzanalysen, Image-Analysen und PR-Evaluation. Zahlreiche Publikationen, zuletzt *Politische Instrumentalisierung von Sport in den Massenmedien* (Köln 2009).

RAMI HAMZE, geb. 1981, Studium der Audiovisuellen Medien an der Kunsthochschule für Medien Köln. Filmemacher, Entertainer, Moderator.

DIETRICH LEDER, geb. 1954 in Essen, arbeitet seit dem Ende des Studiums der Germanistik und der Theater-, Film- und Fernsehwissenschaft als Publizist, vor allem für die *Funkkorrespondenz*. Seit 1994 Professor für Fernsehkultur an der Kunsthochschule für Medien Köln. Letzte Publikationen: Fernseh-Unterhaltung. In: HALLENBERGER, G. (Hrsg.): *Gute Unterhaltung!? Qualität und Qualitäten der Fernsehunterhaltung*. Konstanz 2011, S. 33-46. Unendlicher Spaß und tiefe Depression. Das Fernsehjahr 2009 im Rückblick: 12 Analysen und 12 Bilder. In: ADOLF-GRIMME-INSTITUT (Hrsg.): *Jahrbuch Fernsehen 2010*. Marl/Berlin 2010; Der große Deal. Das Fernsehgeschäft. In: BERTELSMANN AG (Hrsg.): *175 Jahre Bertelsmann*. Gütersloh 2010, S. 282-329; KATZ, K.; LEDER, D. et al. (Hrsg.): *Am Puls der Zeit. 50 Jahre WDR*. 3 Bde. Köln 2006.

RENÉ MARTENS, geb. 1964 in Hamburg, freier Autor, unter anderem für *Süddeutsche Zeitung, Financial Times Deutschland, Funkkorrespondenz, taz, Jüdische Allgemeine* und *Zeit Online*. Bücher: *St. Pauli. Kiez, Kult, Alltag* (Hamburg 2000), *Elfmeter. Kleine Geschichte einer Standardsituation* (Frankfurt 2003), *›Scheiß-Fußball!‹ Was echte Fans so richtig ärgert* (Frankfurt 2003), *Niemand siegt am Millerntor. Die Geschichte des legendären St-Pauli-Stadions* (Göttingen 2008), *Wunder gibt es immer wieder. Die Geschichte des FC St. Pauli* (4. Auflage Göttingen 2009). Zahlreiche Buchbeiträge, u. a.: Ausgemachte Skandale. In: *Wer macht den Sport kaputt? Doping, Kontrolle und Menschenwürde* (Hrsg. Rolf-Günther Schulze/Martin Krauß, Berlin 2008); Der Schreibtischtäter auf Rechtsaußen. In: *Hakenkreuz und rundes Leder. Fußball im Nationalsozialismus* (Hrsg. Lorenz Peiffer/Dietrich Schulze-Marmeling, Göttingen 2008); Nach uns die Sintflut. Der Fall Heinze und das System der TV-Fiction in Deutschland. In: *Jahrbuch Fernsehen 2010* (Hrsg. Adolf-Grimme-Institut, Berlin/Bonn/Frankfurt/Marl 2010).

LOTHAR MIKOS, geb. 1954, Studium der Soziologie, Psychologie, Publizistik und Kommunikationswissenschaft an der Freien Universität Berlin. Seit 1999 Professor für Fernsehwissenschaft an der Hochschule für Film und Fernsehen ›Konrad Wolf‹ in Potsdam. Seit 2010 geschäftsführender Direktor des Erich-Pommer-Instituts für Medienrecht, Medienwirtschaft und Medienforschung in Potsdam. Letzte Publikationen: *Film- und Fernsehanalyse.* Konstanz 2008 (2. erweiterte Auflage); *Innovation im Fernsehen.* Konstanz 2009 (mit Stefanie Armbruster); *Transnationale Serienkultur.* Wiesbaden 2011 (Hrsg. mit Susanne Eichner und Rainer Winter).

PETER NEUMANN, geb. 1966, Journalist, 1993-2002 Ressortleiter Sport/Politik bei MDR 1 RADIO SACHSEN, heute Chef vom Dienst bei MDR 1 RADIO SACHSEN. Seit 1992 Sport-Moderator und Autor zahlreicher Radio-Feature-Sendungen zum Sport in der DDR und im vereinten Deutschland, u. a.: *Das Trauma von Uerdingen – 25 Jahre nach dem Spiel Uerdingen – Dresden*; *Tore, Träume, Traditionen – das Fußball-Wunder aus dem Erzgebirge*; *Dynamo Dresden kontra Bayern München – das große Duell.*

THOMAS SCHIERL, geb. 1958, Studium der Publizistik und Kommunikationswissenschaft, Politik und Philosophie an den Universitäten Salzburg, München, Mainz und Bonn. Seit 2004 Professor für Kommunikations- und Medienwissenschaft und Leiter des Instituts für Kommunikations- und Medienforschung an der Deutschen Sporthochschule Köln. Mitherausgeber der Buchreihe Sportkommunikation im Herbert von Halem Verlag, Köln. Letzte Buchveröffentlichungen: *Die Visualisierung des Sports in den Medien* (Köln 2004); *Handbuch Medien, Kommunikation und Sport* (Schorndorf 2007); *Prominenz in den Medien. Zur Genese und Verwertung von Prominenten in Sport, Wirtschaft und Kultur* (Köln 2007); *Sport, Marketing und Werbung* (Köln, im Druck).

GISELHER SPITZER, geb. 1952, Studium in Geschichte, Sozial- und Sportwissenschaft mit 2. Staatsprüfung Lehramt Gymnasium, Promotion Dr. paed., Venia legendi für Sportwissenschaft und PD Freie Universität Berlin, apl. Professor für Sportwissenschaft Humboldt-Universität zu Berlin.

Forschungsschwerpunkte: Sport und Gesellschaft, Doping als Spezialfall des Enhancements, Prävention durch Sport. Aktuelle Projekte: ›Translating Doping‹ (BMBF) und ›Dopinggeschichte in Deutschland nach 1950‹ (BMI), jeweils aus sportwissenschaftlicher und transdisziplinärer Perspektive. ›Sport: Transformation in Brandenburg nach 1989‹ (Enquetekommission Landtag Brandenburg). ›Hall of Fame des deutschen Sports‹. Letzte Bücher: SPITZER, G. (Hrsg.): *Doping and Doping Control in Europe*. Oxford, Aachen [Meyer & Meyer Sport] 2006; J. WEBERLING; G. SPITZER (Hrsg.): *Virtuelle Rekonstruktion »vorvernichteter« Stasi-Unterlagen*. 2. Aufl. Berlin 2007; SPITZER, G.: *Wunden und Verwundungen. Sportler als Opfer des DDR-Dopingsystems*. Köln [Sportverlag Strauß] 2007

HANS-JÖRG STIEHLER, Prof. Dr., geb. 1951 in Pirna/Elbe, Studium der Sozialpsychologie in Jena, von 1975 bis 1990 wissenschaftlicher Mitarbeiter am Zentralinstitut für Jugendforschung Leipzig, Bereich Kultur- und Medienforschung; 1984 Promotion A, 1990 Promotion B; seit 1993 Professor für empirische Kommunikations- und Medienforschung an der Universität Leipzig, derzeit Dekan der Fakultät für Sozialwissenschaften und Philosophie. Forschungsschwerpunkte: Medien in den neuen Bundesländern, Medien und Sport, subjektive Medientheorien, Medien und Attributionsforschung, Programmgeschichte des Fernsehens (Schwerpunkt Sport).

HANS-ULRICH WAGNER, geb. 1962, Dr. phil, ist Senior Researcher am Hans-Bredow-Institut für Medienforschung in Hamburg und Leiter der Forschungsstelle Geschichte des Rundfunks in Norddeutschland. Er gehört seit 2005 dem Vorstand des *Studienkreises Rundfunk und Geschichte* an, von 2007 bis 2011 als Erster Vorsitzender. Zahlreiche Veröffentlichungen zur Mediengeschichte, darunter: *Die Geschichte des Nordwestdeutschen Rundfunks* (Hamburg 2008).

CHRISTOPHER YOUNG, geb. 1967 in Belfast, ist Reader in Modern and Medieval German Studies an der Universität Cambridge und ist Fellow des Pembroke College in Cambridge. Von 2006 bis 2010 war er Direktor des Department of German and Dutch. Auf seiner Publikationsliste finden sich acht Bücher über unterschiedliche Aspekte der deutschen Literatur und Kultur; er war ferner (Mit-)Herausgeber von sechs Sammelbänden sowie Sonderheften von Zeitschriften aus dem Gebiet ›Sport im internationalen Kontext‹. Seine jüngste Monografie über *The Munich Olympics 1972 and the*

Making of Modern Germany (mit Kay Schiller) ist 2010 bei der University of California Press erschienen und hat 2011 den Preis der North American Society of Sport History gewonnen. Er ist Mitgründer und -herausgeber der Reihe *Sport in World History* bei der University of California Press.

SPORTKOMMUNIKATION

THOMAS SCHIERL / DANIELA SCHAAF (HRSG.)
Sport und Werbung
Sportkommunikation, 9
2011, 354 S., 38 Abb., 25 Tab., Broschur,
213 x 142 mm, dt.
ISBN 978-3-86962-050-3

Mediale Sportpräsentationen sind ein attraktives Umfeld für Werbebotschaften, da sie hohe Reichweiten generieren und eine breite gesellschaftliche Zielgruppe erreichen. Obwohl sich in der Praxis die Werbung im, mit und für den Sport als feste Größe in der Markenkommunikation von Institutionen etabliert hat, ist die Erforschung von Werbung im Kontext der Sportberichterstattung jedoch nach wie vor wenig ausgeprägt und systematisch. Zudem steht im Fokus des wissenschaftlichen Interesses das Sponsoring als prominentestes Kommunikationsinstrument, während andere sowohl etablierte als auch innovative Formen der werblichen Sportkommunikation von der Wissenschaft nahezu ausgeblendet werden. Der vorliegende Band möchte diese Lücke schließen und einen Überblick über die verschiedenen Arten der Sportwerbung aus einer interdisziplinären Perspektive geben. Daher sind sowohl theoretische als auch empirische Beiträge sowie praxisrelevante Fallstudien unterschiedlicher Disziplinen (Kommunikations- und Medienwissenschaft, Soziologie, Sportwissenschaft, Marketingwissenschaft) gleichermaßen vertreten.

 HERBERT VON HALEM VERLAG
Lindenstr. 19 · 50674 Köln
http://www.halem-verlag.de
info@halem-verlag.de

SPORTKOMMUNIKATION

DANIELA SCHAAF / JÖRG-UWE NIELAND
(HRSG.)
**Die Sexualisierung des Sports
in den Medien**
Sportkommunikation, 10
2011, 312 S., 38 Abb., 9 Tab., Broschur,
213 x 142 mm, dt.
ISBN 978-3-86962-051-0

David Beckham modelt für Armani-Unterwäsche, Fußballerinnen ziehen sich zur WM für den *Playboy* aus und im Beachvolleyball schreibt der Weltverband vor, wie knapp die Kleidung sein muss: Sex sells, auch und vor allem im Sport. Athletinnen, die zuvor in einschlägigen Magazinen, Sport-Illustrierten und Kalendern eine erotische Präsenz gezeigt haben, lassen sich besonders gut als Werbe-Testimonial vermarkten.

Der vorliegende Sammelband greift eine primär visuelle Repräsentationsstrategie auf, die sich in den vergangenen Jahren medienübergreifend beobachten lässt. Der vielfache mediale Einsatz dieser Sexualisierungsstrategien, auch und insbesondere im Umfeld der Frauen-Fußballweltmeisterschaft 2011, erhöht die Relevanz einer näheren wissenschaftlichen Betrachtung. Der interdisziplinär konzipierte Sammelband enthält Beiträge aus der Perspektive der Kommunikations-, Medien- und Marketingwissenschaft, der Geschlechterforschung, der Sportwissenschaft, der Körpersoziologie und den Cultural Studies. Behandelt werden Themen wie Homo- und Transsexualität im Sport, die Selbstdarstellung von Sportlern im Social Web, die Darstellung von Frauen im Sport im Wandel der Zeit oder die Reaktion von Jugendlichen auf die Sexy Sport Clips im nächtlichen Spartenprogramm.

HERBERT VON HALEM VERLAG
Lindenstr. 19 · 50674 Köln
http://www.halem-verlag.de
info@halem-verlag.de